# 江戸の庶民文化

一般社団法人
日本の伝統を守る会【編】
石山秀和・滝口正哉【監修】

岩田書院

# 発刊に寄せて

東久邇　信彦

本書は、「日本の伝統を守る会」が発足後一〇年を経て、日本の伝統に関する勉強会で学んだ知識や調査研究等で得た情報を集大成したものである。特に我々の身近な存在であり、日本の歴史上長期に亙り政治的・社会的に最も安定していた江戸幕府の下で成熟した江戸時代の伝統に焦点を当て、各分野に亙り収録・編纂《へんさん》したもので、日本の伝統の奥深さや、当時の日本人の心について、本書を通じ読み取って頂ければ幸いである。

日本の伝統にはそれぞれ発生起源や根拠、そして歴史的背景や社会環境があり、その後の経過の中で、あるものは消え去り、あるものは置き換えられ、あるものは西洋文化と融合し新しい形へと変化し現在に至っている。そもそも日本の伝統は、他国に類を見ない独自性の要素をもって発展しており、海外から注目されている。その理由は、日本が島国であるが故に江戸時代まで他国に侵略されることなく、個々の時代背景や社会環境の下で日本固有の伝統が育まれ、各分野において各地方や各地域で更に進化を遂げ、地方・地域独自の伝統として醸成・伝承されてきたためである。しかし明治維新を境に西洋化の波に呑まれ、和から洋へと、生活様式をはじめとする社会環境や物事に対する日本人自身の意識や思考・行動形態に劇的な変化をもたらした。

この結果、江戸時代まで伝承されてきた日本固有の伝統の中には、明治維新を契機に西洋化の波による社会環境の変化や、日本人自身の日本の伝統への関心が薄れ、消え去ったもの、置き換えられたもの、或いは西洋文化と融合し新しい形へと変化したものがある。

このような事態は、我々日本人として、旧来の日本固有の伝統に誇りを持ち、後世の日本人に継承すべきところ、世の中の欧米化の流れによって独自性を失い、歴史的背景と共に伝統が消えうせようという、憂慮すべき事態となっている。

一方、外国人の目線からみれば、日本が世界に類をみない独自性のある伝統を有する大変魅力ある国と映っているものの、日本人はその魅力に気づいていない。したがって我々日本人としては、母国である日本の歴史や伝統にもっと関心と誇りを持ち、その良さを認識し理解し、また伝承してゆこうとする努力が必要であると感じる。

さらに、過去において我々の身近にあったはずの日本の伝統とその歴史的背景に関心を持ち、その忘れ去られた変遷や歴史的経緯を知る事や、場合によっては現代に調和させ復活または再生に努力する必要もあると思う。

したがって我々の個々の伝統は、日本の過去から近年へと歴史的変遷を経て現在の姿があり、日本人である以上、日本の個々の伝統の発生起源と育まれた政治的・社会的環境を知り、その後の歴史的変遷を知ることは、当時の日本人の心を知り、個々の伝統の奥深さを学び、今後どのように伝承してゆくのかを検討し、努力をすべきと考える。

（一般社団法人 日本の伝統を守る会　名誉会長）

平成三〇年一二月

# 刊行にあたって

本書は、一般社団法人日本の伝統を守る会（以下、本会）が掲げる会員行動指針のうち、「伝統文化とその歴史を語れる会員像をめざそう」とする指針に基づいて組織された研究会が中心となって編集・刊行されたものである。

本会では、これまでに講師をお招きし、江戸時代の歴史や文化に関する講座や研究会などをさまざまなかたちで開催してきた。本書を刊行するにあたって、講師の先生方にはご報告の内容をまとめなおしていただいた。ご協力いただいた先生方には、心より感謝申し上げる次第である。

ここで、本書刊行の経緯について簡単に説明しておきたい。「伝統文化」は文字通り、伝統と文化の二語から成り立っているが、文化という言葉自体が人々の生活全般を意味するものと考えてしまうと、「古いもの全て」が伝統文化という結論に陥ってしまい、事実、研究会でも議論はあらゆる方向に拡散してしまった。とても多くの人々の共感を得られるような、まして「伝統文化とその歴史を語れる」ような話にはならず、さらに言えば、あまり実りある議論には進展しなかった。

また、本会主催の講演などの参加者の多くは江戸時代に興味関心があり、議論を重ねてきた講師陣も江戸時代を専門とする者が多かった関係もあり、ひとまず、江戸時代の文化から「伝統文化」を語れないかという問題提起がなされ、これが本書の刊行のきっかけとなっており、特色の一つにもなっている。ただ、江戸時代の文化すべてを網羅してここに紹介することは、これまでの膨大な研究成果を把握するのに、時間的にも能力的にも困難であり、対象をさらに限定して、江戸時代の庶民の文化、すなわち「江戸の庶民文化」を考察することとなった。本書でいう「庶民」

とは、都市江戸に暮らす町人のみならず、町人と同じような行動をとった武士層も含まれる。身分こそ異なるが、彼らがさまざまな文化事象の中で共通の行動様式を持つことに注目しており、江戸時代の文化を理解する一つの手がかりとしている。これが本書に通底したテーマとなっている。

本書の構成を述べると、第Ⅰ章では、江戸時代の支配制度である身分制度を取り上げ、江戸時代の「庶民」とは何かを考えている。一般には「士農工商」という言葉が想起されるが、こうした序列は必ずしも当時の社会制度そのものを反映しているとはいえない。むしろ身分を超えた「庶民」とも呼べる多くの人々が江戸に暮らしていたという事実を指摘しながら、江戸時代、ひいては都市江戸について考えてみたい。

第Ⅱ章では、都市江戸はどのように成立したのか。徳川家康の「天下普請」によって都市開発が本格化し、江戸城と大名・旗本などの武家地を軸としつつ、江戸は城下町として発展していった。また、江戸では道路や水路などの陸上・水上の交通網、さらには上水道などさまざまインフラが整備され、当時、世界最大の人口を有する都市として発展していった。また、商人の活動によって経済の著しい発展をみるとともに、都市江戸に暮らす多くの人々によって育まれた庶民文化、なかでも文字の読み書きといった庶民教育についても触れる。

第Ⅲ章では、江戸の庶民信仰について、寺社参詣や開帳などを中心にさまざまな神仏と江戸庶民とのつながりを取り上げる。江戸の寺社へ町人と同じように参詣する武士、武家地に所在する神仏に参詣する町人など、多くの人々の信仰の対象となったさまざまな寺社を取り上げる。

第Ⅳ章では、江戸最大級の祭礼であった天下祭について紹介する。日枝神社の山王祭と、神田神社の神田祭はともに、将軍の上覧のある別格の祭礼であり、厚い庇護をうけた祭礼であったが、担い手である町々の氏子はもとより、見物人である武家もこの祭礼の参加者であった。

　第Ⅴ章では、江戸庶民の日常生活について年中行事を中心に概観する。いわゆる衣食住は身分や階層によってさまざまであったが、いわゆる年中行事を一つの共通項として庶民生活を考察している。

　そのほか、各章に関連したコラムを掲載して、さまざまな庶民文化の諸相を取り上げ、各章では触れられなかった事柄について触れている。江戸の庶民文化のすべてを紹介しつくしたわけではないが、これまであまり江戸時代に興味のなかった人も含めて、多くの方々に江戸の文化を知るきっかけとなればと願っている。

令和三年三月

石山　秀和

# 「日本の伝統を守る会」について

昭和五〇年代に入って、社会構造が急速に変化した。高層ビルが林立し、地震は恐ろしくないかのごとき風潮となった。川は道路に代わり、窓はガラス張りが多くなった。昔風の家並みの残る、私の住む代々木も猛烈な勢いで変わっていく。日の丸を建てる家も数えるほどしかない。有形無形の伝統が消滅していく。

かねてよりこのような思いを抱いていた松田昌士《まさたけ》（一九三六―二〇二〇。東日本旅客鉄道社長、同会長）は、自からが中心になって「一般社団法人 日本の伝統を守る会」を平成二三年（二〇一一）二月に設立した。設立の趣旨は以下の通りである。

戦後六十有余年を経て平成の世の中を顧みますと、有史以来、今日まで我々日本人の古来脈々と受け継がれてきた良き伝統、良風美俗は、失われんとしています。自己保身、無責任な行動、他人への思いやりの欠如、おもてなしの心を忘れた日本人があまた散見されるこの頃、そしてマスコミを賑わす犯罪事件を見るにつけ、日本人としての矜持を忘れ、享楽に走り、己がなすままの刹那的な生き方を今一度反省する機会であるという問題意識を持ち、世の中に問題提起し行動しようと考えました。そのため、私たちは今生きる日本人として、日本社会が古来から長年にわたり形成してきた日常生活に関わる慣習や、道徳、芸能、工芸から政治、経済といった社会構造などの、わが国独特の優れた文化に誇りと自信を持ち、先人達が綿々と培ってきた伝統をしっかりと受け継ぎ、国内外に対して日本の歴史をよく理解し、日本人の心を堂々と示していくことが必要であるとの認識に立っております。この混沌とした二一世紀を生き抜き、日本のそして日本人としての品格を取り戻すべく微力を尽くす所存ですので、皆様方の一層のご支援、ご参加をお待ちしております。

そして、榎本龍幸《たつゆき》が理事長となり、組織の基礎作りから始めていった。まず東久邇《ひがしくに》信彦《のぶひこ》様を名誉会長に迎え、事務局の体制も整えた。その後、平成二七年(二〇一五)十二月に東北支部を設立し、同年六月には、次のような会員行動指針も決められた。

①日本人気質や気候風土が反映された文化や慣習に関心を持とう
②文化や慣習に直に触れ、良質な伝承行動へ高めよう
③伝統文化とその歴史が語れる会員像を目指そう

こうして当会は個人会員二九四名、法人会員八二社の組織に発展したのである。

会の活動は、「伝統文化こころ塾」など講座の開設、毎年四回の会報発行、江戸を偲ぶ「まちあるき」、関東周辺歴史と伝統文化を訪ねる旅、伝統芸術鑑賞など、幅広くなっていった。東北支部も伊達政宗研究はじめ独自の活動を展開、地域のオピニオンリーダーといわれるまでになった。

それらの中でも、伝統芸術鑑賞としての歌舞伎鑑賞は特別な意味を持っている。すなわち、創設以来毎年十一月に「チャリティー歌舞伎」と称して歌舞伎座の夜の部を借り切り、毎回一八〇〇人余の観客が鑑賞するとともに、その収益から日本ユネスコ協会連盟や各地のユネスコ協会に毎回寄付を続けてきたのである。

しかし、東久邇名誉会長が平成三一年三月に、また会長として活躍していた松田も昨年（令和二年）五月に逝去し、我々はその支柱を失なってしまった。今後の会の運営・活動をどのようにするかいろいろ意見はあったが、本年三月をもって当会を解散することにした。本書『江戸の庶民文化』はこうした諸活動をまとめ上げたものとして刊行を計画していたが、結果として本会の最後の仕事となってしまった。どうか、本会の意図を汲みとっていただき、本書をご高覧いただければ幸いである。

令和三年三月

一般社団法人　日本の伝統を守る会　事務局

# 江戸の庶民文化　目次

## Ⅲ 江戸庶民と寺社

# I 制度と職業

# 江戸時代の身分制度

## 身分制度とは何か―教科書を中心に―

江戸時代は、天下泰平の世の到来とともに、さまざまな制度が作られていったが、その代表格ともいえるのが支配制度の一つである身分制度ではないだろうか。一般には「士農工商」と呼ばれることが多いが、映画やテレビなどの時代劇を通じても、江戸時代の特徴としてイメージされ、多くの人々に共有されるところであろう(図1)。ただし、近年の高等学校の教科書をみると、この身分制度についての説明に少し変化がみられるようになってきている。以下は教科書からの引用である。

江戸時代は、安定した支配体制を維持するために秀吉以来の兵農分離政策をすすめた。そこで人々の社会的地位や職業は固定的となり、身分として世襲されるようになった。人々の身分は基本的には武士と農民、町人に区分されたが、ほかにもさまざまな社会集団があった。(『日本史B　最新版』清水書院、二〇一七年、以下引用は同じ)

江戸時代の身分制度のはじまりは豊臣秀吉によるものだとしている。秀吉のおこなった政策として、刀狩や太閤検地、人掃令などが有名だが、これらは商人に関わる政策ではなく、いずれも基本的には兵と農の分離に関わるものである。

教科書表記で重要なのは、統治者である秀吉が全国的な「政策」として、「兵」と「農」の「分離」をおこなった、

図１　「四職之図」（『商売往来絵字引』立正大学所蔵）

としていることだ。生業としての「農」が国家の制度の中で生み出され、時代を経ることによってそれが固定化されていく契機となった。教科書には続いて以下の文章が続く。

武士にも将軍を頂点に大名・旗本・御家人、さらに足軽までと幅ひろい格差があり、家柄によってさらに処遇に差がつけられた。

武士の中にも身分があったとしている。福沢諭吉の『福翁自伝』で知られる「門閥制度は親の敵で御座る」はまさにこのことを指しているといえる。では、武士以外の身分については、どのような叙述になっているのかをみてみたい。

被支配身分としては、全人口の8割以上を占めて農業・漁業・林業などに従事していた百姓、大工や鍛冶などの手工業である職人、商業を営む商人などがあった。（中略）このほか、僧侶や神職、儒者、医者、修験者、陰陽師、芸能者など多様な人々が多様な集団を形成していた。

被支配身分をあらわす言葉に「百姓」「職人」「商人」という用語を用いていることに注目して欲しい。つまりは農民＝百姓ではなく、さらにいえば「士農工商」という語句も使用されていない。このほかにも多様な身分があったことも紹介している。

教科書の内容をもう少し読み替えてみると、秀吉がおこなった政策で注目されることは、武士と百姓とに大別したことではあったが、武士社会の内部においては序列があるものの、農工商というそれぞれの身分間では序列が生み出されたわけではなかったと読み取れる。

## 城下町の形成と身分

武士と百姓との差異化を進める政策のなかで、刀狩や太閤検地のほかに、城下町の建設もまた兵農分離政策の一つとして位置付けられる。織田信長をはじめとした戦国大名によって、家臣団が強制的に城下町に移住させられ、山城から平地に城下を移していった。当初は、家臣団が住む武家地と、商工業者が住む町人地との区分けは曖昧であったが、豊臣秀次の近江八幡城などは街区によって武士と町人を区分する城下町を建設した。戦国時代が終焉を迎えつつある時期には、これまでにない新しい城下町の誕生とともに、武家地を中心とした身分別に支配・編成される制度が全国的にとりおこなわれるようになっていく。

最大の城下町であった江戸は、この支配制度を知る好事例といえる。将軍家の家臣である旗本や御家人、臣従の証として参勤交代する全国の大名らが広大な武家地を持ち、江戸の周縁部には数多くの寺社地があり、商工業者が集住する町人地が設定され、それぞれが身分ごとに支配された。寺社地は寺社奉行が、町人地は町奉行が、周縁部に混在する百姓地は勘定奉行がそれぞれを支配した。ただ、武家地には屋敷地を借りる町人が住んだり、逆に町屋を借りる武士がいたりもして、身分が混在する空間も江戸は持ち合わせていた。また、混在した状況について付言すれば、教科書でさまざまな身分として取り上げた「僧侶」「神職」「儒者」「医者」「修験者」「陰陽師」「芸能者」とされる人々のなかには、武士と同じように帯刀を許される者が少なからずおり、江戸時代を通じてその存在について何度も調査の対象となっていた。言い換えれば、見た目だけでは武士身分と判別のつかない者たちも多くいたことになる。

身分制度についてやや記述が冗長になったところもあるが、結論を急げば、江戸幕府が政策として「士農工商」といった序列を作り上げた事実はない。ただし、社会的通念として「士農工商」といった言葉が広く使用されていたというのが真相である。こうした思想の背景には、江戸時代に普及した儒学（朱子学）の影響が大きい。

次節では、身分制度について言及している西川如見の『町人嚢《ぶくろ》』を手がかりに、江戸時代の身分制度について再考しつつ、さらには当時の人々が「身分」というものにどのように向き合っていったのか考えてみたい。

（石山）

【参考文献】

尾脇秀和『刀の明治維新』（吉川弘文館、二〇一八年）
北原糸子『都市と貧困の社会史―江戸から東京へ―』（吉川弘文館、一九九五年）
深谷克己「士農工商と近世身分制」（大橋幸泰・深谷克己編『江戸の人と身分6　身分論をひろげる』吉川弘文館、二〇一一年）
福沢諭吉『新訂　福翁自伝』（岩波文庫、一九三七年）
松本四郎『城下町』（吉川弘文館、二〇一三年）
和田幸司『「士農工商」はどう教えられてきたか』（ミネルヴァ書房、二〇一八年）

# 西川如見著『町人嚢』にみえる「身分」

してている。

## 町人学者の西川如見

西川如見《じょけん》は江戸時代の中頃に活躍した長崎町人で、儒学のほかに天文学の分野で多くの著作を残した。彼の代表作である『町人嚢《ぶくろ》』は享保四年（一七一九）に刊行され、その後も幕末まで刊行されたベストセラーである。題名にみるとおり、町人とはいかなるものか（どのようにあるべきか）を問いつつ、如見が知り得たさまざまな商人の事例をもとに問答形式で説明していく内容となっている。冒頭部分に如見の考える身分制度を紹介して、町人の立ち位置を説明している。

町人に生れて其みちを楽まんと思はゞ、まづ町人の品位をわきまへ、町人の町人たる理を知てのち、其心を正し、其身をおさむべし。いかにといふに、聖人の書を考ふるに、人間に五つの品位あり、是を五等の人倫といへり、第一に天子、第二に諸侯、第三に卿大夫、第四に士、第五に庶人なり、

（町人に生まれて、町人としての人生を楽しもうとするのであれば、まず町人らしく振舞う必要がある。まずは、心を正しくして、行い自体も正しくしなくてはならない。その理由を述べれば、中国の古典によれば、人間には五つの位（身分）があるとされる。この五つとは、第一に天子、第二に諸侯、第三に卿大夫、第四に士、第五に庶人である。）

如見は、この文章に続けてそれぞれ「品位」について説明を加える。天子は天皇、諸侯は大名、卿大夫は旗本、士

は無官の旗本と続け、この士については、大名の家臣、すなわち陪臣や下級武士などのことを指すとしているが、注目されるのは庶人の説明である。

公方家の侍の外は諸家中ともにみな陪臣といふて、又内の侍いずれも庶人のうちなりと知るべし、其内一国の家老たる人は、諸侯の大夫なれば、公方の侍に準ずべし、其外、国々の諸侍、扶持切米の面々いづれもみな庶人なり、扨庶人に四つの品あり、是を四民と号せり、士農工商これなり、士は右にいへる諸国又内の諸侍なり、農は耕作人なり、今は是を百姓と号す、工は諸職人なり、商は商売人なり、

(将軍の家臣のほかは、大名の家臣は皆陪臣であり、彼らは皆庶人である。ただ、家老などの重役であれば、将軍の家臣(卿大夫)と同じである。そのほかの、諸国の侍や知行地を持たない俸禄米で暮らす武士は皆庶人である。この庶人には四つの位(身分)がある。これを四民と呼ぶが、いわゆる士農工商のことである。)

大名家の家臣や下級の武士などを含めて庶人とし、四民の一つとしている。如見は同書のなかで身分に関する考えを何度か述べている。次にこれらをみてみよう。

## 西川如見の身分観

いにしへは四民おのおの其業を正しくつとめて相みだる事なかりし、近代は百姓・職人いずれも商売をなせり、武士にもおよそ商売に似たる類のことなども又有にこそ、

(昔は士農工商の四民がそれぞれの仕事を正しく勤めていたが、最近は百姓や職人も商売をするようになった。武士にも商売に似ていることをする者がいる。)

如見は、士農工商の四民それぞれが役割をもって働くことこそが理想の社会だとしている。ただし、実際にはそう

ではないとし、この引用箇所の後には、本来あるべき商人の姿についての私見が続く内容となっている。この「士農工商」はそもそも古代中国で使用されていた言葉であり、儒学の影響を受けた如見が実際には見たこともない理想の社会を前提として自身の見解を述べているのに過ぎない。

また、現実問題として士農工商という身分が崩れてしまっていることを、如見自身が認めている点にも注目したい。多くの儒者がそうであったように、儒者は中国の古典を読み解きつつ、聖人となるためにはどのような修養が必要なのかを考えつつ、この修養を積んだ人々によって、どのようにして理想の社会もしくは国家を実現すべきかといったことを模索している。

如見の身分観とは、理想とすべき社会の構成員が士農工商という役割をもって、それぞれの身分が成り立っていなければならず、身分が崩れるということは、理想の社会ではないこととほぼ同義なのである。この身分の乱れについていえば、諡の院号について、次のように意見している。

諡《おくりな》の院号、古は天子皇后の外はなかりし、其後将軍家・摂家・大臣家、院号あり、二百年以来、大名・小名にも院号あり、五十年此かたは、町人・百姓なども多く院号付事になれり、時世のならはしとはいひながら、浅まし く勿躰なき事也、其始めいずれの寺よりぞ、富る旦那への機嫌とりに、院と諡号有しを、旦那よき事と心得て、羨みつつ望てもひたと付事に成て、いつとなく世のならはしとなれるもの也、日本いづれの記録書籍等に、庶人も院と称してくるしからぬ事やある、

（諡の院号は、昔は天皇や皇族などが使用し、後に将軍家や貴族なども使用するようになった。二〇〇年くらい前からは大名や上級の武士なども院号を用いたが、五〇年前からは町人や百姓なども院号を使うようになった。時代の流れとはいえ、浅ましくもったいないことだ。そもそもは寺院が富裕な者に対して気に入られようと院号を与えたのがはじまりで

あって、多くの人々がこれを受け入れてしまい、あっという間に多くの人に院号が付けられるようになった。有史以来、庶民が院号を付けて葬られることが当たり前になったことがあっただろうか。）

このように如見は古来からの身分相応の習慣を理想としているが、現実では町人も百姓も富める者が院号を使用しており、旧慣のとおりでないことを歎いている。一見すると、厳格な身分制社会の肯定論者のようにみえるが、引き続き、彼の身分観をみてみよう。

## 如見にとっての四民

町人利発あり、侍利発あり、町人は利を捨て名を専らとする時は、身代をつぶすもの也、侍は名を捨て利を専らとする時は、身を亡す事あり、名利を正しく求るを、道を知れる人といふ、名利は四民の日用也、

（町人に聡明で正しい考えを持つ者があるように、侍にも聡明で正しい考えを持つ者がいる。町人は利徳を捨て、名声だけを重んじるだけの者は身代を潰すであろう。侍は名声を捨てて、利徳のみを重んじる場合は身を亡ぼすだろう。名声と利徳を正しく求める者が正しく生きている人なのだ。士農工商のいずれもがこの名声と利徳を求めるのだ。）

士農工商の四民すべてが、名声と利徳を求めようとしていることについて言及し、このこと自体は人として当然のことであるとしている。四民全員が同じ価値観を共有していることのように聞こえるが、決してそうではなく、名声と利徳をどのように求めるかで、その人の正しい生き方が決まるとしている。この求め方、すなわち生き方は身分によって異なるものであり、身分相応の生き方を推奨しているのである。ただし、「四民の日用」とあるように、人それぞれが共通の価値観の均衡（名声と利徳のバランス）を保ちながら、自らの立場を肯定的にとらえ日々生きているのだという如見の指摘は注目される。さらに『町人嚢』を読み進めてみる。

## 孝という徳目と庶民

『町人嚢』は町人のあるべき姿を説いた内容にはなっているが、著書を通じて身分制を批判したり、領主である幕府を批判するようなことはしていない。むしろ、著書全体に通底していることは、如見が今現在暮らしている世界そのものを肯定的にとらえ、どのようにしてより良い社会にしていくべきかを、中国の古典などに導かれながら論じている点にある。

いかに凡卑の血脈といふ共、胎教の道を守りて胎内より正しきみちに触しめ、出生しては君子の傍に置て幼儀を習ひ、才芸をもてあそばしむる事あらば、天性命分の品に依て、美悪鈍智の替りは有共、其人品、高位高官の人に替りなかるべし、畢竟人間は根本の所に尊卑有べき理なし、唯生立によると知るべし、

（どんなに身分の低い家柄であっても、胎教からしっかりと育て、出生してからも優れた人を見習わせ、さまざまな技芸を学ぶことができるならば、生まれつきの素質や才能にもよって、習熟の具合は良かったり悪かったりすることはあるが、結果としてどのような人柄であっても、あるいは身分であったかも関係なく、皆充分に学ぶことが出来る。結局のところ、人の教育とは、最も根源的なところで身分差があるか、ないかといった考えはあてはまらない。どのように生きたのかが、問題なのだと知らなければならない。）

如見は教育という観点からは、「畢竟人間は根本の所に尊卑有べき理なし」とし、四民平等ともいえる見解を展開している。同様な見解は別のところでもみえる。

聖人の御詞は、貴賤上下にわたりて、いずれかの書いづれの語にても、人の教誡とならざる事なし、四民みな通用の道理あり、去ながら其さしあたりたる所は、皆多は学者君子のうへ、又は庶人より上にある人の教にして、町人・百姓にさしあたりたる教すくなし、町人・百姓は人におさめらるるものなれば、上たる人さへ心正しく身

おさまる時は、庶人おのづから其風俗にならひて、天下平かなる理なれば、民をばよらしむべし、知しむべからずとて、分て庶人への教くはしからぬもの也、但孝経に、天の時を用ひ地の利に因て、身を謹み用を節して、父母を養ふは庶人の孝なり、と聖人の仰置れたるこそ、さしあたりて町人・百姓への御教、有がたき御詞也（中略）、用を節して身を謹む事は、四民ともに第一成誡也、

（聖人の残した言葉は、身分の高下にわたって、どんな書物でもどんな言葉でも、人の教訓とならないものはない。士農工商全員に通用する教えがある。そうはいっても、こうした教訓となるような考えの多くは、学者や君子以上の人々や、庶民よりも高位にある人たちの考え方である。したがって、一般の世界で暮らしている町人や百姓に相応しい教えとなるものは決して多くはない。町人や百姓は武士に治められる者たちであるから、上に立つ人が正しい振る舞いをおこなっていれば、庶民は皆、自然とその考えに染まり、世の中が平和になっていくはずだ。人々に法律を守らせることは簡単であるが、その道理を教えることは難しい。ただし、『孝経』で述べられている、「環境に応じ、質素に礼儀正しく生活して父母を養うことは、庶民の大切な徳目の一つである孝である」という聖人の残した言葉は、さしあたり庶民に対する教えとしてとても大事なものといえる。質素に礼儀正しく生きることは、すなわち孝という徳目は士農工商が最も大事にすべき誡でもある。）

支配する側と支配される側という明確な身分差を示しつつも、孝という徳目については四民全てが守るべき共通の教えであるとしている。同じ理想に向き合いつつ自らを肯定的にとらえ生活している人々の心情は、将軍や大名などは別格として、武士と庶民との間に人としては同じ存在であるという考えを示したといえる。町人学者の如見の考えは、当時としては異色の存在だったのだろうか。次に当時の儒学者たちが、実際に身分とどのように向きあったのかを改めて見直してみたい。（石山）

【参考文献】

苅部　直『「維新革命」への道』（新潮社、二〇一七年）
清水光明編『「近世化」論と日本』（勉誠出版、二〇一五年）
西川如見『町人嚢　百姓嚢　長崎夜話草』（岩波文庫、一九四二年）
深谷克己「士農工商と近世身分制」（大橋幸泰・深谷克己編『江戸の人と身分6　身分論をひろげる』吉川弘文館、二〇一一年）

# 江戸の庶民文化——士庶共学の思想——

## 町人による学問塾、懐徳堂

江戸時代に活躍した朱子学者たちは、武士であろうと、庶民であろうと、良い社会の実現のために学習（儒学）の必要性を説いた。儒学者のなかには公立学校の必要性を説く者もあったが、実現には到っていない。彼らの活躍の場は、藩校や私塾といった政治状況や地域社会などに限定されるものであったが、私塾からは身分を超えた学習を指向するものも現れるようになる。なかでも大坂の懐徳堂《かいとくどう》と豊後日田の咸宜園《かんぎえん》は全国的にも広く知られる存在であった。

懐徳堂は、享保九年（一七二四）、大坂の五人の富裕な商人の共同出資によって設立された。三星屋武右衛門（中村睦峰または良斎）、道明寺屋吉左右衛門（富永芳春）、舟橋屋四郎右衛門（長崎克之）、備前屋吉兵衛（吉田盈枝）、鴻池又四郎（山中宗古）らは、懐徳堂の「五同志」と称され、開塾にあたり三宅石庵を学主として招き、尼崎一丁目（現在の大阪市中央区今橋三丁目）に学舎が建設された。二年後の享保一一年には幕府からの官許をうけ、屋敷地にかかる税の免除や幕府公認という格式を得て、私塾でありつつも幕府公認の学問所となった。懐徳堂で出資者の中村良斎をはじめ、富永仲基や山片蟠桃といった特異な学者を輩出した私塾としても知られるが、宝暦八年（一七五八）の塾則には「書生の交わりは貴賤貧富を論ぜず、同輩たるべき事」としている。武士を上席にする配慮はみられたが、講釈が始まった後、遅刻してきた場合は武士も庶民も関係なく同席で講義を受けることとしている。

中井竹山は来坂した老中松平定信に謁見する機会を得て、定信の諮問に答える形で寛政三年（一七九一）に『草茅危言《そうぼうきげん》』と題した献策書を提出している。この書は全一〇巻からなり、風俗や支配制度、政治や経済など、さまざまな問題を取り上げており、寛政の改革がおこなわれるなかで町人自らが幕藩体制の再編を考え、独自の社会構想を提示した名著の一つと評価されている。

巻之三は「御麾下ノ事」として、主君に仕える家臣全般のあり方について提言をおこなっている。本文中では竹山は武士の教育について、なかでも優秀な教育者の必要性を説いている。

都下の浪人・儒生は云に及ばす、諸国より入込居る学者を択み、講師・句読師、又手迹に長じたるなど、両三輩を迎へ、一組の士大夫出席し、又その子弟を専らに托し、組中禄の高低に従ひ、斗升の殻を聚合せて、師儒の奉養、束脩の料とせば、人々さしての費もなくて、貧学も肩を息ふべし、右の如くになれば、大分の組数になるべく、当分は師儒の人不足ありとも、諸国にて相応に学問も出来て、今一きは都下に出て学びたく思ふ人、貧学にて游資に事を欠たる類、これを聞たらば、先を争ふて都下に集りつどひ、一両年の内には何方の組にも、人を欠ことなかるべし、又儒生は、その身分農商の賤より出るとも、既に道の師と頼むからは子弟の礼を重んじ、崇敬深かるべし、（中略）又一旦迎へても、この人虚名にて実才なく、或は才気はありても不徳にて行検なく、師たるべからざる分は早々謝絶して改めて択むべし、

（都会の浪人や儒者はいうまでもないが、諸国からやってくる学者を選んで、講義や読み書きを得意とする先生を二、三人迎えて、武士とその子弟を教授する。費用については、禄高の高低に従って捻出して、貧しい武士も一緒に学べるようにする。そうすれば多くの武士を教育することができ、しばらくは先生が不足することがあるかもしれないが、先生の報酬が保証されているのであれば、諸国から学問が出来て、都会で勉強しようと意欲のある者が競って集まってくるだろうし、

一、二年の内には先生が足りないこともなくなるであろう。また、儒者の身分については、農民や商人の出身者であろうとも、学問で優れた人であるからは、師弟関係を大切にして尊敬しなければならない。また、一度採用した先生であっても実力がなかったり、実力があっても人として問題があった場合にはすぐに辞めさせて、新しい師匠を選ぶべきだ。）

窮乏して身動きのとれない武士にも配慮して、教育の保証をうながし、その教師にあたる儒者の身分は問わないことを提言している。さらには、一度採用の決まった師匠であっても、実力が無かったり、性格に問題がある場合には、早々に辞めてもらうようにしている。学問上での平等や実力主義を主張しているのである。

巻之四では「学校ノ事」として、教育制度について述べている。全国各地に官立の学校をその地域の実情に合わせて設立することを説き、ここでも「御麾下ノ事」と同様に優秀な教育者の必要性について触れている。

師儒の分は、縣官にその人あらば申すに及ばず、されども先は有にくき方なるべければ広く一世に求め、諸国の陪臣にても平民にても身分の差別なく、ただ才徳優長なるを選用し、何分にも礼を厚くして、招き致すを要とすべし、軽く招きてはや来る者は賢に非ざる故なり、

（師匠となる儒者は、その地域にすぐれた人がいれば問題はないが、そうはいっても、ほとんどの地域では適任者がいないことが想定されるので、まずは広く公募するのがよい。また、武士であっても、庶民であっても身分の差別無く、能力のある者を選んで、選ぶ側としても先生をできるだけ厚遇すべきである。疎略な待遇で来る者は、賢いとはいえないからだ。）

武士の学校であろうと、庶民の学校であろうと、いずれも教育者に「身分」を問わないことを共通にしている点は注目される。また、能力のある師匠を選ぶことは当然のこととして、それに見合った待遇も用意すべきだという提言は、人材確保や教育の質を維持することの難しさを物語っていて興味深い。

図2　咸宜園跡（秋風庵）
（日田市教育委員会提供）

## 咸宜園の「三奪の法」

豊後日田（大分県日田市）の広瀬淡窓が教えた咸宜園（図2）では、いわゆる「三奪の法」という教育方法がよく知られている。この「三奪」とは「年令」「学歴」「身分」を問わないことで、「入門の先後を以て長幼となす」ことから、実年齢や、どのような師匠に学んだか、どのような身分であったかなどを問うことなく、入門者が平等に学習することを実践していた。

　咸宜園は全国六〇か国以上からの入門者がみられ、北は奥羽地方から南は大隅まで、文化一四年（一八一七）より明治三〇年（一八九七）にかけて塾生は約五〇〇〇人を数える。淡窓が塾主であった時代には約三〇〇〇人が入門している。また、淡窓自身の日記によると、毎年の入門者は一〇〇名前後で、嘉永五年（一八五二）には塾生が二三三名を数え、これが咸宜園最大の塾生数となった。日本で最大級の私塾であったとされる。独特の教育方法があったことでも知られ、「月旦評」と呼ばれる成績表は、毎月実施される試験結果に応じて等級別に作成され、塾生に一覧表示された。九級を最上として無級を最下として、成績による上下関係を視覚を通じて伝えており、徹底した実力主義であったことがわかる。このほかに、淡窓自作とされる「以呂波歌」も門人教育の内容を伝えている。

　いつまでも下座に居ると思なよ、席序の訳を得と知るべし

六級も七八級も経上りて、九級に至る人ぞ勇々しき
初より人の上には立難し、浮世の様は皆かくと知れ
入塾の間もなく帰郷する者は、迚も縁なき衆生なりけり
（中略）
友多き友の中にも友ぞなき、浮も沈も友によるなり
（以下略）

実力による成績主義を促しつつも、日々の努力によって昇級することも期待しており、一緒に学ぶ仲間を重んじることにも留意した内容といえる。門人には学者・医師・僧侶などが多かったが、高野長英・大村益次郎などの人物もみられた。

## 手習師匠、曲亭馬琴

零細な塾においても、身分を超えた学習がみられた。『南総里見八犬伝』などで知られる曲亭馬琴は、習作時代に手習師匠をすることで生活の一助としていたが、彼が記した「入門名簿」には、江戸市中の子どもたちのほかに、大名の家臣や御家人の子弟が学びに来ていたことがわかる。寛政九年（一七九七）から文化三年（一八〇六）までの一〇年間に教えた子どもは五四名を数える。名簿の末尾には「近来著述繁多につき手習童子を悉く断る」とあり、手習師匠を辞めてしまったことがわかる。

男女比は男子三一名に対して、女子二三名となっており、女子の就学比率は都市部ならではの特徴といえる。農村部での男女比は七割から八割以上が男子であるところが多い。さて、先述したように馬琴の塾の男子には、武士の子

弟が散見される。和田留之助は伊予今治藩の松平壱岐守家来の子息であり、高橋藤太郎と鍋太郎の兄弟は、丹波園部藩の小出信濃守の家来であり、いずれも陪臣の子弟ではあるが、武士身分に属する者たちである。彼らは通い弟子といって、元飯田町中坂下にあった馬琴の住居に直接学びに来たわけではなく、馬琴が彼らの住宅へ赴いて指導したものと思われる。詳細は不明だが、「秋山女中」と書かれた二人の女子にも教えており、彼女たちも通い弟子である。こちらは武家奉公に出ている女子を教育したのであろう。また、一橋御家人という肩書のある稲垣常次郎なる人物も教えており、通い弟子だけではない武士の子弟もみられる。このように、いわゆる読み書きそろばんを教えていた手習塾でも、身分を超えた学びがあったのである。

身分を問わず、武士や庶民が師匠となることを紹介したが、都市江戸の私塾では実際に身分を超えた師弟関係が生まれていた。明治期に作成された東京における私塾の調査書である「開学明細調」から紹介する。

坂川暘谷《ようこく》（平学）は、もともとは伊勢出身の武家で、出羽長瀞藩の藩士となり号名を芝泉《しせん》堂と称した。書家として多くの門人を教え、その数は三〇〇人を超え、門人のなかには江戸で手習いを教授する私塾を開いた者もいた。門人の身分に注目すると、士族のほかに、平民（江戸の町人）や農民や僧侶も学んでいたことがわかる。同様な傾向は土居丈谷《じょうこく》（重三郎）の塾でも同じである。丈谷は幕臣であるが、門人には士族のほかに商人や農民がいたことがわかっている。いずれも武家の塾の事例であるが、越後の農家の出身で、全国的にも著名な書家であった巻菱湖《りょうこ》の門人をみると、士族の他に商人も多くみられ、身分を超えた師弟関係をみることができる。

江戸には書道のほかにも、さまざまな技芸の伝授をおこなう、いわゆる「師匠」となる者がおり、士庶の交流が少なからずみられた。江戸という都市ならではの文化が芽生えていたといえる。

## 石田梅岩の心学

身分を超えた学びの姿は、心学者の石田梅岩《ばいがん》の著書である『都鄙《とひ》問答』にもみえる。京都で商家勤めをしていた梅岩は、商人が農業や工業など生産活動をおこなわず、商行為で営利を求めることを生業としていた商人の正当性を主張した。卑しい身分とされがちだった商人身分について改めて考え直し、儒学・仏教・神道などの説を取り入れながら、宗教色の強い独創的な学問を打ち立てた。梅岩自身の最初の著書である『都鄙問答』では、次のように商人としてあるべき姿を説いた。

商人は買利は士の禄に同じ、買利なくは士の禄無して事が如し、

（商人が利益を得ることは武士の俸禄と同じである、商人が利益を得ないということは、武士が俸禄をもらっていないことと同じである。）

武士と商人も、仕事の内容こそ異なるが、生活の糧であるお金をもらっている点は同じであるとしている。そこにどのような差があるのかとして、商売をして利益を得ることを肯定的にとらえる。また、こうした考えを深めつつ、梅岩は次のようにも語っている。

売買ならずは買人は事を欠き、売人は売れまじ、左様になりゆかば商人は渡世なくなり農工と成らん、商人皆農工とならば財実を通す者なくして、万民の難義とならん、士農工商は天下の治る相となる、四民かけては助け無かるべし、四民を治め玉ふは君の職なり、君を相るは四民の職分なり、士は元来位ある臣なり、農人は草莽の臣なり、商工は市井の臣なり、臣として君を相るは臣の道なり、

（売買という行為が否定されてしまうと、買う人は必要なものが手に入らず、売る人は世の中で必要とされているものを売れない、そうなってしまうと商人は農民や職人として働くことになるだろう。商人すべてが農民や職人になってしまう

と、物資を流通させる人がいなくなり、結果として多くの人々が困ることになる。士農工商のそれぞれの人々が天下を治める役割を担っているのだ。士農工商の四民のいずれが欠けても天下を治めることはできない。四民全体を治めるのは主君の仕事である。主君を助けるのが四民の仕事である。武士はもとから主君に使える家臣である。農民は村に生きる家臣であり、商人や職人は町に生きる家臣である。家臣が主君を助けるのは家臣として当然のことである。）

商行為自体は決して否定されるものではなく、逆に商人がいないと多くの人々が困ってしまうとして、商人には商人の役割があって、士農工商の四民それぞれの必要性を説いている。ここには四民対等の考えがうかがえる。別の箇所でも次のように言い換えている。

今治世に何ぞ不忠の士あらんや、商人も二重の利、蜜々の金を取るは、先祖への不孝不忠なりとしり、心は士にも劣るまじと思ふべし、商人の道と云とも何ぞ士農工の道に替ること有らんや、

（今の世の中で不忠の武士がいるだろうか。商人でも二重に不正の利益を得たり、人からお金をだまし取るような者は、先祖に対する不孝不忠な者といえるであろう。真っ当な商人は心の持ち方でも決して武士に劣っている訳では無い、商人として生きること自体、どうして他の士農工の人々と異なっているのであろうか。）

梅岩は同じく『斉家論《せいかろん》』という著書のなかでも「身を脩るに何んぞ士農工商のかはりあらん」とし、町人も同じ人間であり、士農工商に列する一員であることを主張する。このほかに次のようにも述べた。

士農工商、をのをの職分異なれども、一理を会得するゆえ、士の道をいへば、農工商に通ひ、農工商の道をいへば士に通う、

（士農工商はそれぞれ職業としては異なるけれども、（善き）人としての道徳を修得することを目指すので、武士としての（善き）行為は、農工商の人々の行為にも共通するものがあるし、農工商としての（善き）行為は武士の行為とも共通してい

るものだ。)

彼の考えには、「士」と「農工商」という区分がみられ、武士を上位階級としてみていたとも解釈はできるが、おのおのの職分を全《まっと》うすることにより、共通の境地に到達できるものとしたのである。人として正直であり、勤勉で私欲をなくした姿こそが真の商人であるとする考えは、京都はもとより全国的に広がっていった。梅岩の死後、門弟の手島堵庵・中沢道二などによって、江戸や大坂などの全国の城下町を中心にした都市だけではなく、心学は農村部へも普及していった(図3)。範囲としては時代に消長はあるものの、北は蝦夷地(北海道)、南は豊後(大分県)・肥後(熊本県)まで普及していき、なかには遠江(静岡県)掛川、信濃(長野県)須坂など、藩主自らが修行して領内への布教を認めさせた藩もあり、その数はのべ四四藩に及ぶ。

儒学者(心学者も含む)たちは、身分制社会自体を否定していないものの、学習という幅広い文字文化という事象においては身分を超えた展開をみせていた。さまざまな文化事象においても、自身の生き方(身分)を肯定的にとらえ、身分を超えて同じ行動様式をとる者も多くみられるようになってきたのである。

(石山)

図3　手島堵庵が子どもたちに行儀作法などを教える
(『主従心得』立正大学所蔵)

【参考文献】

石川　謙『石門心学史の研究』（岩波書店、一九四二年）
石山秀和『近世手習塾の地域社会史』（岩田書院、二〇一五年）
海原　徹『近世私塾の研究』（思文閣出版、一九八三年）
中泉哲俊『日本近世学校論の研究』（風間書房、一九七六年）
宮川康子『自由学問都市大坂』（講談社選書メチエ、二〇〇二年）

## コラム１　度量衡と貨幣単位

度量衡については、江戸時代は交通・経済の未発達、各藩領国の自立性の壁があり、全国的な統一・掌握はなかなか進まなかったため、複雑をきわめており、明治八年（一八七五）八月五日に明治政府の「度量衡取締条例」が発せられるまで続いた。そこで本コラムでは度・量・衡の三つに分けてその概略を述べておきたい。

### 度（長さ）

長さについては、天正一〇年（一五八二）に開始された太閤検地において、一間＝六尺三寸、五間×六〇間＝三〇〇歩＝一反を基準に検地をおこなうことが定められる。実際に文禄三年（一五九四）の島津氏領内の検地にあたって、豊臣政権の奉行石田三成から一間＝六尺三寸の検地尺が渡されている。その後、江戸幕府は秤《はかり》座・枡《ます》座のように特定の商人を通じて全国的な強い統一はおこなわなかったため、用途ごとにさまざまな尺の長さが存在したのである。

具体的には、永正年間（一五〇四〜二一）に京都の指物師の又四郎が作ったと伝えられ、大坂一帯で使用された金属製で一尺＝三〇・二五八cmの「又四郎尺」、中世に近江国の伊吹山から出土した塔婆に刻まれた尺度によるという曲尺《かねじゃく》より約四厘長い竹《たけ》尺の「念仏尺」、享保年間（一七一六〜三六）に徳川吉宗が紀州熊野神社の古尺を写して天文観測に用いたと伝えられる一尺＝三〇・三六三cmの「享保尺」、伊能忠敬が寛政一二年（一八〇〇）頃に日本海岸絵図の作成にあたって用いたとされ、「享保尺」と「又四郎尺」とを折衷して作った「折衷尺」などが代表的なものである。

他にも反物を測るのに用いられてきた和裁用の物差しに「鯨尺《くじら》」があるが、これはもともと鯨のひげで作られ、曲尺の一尺二寸五分（約三七・八㎝）を一尺としたもので、布地を測るのに用いた単位で、曲尺の一尺二寸を一尺とする「呉服尺」、足袋を製作する職人専用の木製の物差しで、曲尺の八寸を一尺とする「文尺《もん》」などもあった。

なお、検地の際に用いられた間竿《けんざお》は、延宝年間（一六七三〜八一）以降は一間＝六尺として実行されたほか、江戸で建築や土地を測る場合には「田舎間《ま》」が用いられ、曲尺六尺を一間とする寸法で、江戸時代末期には関東地方で広く用いられるようになった。しかし、実際には江戸でも近畿地方を中心に用いられている六尺五寸を一間とする京間《ま》が用いられる場合も少なくなかった。

**量（体積）**

体積を量る枡は主に米穀を量るために用いられるもので、米の数量を家禄に表記することの多い武家社会においては殊に重要な存在だった。中世では領主・寺社ごとに個別の基準が設けられていたが、天正一〇年（一五八二）の太閤検地において、当時京都を中心に使用されていた京枡（一升枡）を年貢収納時における基準とした。

その後、江戸時代に入ると寛文八年（一六六八）四月、幕府は諸大名に対し、津留《つどめ》品および諸領内使用枡の調査を命じる。この時点で幕府の公定枡には、京都所司代板倉重宗によって定められた「京判」と、江戸の町で用いられた「江戸判」の二種があった。しかし、大多数の大名は領内独自の枡を製作、使用していたため、その使用範囲はきわめて限定的だった。

そして寛文九年（一六六九）二月、幕府は江戸の町において江戸枡を京枡に改め、一一月に諸大名に京枡の全国使用を命じる触を出し、同年一二月、幕府大目付は諸大名の留守居役に対し、枡の購入を町年寄でもある江戸枡座樽屋藤左衛門か、京都枡座福井源太夫に命じ、各大名が独自に京枡を製作することを禁じた。さらに江戸では享保二年(一七一七)五月、同一〇年七月、元文二年(一七三七)四月の三度にわたり、江戸市中での「無判之升」の使用禁止と、樽屋による枡改を命じた町触を出すが、この頃から樽屋と福井双方が由緒と権利を主張し始め、無判の枡を使用する者も増えたため、社会問題化していった。

そこで安永三年(一七七四)一〇月、樽屋藤左衛門は、享保一五年(一七三〇)に町奉行大岡忠相に提出した書上を根拠に、東三三か国における江戸枡座の枡使用と、近日中に樽屋から枡改の役人を派遣する触を出してもらよう幕府に願書を出すが、幕府はこれを受けて同五年二月二九日、江戸枡座・京都枡座の支配分担を後述の秤座と同様に分け、明確化するに至った。

こうして枡の統制がようやくなされたのだが、江戸枡座・京都枡座は管轄地域に対し、定期的に枡改の役人を派遣したものの、藩あるいは城下の枡座が新京枡と同一規格の枡を製造する大藩などでは、枡改を拒否することもあったようである。なお、甲斐国の大部分では、武田信玄の遺制と称して江戸時代初期から明治維新まで、京枡の三倍の容積の甲州枡の使用が許された。また、藩によっては家臣への扶持米支給のための「扶持枡」、城下町商人の「商業枡」など、藩独自の異量の枡を製造使用した例も少なくなかった。枡の統一の問題はその後も続き、明治三年(一八七〇)に明治政府が京枡を法定枡とすることで決着をみている。

**衡(重さ)**

重さを量るには秤を用いるが、戦国時代は伊勢国白子出身の神《じん》氏が京都の公家に仕え、秤座を支配し、西国の一五か所(伏見・奈良・堺・大坂・浜田・姫路・岡山・萩・和歌山・高松・博多・広島・肥後山鹿湯町・長崎・神戸)に出店《でだな》を置き、名代役の者に支配させていた。一方、甲斐国では甲府金山から産出される黄金のために精密なる秤が必要とされていたため、天正二年(一五七四)に武田信玄は吉川守随茂済《しげなり》に秤製作・販売の特権を与え、規格の統一と品質の向上を図った。そして同一〇年に武田氏が滅亡すると、その養子吉川彦太郎信義は徳川家康から「守随」を苗字とすることを命じられ、甲斐一国の秤の特権を得た。信義は京都の彫金工で分銅役を務める後藤四郎兵衛家製作の分銅に合わせた秤の目盛を刻んだ秤器作製をおこない、これを各地に広めて家康の度量衡統一政策の一翼を担った。

こうして秤には二つの系統が存在したのだが、京都の神氏は慶長年間(一五九六〜一六一五)に家康から秤座の支配を認められ、江戸に進出し始める。そこで神氏に関東での秤支配の権限を侵されることを危惧した守随氏は、幕府に働きかけた結果、承応二年(一六五三)閏六月二八日、京都秤座神氏に西国三三か国を、江戸秤座守随氏に東三三か国を分掌させる旨の触が出されることとなった。

その後、管轄範囲の若干の変更などを経て、寛文八年(一六六八)一〇月、双方の支配分担は次のように定められた。

＊東三三か国(守随氏)
東海道一五か国(伊賀・伊勢・志摩・尾張・三河・遠江・駿河・甲斐・伊豆・相模・武蔵・安房・上総・下総・常陸)
東山道八か国(近江・美濃・飛騨・信濃・上野・下野・陸奥・出羽)
北陸道七か国(若狭・越前・加賀・能登・越中・越後・佐渡)
山陰道八か国の内三か国(丹波・丹後・但馬)
＊西三三か国(神氏)
五畿内五か国(山城・大和・河内・和泉・摂津)

山陰道八か国の内五か国（因幡・伯耆・出雲・石見・隠岐）
山陽道八か国（播磨・美作・備前・備中・備後・安芸・周防・長門）
南海道六か国（紀伊・淡路・阿波・讃岐・伊予・土佐）
西海道九か国（筑前・筑後・肥前・肥後・豊前・豊後・日向・大隅・薩摩）
其の外二か国（壱岐・対馬）

そして守随氏は幕末、東日本一帯に四一か所（甲府・名古屋・津・高田・敦賀・会津・柏崎・大津・駿河府中・丹波亀山・高崎・彦根・秋田・金沢・川越・長岡・下野佐野・遠江中泉・信濃下越・松本・善光寺・富山・宇都宮・三河泉村・八王子・新潟・三河吉田・磐城瀬之上・米沢・加茂・出羽庄内・福井・津軽・上野原・松代・上田・仙台・箱館・相模横山宿・木更津・松坂）に出張所《でばりどこ》を置き、名代役の者に支配させていた。

こうして京都秤座・江戸秤座ともに製作と販売（本来は下げ渡し）、秤改め、修補の独占権を持ち、他で私造することは禁じられることとなった。そして秤改めは一〇年に一度くらいの割合でおこなわれ、不良秤は没収し、修理が必要なものは修理費用を出させ、合格したものには改印を打ったのである。なお、江戸の秤座は数度の移転を経て、天保一三年（一八四二）以降、箔屋町に置かれている。

このように、江戸の度量衡は全国統一されたものではなく、東国・西国の区分を基準としつつも地域によって特色を有するものだったのである。

（滝口）

【参考文献】

阿部　猛『度量衡の事典』（同成社、二〇〇六年）
天野　清「京枡と江戸枡」（『計量史研究』一―一、一九七九年）

## コラム2　江戸時代の改元

### 日本における元号

元号のルーツは、中国の前漢の武帝が紀元前一四〇年に初めて「建元」という元号を定めたことに遡る。以後中国では一九一一年に滅亡した清朝最後の「宣統」まで、一八九の元号が用いられた。この元号文化は中国の影響下にあった東アジア諸国でも用いられ、日本では六四五年に「大化」が用いられて以降、「令和」まで二四八の元号が用いられてきている。そして、今なお元号を使用しているのは、わが国だけであることも忘れてはならない。

日本の歴史を紐解くとき、元号を用いてその特徴を把握することが多い。江戸時代の元号(表1参照)をとってみても、豊臣家の滅亡後、平和な時代になったことを表す元和偃武《げんなえんぶ》(一六一五)に始まり、三大改革では享保の改革(一七一六〜四五)・寛政の改革(一七八七〜九三)・天保の改革(一八四一〜四三)、災害では明暦の大火(一六五七)や天明の大飢饉(一七八二〜八七)、安政の大地震(一八五五)などがあり、幕末には安政の五か国条約(一八五八)や安政の大獄(一八五八〜五九)、また文化面でも寛永文化(一六二四〜四四頃)、元禄文化(一六八八〜一七〇四頃)、宝暦〜天明期の文化(一七五一〜八九頃)、文化・文政文化(化政文化、一八〇四〜三〇頃)などの区分がみられる。

このように、元号は江戸の政治・社会や文化を考える上でも、時代や時期的な特徴を物語る重要な役割を果たしているのである。

表1　江戸時代の元号

| 元号 | 開始日 | 西暦（太陽暦） |
|---|---|---|
| 慶長 | 10月27日 | 1596年12月16日 |
| 元和 | 7月13日 | 1615年9月5日 |
| 寛永 | 2月30日 | 1624年4月17日 |
| 正保 | 12月16日 | 1645年1月13日 |
| 慶安 | 2月15日 | 1648年4月7日 |
| 承応 | 9月18日 | 1652年10月20日 |
| 明暦 | 4月13日 | 1655年5月18日 |
| 万治 | 7月23日 | 1658年8月21日 |
| 寛文 | 4月25日 | 1661年5月23日 |
| 延宝 | 9月21日 | 1673年10月30日 |
| 天和 | 9月29日 | 1681年11月9日 |
| 貞享 | 2月21日 | 1684年4月5日 |
| 元禄 | 9月30日 | 1688年10月23日 |
| 宝永 | 3月13日 | 1704年4月16日 |
| 正徳 | 4月25日 | 1711年6月11日 |
| 享保 | 6月22日 | 1716年8月9日 |
| 元文 | 4月28日 | 1736年6月7日 |
| 寛保 | 2月27日 | 1741年4月12日 |
| 延享 | 2月21日 | 1744年4月3日 |
| 寛延 | 7月12日 | 1748年8月5日 |
| 宝暦 | 10月27日 | 1751年12月14日 |
| 明和 | 6月2日 | 1764年6月30日 |
| 安永 | 11月16日 | 1772年12月10日 |
| 天明 | 4月2日 | 1781年4月25日 |
| 寛政 | 1月25日 | 1789年2月19日 |
| 享和 | 2月5日 | 1801年3月19日 |
| 文化 | 2月11日 | 1804年3月22日 |
| 文政 | 4月22日 | 1818年5月26日 |
| 天保 | 12月10日 | 1831年1月23日 |
| 弘化 | 12月2日 | 1845年1月9日 |
| 嘉永 | 2月28日 | 1848年4月1日 |
| 安政 | 11月27日 | 1855年1月15日 |
| 万延 | 3月18日 | 1860年4月8日 |
| 文久 | 2月19日 | 1861年3月29日 |
| 元治 | 2月20日 | 1864年3月27日 |
| 慶応 | 4月7日 | 1865年5月1日 |
| 明治 | 9月8日 | 1868年10月23日 |

日本では古代より元号を決めるのは朝廷である。中国の古典や儒学などに詳しい文章博士らが元号案を複数提示する。これを勘申《かんじん》といい、これを公卿らが評議の上で二案にしぼっていく。これは難陳《なんちん》といわれるもので、これを天皇に上申し、天皇がどちらか一方を選んで新元号が決定されるという仕組みだった。つまり、江戸時代においても元号決定は京都の朝廷の役割であり、江戸の将軍家に伝達されるまでには時間差があったことになる。

## 江戸の改元情報

そこで本コラムでは、江戸の町人社会に改元の情報がもたらされた実態に迫ってみたい。まず、寛文一三年（一六七三）の事例をあげると、江戸の町には九月二九日に町触によって「九月二一日に年号を延宝と改元したので、各町の家持（居付《いつき》地主）から裏店の人々にいたるまで漏らさず触れるように」として伝えられている。ここで注目したいのは、改元から町触が出されるまでに八日の差があることである。

一方、幕府の情報や江戸市中に出回ったさまざまな情報を書き留めた『藤岡屋日記』をみると、幕末に江戸の幕府上層部に改元の情報がいかにして伝えられたかが明らかとなる。すなわち、弘化元年(一八四四)は一二月二日の改元によって始まるが、江戸城では同月一三日に大名・旗本たちに対して総登城の命があり、老中列座の上で老中首座の阿部正弘から弘化と改元された旨が伝えられている。また、一一月二七日に改元された安政の際にも、一二月四日に町々に触が出され、翌五日に江戸城内で出仕の面々に老中によって改元の通知がなされている。

これによってわかるのは、京都の朝廷内において新しい元号の決定がなされると、ただちに江戸の将軍・老中のもとに知らせがもたらされるが、武家に対しては大名・旗本をまず江戸城に呼び出して伝達し、幕府直轄地(天領)には触を出したのである。このうち江戸の町々には老中→町奉行所→町年寄→町名主→家持・家主→裏店層(庶民)という経路で町触が伝達されていったことになろう。

これに関して興味深い記事が『藤岡屋日記』にみえる。前述の弘化改元の際には、「一二月六日、今日より年号替わりましたと言って、小さい紙片に嘉政と書いたものを一枚四文で売り歩く者が現れ、八日には二人召し捕らえられ、茅場町の自身番に拘留された。その後追々に六人が捕まった」とあって、江戸に公式な元号がもたらされる以前に、事実と異なる元号を売り歩く者が複数いたことがわかる。そしてこれに続けて「先年天保改元の際にも永長と書いた紙片を売り歩いた者が捕縛されている」とも述べられていて、これが天保改元の際にもあったことがうかがえる。一九世紀には江戸庶民のなかにも元号をいち早く知りたいという需要が少なくなかった事情がわかる。おそらく、その背景にはこうした商売を指導的におこなう元締めのような存在があったのだろう。

なお、明和九年(一七七二)が一一月一六日から安永元年となった際には、「年号は　安く永しと　変われども諸式高直　今に明和九」という狂歌が詠まれた。この年は二月二九日に目黒行人坂《ぎょうにんざか》の大火があり、九月七日には計数貨幣として南鐐《なんりょう》二朱銀という銀貨が登場し、同月一七日には江戸に大風雨が襲った。この歌はたび重なる災害と、諸色《しょしき》すなわち江戸市中の物価が高騰するなどの経済変動などを「明和九《めいわく》＝迷惑」と評し、庶民の幕府政治に対する批判的思いを込めたものになっている。

そして前出の『藤岡屋日記』にも、改元の話題とともに、市中で詠まれた狂歌が載せられている。天保から弘化に改元の際には「天保十六でなし　是からどうふか弘化よかろふ」、嘉永から安政に改元の際には「世の中が安き政りと成ならば　嘉永そふなる人がたすかる」といった具合である。

いずれも改元に江戸庶民の思いが込められたものとなっており、世の中が改善・向上される画期と期待を込めて捉えられていたことがわかるのである。江戸時代後期の江戸庶民は、このように、改元にけっして無関心だったわけではなく、社会の変革を期待する思いは、やがて幕末の世直しの機運と結びついていったと考えることもできよう。

（滝口）

【参考文献】
宮瀧交二監修『元号と日本人　元号の付いた事件・出来事でたどる日本の歴史』（プレジデント社、二〇一九年）
『近世庶民生活史料　藤岡屋日記』第一・五巻（三一書房、一九八七・八九年）

# Ⅱ　都市整備と経済・文化

## 江戸の町整備(1)――家康〜家光時代――

### 徳川家康の関東入国と幕府の創設

天正一八年(一五九〇)八月一日、豊臣秀吉から後北条氏の旧領に入封を命じられた徳川家康は、後北条氏の本拠地だった小田原ではなく、あえて江戸を拠点とすべく、江戸城に入った。家康入国当初の江戸は後世、寂れた城の周辺に寒村が点在するように語られてきたが、実際には、江戸城近くに江戸湾に面した江戸湊があり、東の隅田川沿いの地に浅草湊があり、南の目黒川が江戸湾に注ぐ周辺に品川湊があって、海上流通の盛んな地域だった。かつて太田道灌が康正三年(一四五七)にこの地に江戸城を築城したのは、こうした地域性を十分にふまえてのことだったのである。

当初家康はこの江戸城を居城とするにあたって、それまでの江戸城本丸の拡張をおこなうとともに、道三堀の開削や平川の流路変更など、物資運搬の水路整備に着手した。ことに塩の生産地で知られていた行徳と江戸城を結ぶルートの確保が急務だったのである。その後は文禄元年(一五九二)から三年にかけて、城回りの小河川を堰き止め、牛ヶ淵・千鳥ヶ淵を造り、西丸の造営をおこなうといった工事を進めていく。そして江戸城西北の地を幕府の軍事組織の一翼を担う大番組衆に宅地として与え集住させて、江戸最古の武家地である番町の原型ができていった。しかし、この時期の普請は、豊臣政権の有力大名の城下町という規模にすぎないものだった。

慶長三年(一五九八)に秀吉が没すると、間もなく関ヶ原の戦いが起こり、これに勝利した家康の本拠地江戸にも変化が訪れていく。すなわち、同八年二月に家康は朝廷から征夷大将軍に任命され、江戸に幕府を開くと、ただちに諸大名を動員した大規模な江戸城修築にとりかかったのである。

　幕府が開かれる直前の慶長七年頃の江戸の様子を簡略に記した江戸図といわれる「別本慶長江戸図」(東京都立中央図書館特別文庫室所蔵)をみると、図中のところどころに川・橋・道や、「士衆住居」「町人住居」と大雑把な記載があるほか、江戸城直下に日比谷入江がみえ、幕府によって江戸城の大規模工事がおこなわれる直前の様子を示している。これをみると、当時の東の玄関に相当するのは浅草口で、図には「さんや《(山谷)》より千じゅ《(千住)》へ出、奥州道」と書込みがある。浅草口にはのちに常盤橋門ができるが、ここは家康以前から山谷を経て奥州に通じる主要な街道だったのである。家康が開府後最初に着手したのが、江戸湾に突き出た半島状の江戸前島の付け根に相当する場所に日本橋を架橋したことである。これによって日本橋は新たに諸国街道の起点と位置付けられていくのである。

　また、この図では道三堀周辺に「町人住居」と記されているが、現在この地には東京駅があり、二〇〇〇年(平成一二年)前後に八重洲北口を発掘した際に一七世紀初頭の墓跡一〇か所が発見され、壮年前半女性、青~壮年初期の男性、性別不明の一二~一五歳の子、性別不明の六歳前後の子、壮年後半男性など、合計一四体が発掘された。これらはヨーロッパ人の特徴をもち、特に副葬品としてメダイ一個とガラス製のロザリオ玉四九個、木製のロザリオ玉二個が発掘された墓には、性別不明の七~八歳くらいの子供が埋葬されていた。そしてこのメダイの図柄は、照合の結果、無原罪の聖母マリアだということが明らかになっているほか、他に棺の内側に十字架が描かれていた墓もあった。

　こうしたことから、この地は江戸開府前後の時期にキリスト教徒のヨーロッパ人が居住する地域だったと考えられる。このことは、八重洲の地名がオランダ人航海士ヤン・ヨーステンに因んだものである点が想起される。家康の外交顧問となったイギリス人ウィリアム・アダムス(三浦按針)とともに信任を得た彼は、江戸城内堀沿いに屋敷を拝領したといわれていることから、当初この地域は外国人の居留する地域となっていたと考えられるが、家康の死後に幕府の海外交易が縮小されていくと、二人もその役割を失い、居留地も消滅していったものと考えられる。

### 江戸城総構の完成

江戸城は二重の堀に囲まれており、内堀に囲まれた部分を内郭という。ここに本丸のほか、二の丸・三の丸・西丸・北の丸・吹上が配置されている。狭義の江戸城はこの内郭のことをいうが、内堀と外堀に囲まれた部分である外郭を含めた広義の江戸城（総構《そうがまえ》）の築城にとりかかったのが、江戸開府後の諸大名を動員した築城事業である。これを「天下普請」といい、この普請に従うことは戦時の従軍と同等の意味をもつものとされたため、大名たちは所領の規模や家格に応じた人夫を提供して工事にあたった。

具体的な経過を述べると、慶長八年（一六〇三）にまず幕府は大名七〇家に神田山を掘り崩し、日比谷入江を埋め立てさせるところから進めていった。そして同九年六月、西国の外様大名二八家に石船（石垣用石材の運搬船）三〇〇〇艘の築造を命じ、同一一～一二年に本丸・内郭・外郭の工事をおこなった。このときに五層の天守が完成し、大名三四家に石垣普請を命じて外堀の開削を進めている。さらに同一五～一六年には西丸工事や石垣普請を、同一九年には豊臣恩顧の大名を中心とする三四家に石垣工事を命じて、埋め立てた日比谷入江の再整備をするほか、大名小路（現在の千代田区丸の内周辺）、および外堀の西丸下～日比谷門～山下門部分を完成させている。

元和元年（一六一五）五月、大坂夏の陣で豊臣家が滅亡すると、天下普請はさらに加速していった。すなわち、同六年に東国大名一〇家が動員されて清水門～内桜田門の石垣、外桜田門～半蔵門間の諸門の枡形が築造され、お茶の水（神田山）の堀割工事がおこなわれて、増水時に平川・小石川の水が浅草から隅田川に注ぐような流路ができあがっている。また、寛永六年（一六二九）には西丸の普請や総延長一七五〇間におよぶ石垣普請、内郭諸門の枡形築造がおこなわれている。このとき石垣用石材の運搬を担当する「寄方」に三河以西の譜代大名三八家が、石垣築造に従事する「築方」に東国大名七〇家がそれぞれ割り当てられており、この頃には、かなり組織的に普請が進められていったことがわかる。

その後、寛永一三年（一六三六）に大名一二〇家を動員する大規模な外郭工事がおこなわれ、東国大名によって牛込門〜市谷門〜赤坂門の外堀が完成し、これが神田川とつながることとなった。そして西国大名によって神田橋門〜虎ノ門〜赤坂溜池の堀と石垣が完成し、江戸城諸門の枡形がすべて揃ったのである。

こうして江戸城は家康の入国以来半世紀近くをかけてひとまずの完成をみたのである。図1の「武州豊嶋郡江戸庄図」は総構完成後の江戸城下のようすを描いており、西を上に、東は隅田川、西は麴町・溜池、南は芝、北は外神田という範囲が収録されている。本丸には天守がそびえ、内郭の北の丸や吹上、そして外郭には大名屋敷が建ち並んでおり、隅田川沿いから江戸湾沿いにかけて、そして芝や神田の一部にも武家屋敷があって、町人地は神田・日本橋・京橋に集中しているのがわかる。当初の江戸はこの図の示すように、外堀に囲まれた部分とその外側のごく一部が都市的様相を呈している状況で、江戸城の西側の台地部分や、隅田川以東の本所・深川地域などはまだ開発が進んでいなかった。

## 江戸の町割りと町政

江戸の町人地は当初、江戸前島にあたる神田・日本橋・京橋地域を中心に町割りが進められていった。この地域には呉服町・鍛冶町・鍋町・紺屋町・弓町・桶町・畳町・本材木町など、職種を町名に冠する町が多いが、これは商工

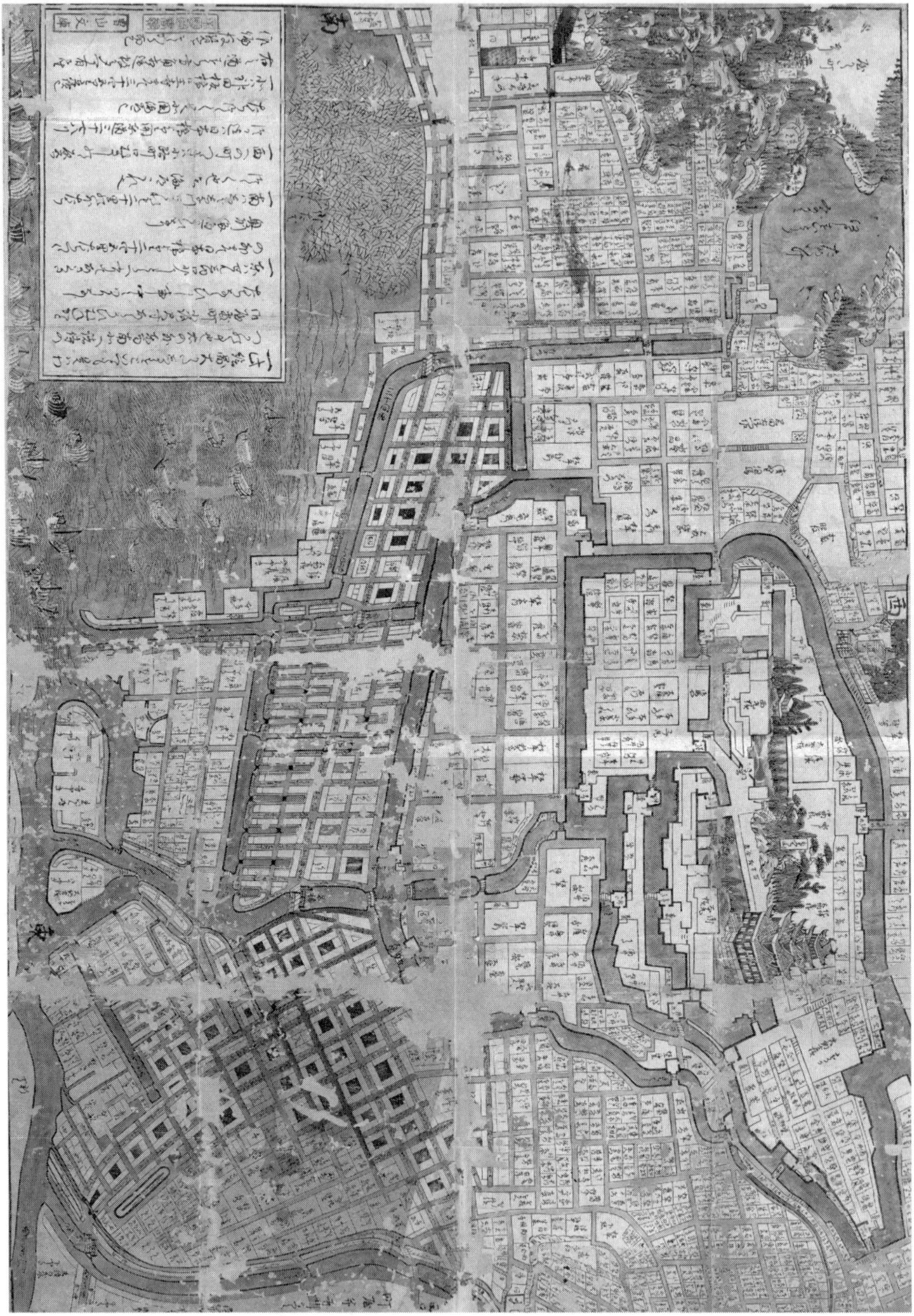

図1 「武州豊嶋郡江戸庄図」（国立国会図書館所蔵）

業者である町人たちを実際に職種ごとに集住させて取り締まるとともに、公役・国役を課す意図があったからである。すなわち、一般の町人たちには年貢の代わりに幕府御用の人足を負担する公役が課され、とりわけ職人町に対しは、その職能に応じて国役という特定の技術労働が課されたのである。

しかし、彼らは低賃金で雇われるので、しだいに忌避するようになったことや、世代が代わるにつれて職種や居住地が変化することも多く、のちには各町ごとに金銀で納めるようになっていった。その結果、町名と住民の職種とが一致しない場合が多くなっていったが、明暦の大火以降の都市域拡大に応じるかたちで成立した町々とは異なり、江戸城総構完成までに成立したこれらの町(これを「古町《こちょう》」という)は、御用商人や老舗大店の多い地域的特徴があった。

図2は複数の版が知られる「武州豊嶋郡江戸庄図」の別図だが、日本橋周辺をみると、各通りに町名が書かれている。これは通りを挟んだ両側を一つの町として江戸の町割りがおこなわれたことを示しており、大通りと裏通りと横丁に沿ってそれぞれ店舗が建ち並んでいた。それゆえ、いずれの通りにも面することのない空地がところどころに生まれることとなり、この図中にも黒塗りで示されている。こうした土地を会所地といい、のちに人口増加による住宅事情の改善と、不法投棄が相次ぎ社会問題化したことを理由として、ここに小道を通すようになっていった。これを新道といい、なかには神田の下駄新道など、特徴的なものも現れている。

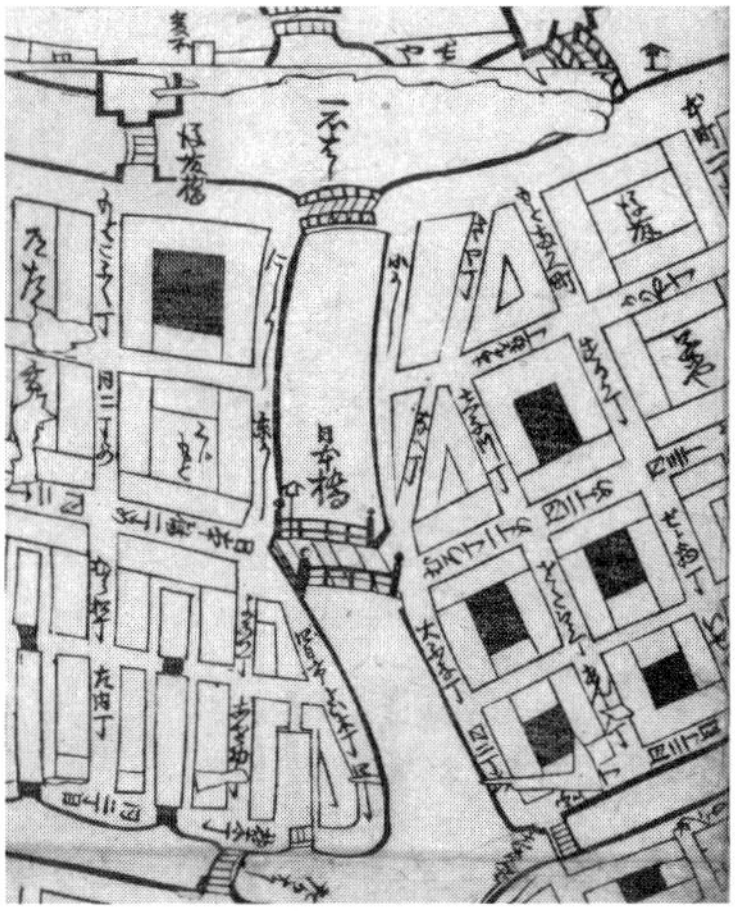

図2　「武州豊嶋郡江戸庄図」(別図部分。国立国会図書館所蔵)

また、公役・国役や、町の運営費である町入用などは、通りに面して店舗を構える町人のみが負担していた。彼らは居付地主の家持や、大家・家守などと呼ばれる家主らであり、店舗の間口の大きさに応じて按分されたため、間口が狭く、奥行きの長い町屋の構造が基本となっていた。そして多くの場合は裏に複数の長屋を構え、そこに裏店《うらだな》層と呼ばれる人々が暮らしていたのである。

江戸の町人支配や町政については、二人の町奉行が担当し、南北二か所に分かれた町奉行所には与力・同心が配属されていた。与力は騎馬に乗る格があって南北各二五騎、同心は与力の部下として各一二〇人(幕末に増員される)にすぎず、わずか三〇〇人足らずの人員で、取り捌くにはあまりに少なすぎていた。一八世紀になると町人人口は五〇万人を超えたといわれるが、すでに江戸時代初期から「小さい政府」という構造をもっていたため、当初から江戸の町政は町方の自治に大きく委ねられていたといえよう。

そこで江戸の町人代表として町人たちを総括する役割を果たしたのが町年寄である。町年寄は本町一丁目の奈良屋(舘氏)、同二丁目の樽屋(樽氏)、同三丁目の喜多村の三家で、いずれも元来武士の家系だったが、町触の名主への伝達、人別の集計などの町政一般の業務のほか、商人・職人の統制や町奉行の諮問に対する調査・答申、町人の願書の関連調査などを世襲でおこなう存在だった。そして彼らは町名主たちを統括・支配し、町奉行所と江戸の町々をつなぐ重要な機能を担っていたのである。

こうして近世都市江戸は江戸城を軸として、当初から台地・陸地を中心に大名・旗本の屋敷が配置され、江戸前島や新たに埋め立てられた東側地域に町人地が誕生するというかたちで形成されていった。これはのちに山の手と下町という地域的特徴となって表れてくるのである。

(滝口)

【参考文献】

北原糸子『江戸城外堀物語』（ちくま文庫、一九九九年）
鈴木理生『江戸はこうして造られた―幻の百年を復原する』（ちくま学芸文庫、二〇〇〇年）
千代田区東京駅八重洲北口遺跡調査会編『八重洲北口遺跡』（二〇〇三年）
千代田区立四番町歴史民俗資料館特別展図録『江戸城の堀と石垣』（二〇〇五年）

# 江戸の町整備(2)――明暦大火後の再開発と江戸の拡大――

## 明暦の大火

江戸は木造家屋が密集しているなかで、冬場に北西の風が吹きつけることで知られ、それゆえに火災が多く、ときに類焼域が広範囲におよぶ大火となる場合もあった。四代将軍家綱治世の明暦三年（一六五七）正月一八日昼過ぎ、最初に本郷の日蓮宗寺院本妙寺から出火した。その後、翌一九日昼前、小石川伝通院下の新鷹匠町の大番与力の屋敷から出火し、さらに同日夕方には麴町五丁目の町屋からも出火した。このときは前年一一月からまったく雨が降らず、極度の乾燥状態に加え、当時は北西の強い風が吹いていたといわれ、その結果、この三つの火の手がやがて合流して江戸の中心部をことごとく焼き尽くす大火になってしまった。

これを明暦の大火といい（振袖火事ともいう）、江戸城は本丸・大奥・天守などが焼失し、西丸のみ焼け残ったが、大名屋敷一六〇家、旗本屋敷七七〇余家が類焼したほか、町屋四〇〇か町、寺社三五〇軒以上、橋に至っては六〇余、蔵が九〇〇〇棟ほど焼失したという。そしてこのときの死者は死者一〇万人を超え、江戸はこれまでにない被害を出し、家康以来の都市江戸の姿は失われてしまったのである。

火事の詳細は浅井了意『むさしあぶみ』に詳しく描写されているが、この年正月四日から江戸に滞在していたオランダ商館長ザカリアス・ワゲナール一行も、目撃した内容を書き残している（アーノルダス・モンタヌス『東インド会社遣日使節紀行』)。それによれば、彼ら商館長一行は正月一八日、大目付井上政重の一橋の屋敷に招かれていたが、「街路は避難の群衆でものすごい混雑であった。しかも世帯道具が路上に山と積んであるので、それを押し分けて進まねばならなかった。さんざん押されて窒息したり、踏み殺されたりした者も少なくなかった。人ごみのなかから身の毛もよだつような悲鳴が何度も上がった。火の粉は雨のように降りそそぎ、煙は暗天を覆っていた。さながら夜のようで、ただ時折、その厚い雲の間から太陽が光を射し込むのであった」と述べている。また、浅草橋門の周辺には焼け出された人々が多く集まったが、門番が開門しなかったために多くの人命が失われたといわれるほか、家財を車長持などに納めて逃げる商人などが逃げ惑う人々の通行を阻み、荷物にも火が飛び移るなどして被害が拡大した。なお、大火後に幕府は隅田川に両国橋(当初は大橋と称していた)を架橋するとともに、死者を埋葬する回向院を両国に建立した。

## 新しい都市計画

幕府はこの大火後に大規模な都市計画の再構築を目指した。具体的にはまず防火計画として、避難通路確保の必要性から、道路を広げるために庇を除去し、河岸通りや橋の規制を強化して、広小路と防火堤の設置を進めた。これによって橋の周辺などに火除地として広小路ができ、のちに床見世《とこみせ》が建ち並ぶ盛り場として発展をみる。また、幕府は新たな消防組織を設けた。これまでは、六万石以下の大名一六家を四組に編成し、一万石につき三〇人の人足を出し、各組が一〇日ずつ防火にあたる大名火消が防火活動の中心であったが、新たに三〇〇〇〜五〇〇〇石程度の旗本による定火消(一〇組)を設けたほか、江戸城防備のための組織として方角《ほうがく》火消を設けている。

一方、幕府は江戸城を再建するにあたり、天守の再建を見送っている。これは三代将軍家光の弟で会津藩主の保科正之が「軍用に益なく、ただ観望に備ふるのみ、これに財力を費やすべからず」と主張したためで、万治元年（一六五八）に加賀藩前田家によって天守石垣のみが建設され、一八世紀初頭に再建計画が起こったが、以後現在に至るまで二度と再建されることはなかった。

大名・旗本・御家人に対しては、倹約令が出され、それまでのような豪華な建築物が禁じられた。そして御三家の屋敷など、江戸城吹上・北の丸にあった屋敷は内郭の外に移されたほか、寛文元年（一六六一）までに一三〇八人が屋敷替を命じられた。彼らはそれまでの屋敷よりも江戸城から離れた地に移ることが多く、さらに記録に残っているだけでも一二六の屋敷が大名家（一部大身旗本）の下屋敷として郊外に与えられた。こうした一連の武家屋敷の移転は、幕府が江戸の範囲の拡大を意図していたことを示しており、外郭にあった寺院のほとんどを浅草・駒込・小石川など外堀の外側に移転させたことや、江戸で唯一公認されていた遊郭である吉原を田圃の広がる浅草北方に移転させたことなども、同様に解釈できる。

また、神田川の拡張掘削工事を仙台藩主伊達綱宗が請け負い、これによって小石川・小日向・牛込方面の宅地化が進んだ。そして幕府は、それまで北の千住大橋以外に橋の架かっていなかった隅田川に両国橋を架橋することになり、以後本所・深川への通行が可能となったことで、この地域の開発が徐々に進んでいくこととなった。こうして江戸は明暦の大火後の復興計画によって都市拡大の傾向が加速することとなったのである。

### 大岡忠相の施策

拡大した江戸は、八代将軍吉宗が享保の改革を推進する頃には、町人人口が五〇万人ほどに達し、武家人口も約五〇万人ほどと想定されることから、人口一〇〇万人を抱える大都市になったといわれている。しかし、表1に示した

**表1　江戸の土地構成**

| 時　　期 | 武家地 | 町人地 | 寺社地 | その他 |
|---|---|---|---|---|
| 正保年間(1644～48) | 77.40% | 9.80% | 10.30% | 2.50% |
| 寛文10～13年(1670～73) | 68.90% | 10.60% | 12.40% | 8.10% |
| 享保10年(1725) | 66.40% | 12.50% | 15.40% | 5.70% |
| 慶応元年(1865) | 63.50% | 17.80% | 12.70% | 6.00% |

註：内藤昌『江戸の町』(草思社、1982年)他をもとに作成。

ように、土地の構成には偏りがあって、町人は武家とほぼ同数の人口でありながら、武家地が町人地の数倍の面積を有している状態が江戸時代を通じて継続し、これが江戸を特徴付けている。

吉宗の信任を得て町奉行として改革の一翼を担った人物に大岡忠相がいる。大岡は享保二年(一七一七)二月に南町奉行に就任し、元文元年(一七三六)八月に寺社奉行に転任するまでの約二〇年間その任にあったが、その前半期に江戸の町方に対する多くの施策を担当している。

その代表的な業績が町火消の創設だろう。大岡の進言で各町に消防組織ができ、各町は享保三年(一七一八)一〇月、同五年八月、同一五年正月と三度の組織編成を経て、隅田川以西の町々をいろは四七の組(へ・ら・ひ、には百・千・万を用いた)に分け、一～十番組の大組に編成されていった(図3・4参照)。なお、その後元文三年(一七三八)に八番組に再編成されるが、本所・深川は一五の組を南・中・北の大組に編成していた。

当初町火消は店借・奉公人からなる店《たな》火消によって構成されていたが、徐々に鳶人足が担う組織に変化している。その理由として挙げられるのは、江戸の消火器具が手押しポンプにあたる龍吐水《りゅうどすい》程度しかなく、水で消火するには限界があったため、本格的な消火活動は破壊消防が中心となっていたことによるだろう。つまり、風下にあたる隣接家屋を素早く壊して火の手を止めるしかなく、そのためには店火消のような素人集団では早急な対応ができず、建物の解体を日頃からおこなっている鳶の人々がその役割を果

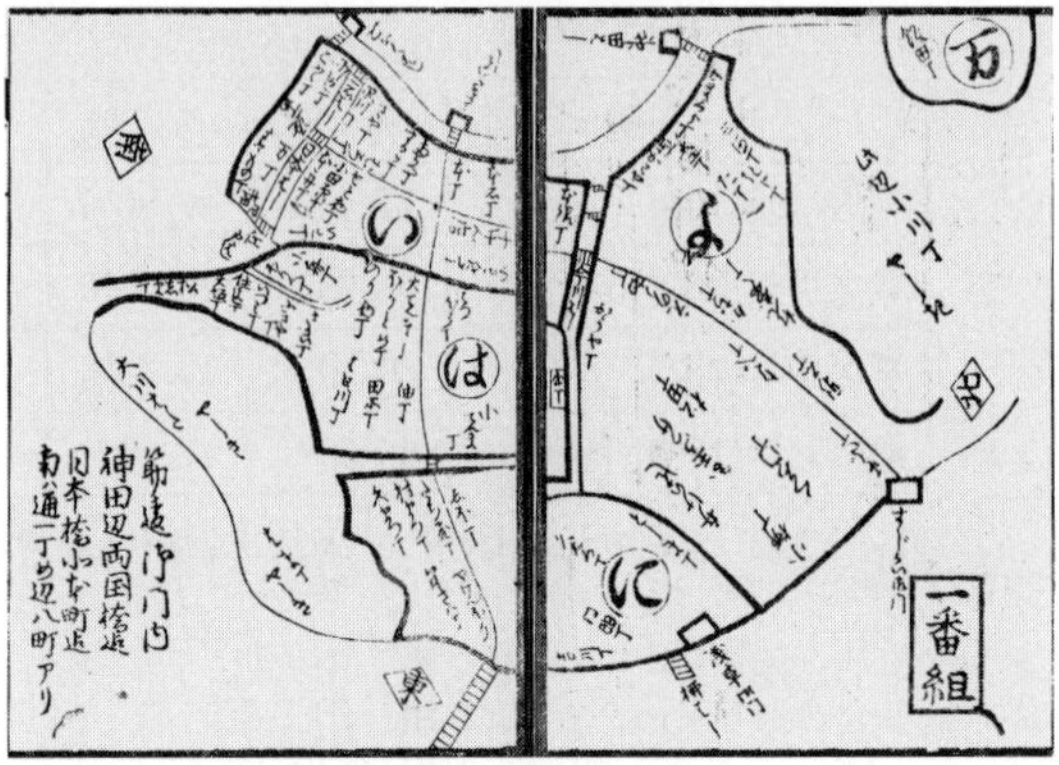

図3　町火消一番組の範囲
（『万世江戸町鑑』国立国会図書館所蔵）

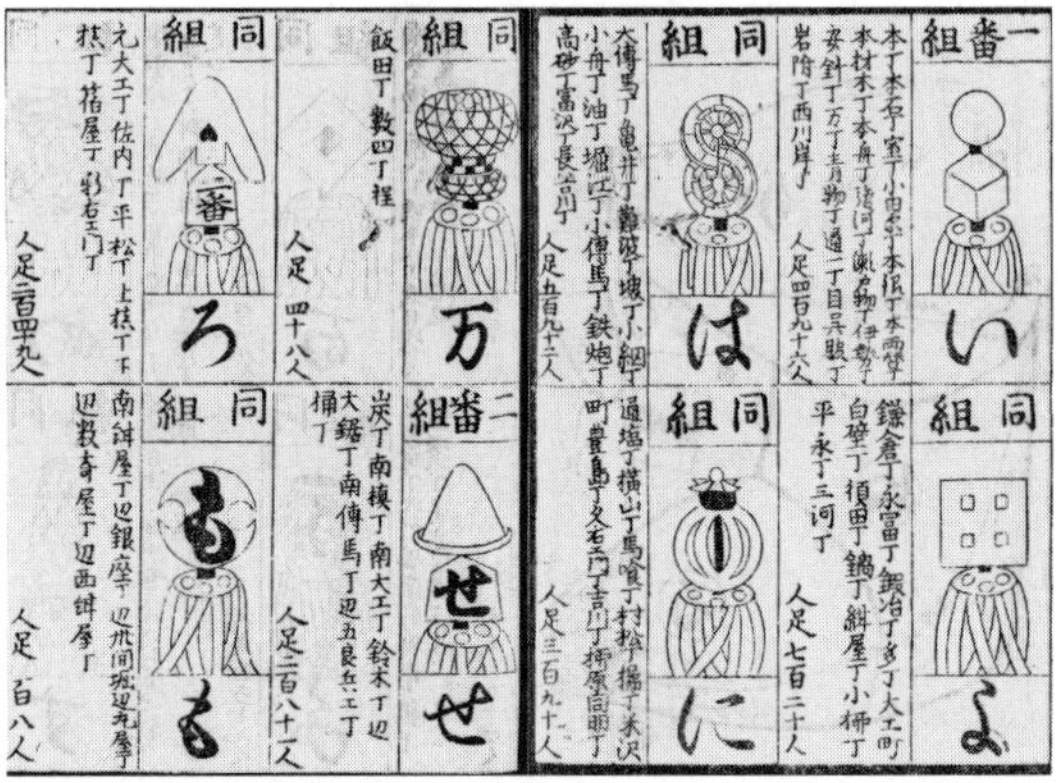

図4　町火消一番組の構成
（『万世江戸町鑑』国立国会図書館所蔵）

たすようになっていったのである。鳶人足には各組ごとに、頭取（鳶頭）—纏《まとい》持—梯子《はしご》持—平《ひら》（人足）の階層が存在し、統率のとれた集団性・機動性と、火の粉や高所を恐れない特有の気質が特徴で、一八世紀になると独特の文化を生み出していくほどにその存在感を高めていった。そして彼ら町火消は火災時には、町奉行所の火消人足改の与力・同心が指揮し、次第に武家地を含めた江戸の火災全般に対応していくようになっていったのである。

他にも、享保四年（一七一九）四月に本所奉行を廃止して本所・深川地域を町奉行所管轄域に編入し、隅田川以東のこの地域が江戸の一部として発展していくこととなった。また同六年八月には、江戸の商人・職人に組合の結成を命じて流通量と物価の統制を図った。さらに同年には出版統制に乗り出し、書物問屋仲間・地本問屋仲間を結成させ、翌年一一月にも出版物に対する取締令を出している。

また、大岡は江戸の町の支配構造にも変革をもたらし、享保六年（一七二一）九月に町の運営費削減のため町名主の補佐役である町代を廃止し、月行事《がちぎょうじ》（「大家」や「家守」と呼ばれた家主たちで組織される五人組から月交代で選ばれる）が町名主の補佐を行い、自身番（町の事務所・集会所であり、町内の警備・消防の拠点でもあった）に出勤して文書作成などの事務にあたる書役を置くという構造が、以後定着していくことになった。

一方、大岡は長屋でその日暮らしの生活を送る裏店層が増加したことを受けて、福祉政策にも取り組んでおり、享保七年（一七二二）一二月、町医師小川笙船の提案で貧病人のための養生施設として、小石川薬園内に小石川養生所を創設している。養生所は以後町奉行所の管轄として当初四〇人、同十一年からは一〇〇人が入院できる施設として明治維新まで存続している。

大岡の施策は当然、いずれも将軍吉宗の意向を受けてのことだが、同一七年に西日本を中心に起こった享保の飢饉による物価高騰には対応できず、翌年正月二五日、江戸で困窮した裏店層を中心に打ちこわしが起こっている（享保の打ちこわし）。これに対して同年、与力の加藤枝直は浪人青木昆陽（文蔵）を上司の大岡に推挙し、青木は翌年一二月から救荒作物として甘藷（薩摩芋）の栽培の試作をおこない、一定の成果を収めている。ちなみに、加藤は伊勢松坂出身の紀州浪人で、大岡が享保五年に配下の与力に抜擢した人物である。こうした大岡の人材登用が江戸市政の現場で活かされていったことも特徴といえよう。

## 拡大する江戸

このように、享保期に江戸は一つの転換期を迎えたが、商品経済が活性化した田沼時代を経て、寛政の改革では再び町の支配構造に変化がもたらされた。その代表例が寛政三年(一七九一)一二月以降におこなわれた七分積金《しちぶつみきん》である。

寛政の改革の都市政策は、天明の飢饉とそれに続く打ちこわしによって問題を顕在化させた窮民対策を大きなスローガンとしているため、町の運営費である町入用の減少が課題の一つとなった。そこで幕府は江戸の町々の町入用の節減分の七分(七〇%)を毎年積み立てさせ、残りの一分を町入用の増手当に、残りの二分を地主の増手当に充てるように命じた。これによって生み出される積立金は、同四年に向柳原《むこうやなぎはら》に設けられた町会所が取り扱うこととなった。

町会所は半官半民の組織で、その実態は、幕府が任命した勘定所御用達一〇人が七分積金と幕府からの差加金を含めた資金を運用し、町名主のなかから選出された年番名主らが実務にあたり、これを勘定奉行所の役人と、町奉行所の与力・同心が町会所掛として運営を監督したのである。その機能としては、非常時に備えるため籾米を購入して貯蔵・管理する、御救小屋を建てて窮民救済のために備蓄した米や銭を施行《せぎょう》(被災民に施す)に活用する、米価調節のために市中の米を売買する、資金を町人らに低利で貸し付ける、などの諸要素があり、ことに火事の多い江戸では、御救小屋での機能が江戸庶民に大きな社会的恩恵として捉えられていたといえる。

しかし、それでも江戸では住所不定の無宿人対策が十分におこなえず、農村から江戸に流入する人々がなかなか減少しない一方で、物価が高騰するとたちまち生活に困窮する裏店層に対する抜本的な対策がとられないまま、天保の改革の挫折を経て幕末の動乱期に至っている。ことに開国によって輸出が拡大したことによる流通バランスの急激な変化は江戸庶民の生活を直撃し、治安の悪化をもたらした。そして慶応二年(一八六六)五月には江戸で大規模な打ちこわしが起き、十分な取り締まりができない町奉行所に対して、「御政事売切申候」という張り紙がなされたことは、大都市江戸の抱える社会問題に対して、すでに幕府の統治能力が対応できなくなったことを象徴的に物語っている。

江戸の人口拡大と都市の膨張については、すでに享保年間(一七一六〜三六)に儒学者荻生徂徠が「江戸の広さ年々に広まりゆき、……いつの間にか、北は千寿(千住)、南は品川まで家続きになりたる也」(『政談』)と述べており、当時から役人の間でも江戸の範囲について曖昧な認識がなされていたようである。江戸の市域とされた範囲は「御府内」と呼ばれたが、実際に町奉行所の管轄範囲、寺社奉行所が勧化《かんげ》(寺社が寄付を募る行為)の対象地域として定める「御府内」の範囲、絵図や戯作などの出版物で把握されている江戸市域など、それぞれに微妙に範囲が異なっており、なかなか正確な判断がなされにくい状況が続いていた。

そこで幕府は文政元年(一八一八)、公式見解として江戸の範囲を定めた。その範囲は、東は中川、西は代々木・上落合まで、北は千住・板橋、南は品川までというもので、地図中に朱線で範囲を示したために朱引図と呼ばれている。これは同図に墨線で示した町奉行所の管轄範囲(墨引)より広いものだった(ただし、朱引外の目黒だけは墨引内に含まれている)。一方、民間で天保五年(一八三四)・同七年に出された『江戸名所図会』は、東は船橋、西は八王子辺りまで、北は大宮、南は六浦までを収録している。つまり、同書の収録範囲は幕府が公式見解として定めた江戸の範囲を大きく超えるものだったのである。これは当時の江戸が周辺地域との関りのなかで、まだまだ都市的な拡大の可能性を持っていることを示唆したものであり、同書の編者斎藤月岑は一七世紀初頭から神田雉子町に代々町名主として居住する、江戸根生いの人物であるだけに、彼らの感覚は維新後さらに都市的な拡大を遂げていく東京を見据えたものと理解することはできよう。

(滝口)

【参考文献】

大石　学『大岡忠相』（吉川弘文館、二〇〇六年）
黒木　喬『明暦の大火』（講談社現代新書、一九七七年）
竹内　誠『寛政改革の研究』（吉川弘文館、二〇〇九年）
吉田伸之『成熟する江戸』（講談社、二〇〇二年）
吉田伸之『シリーズ日本近世史④　都市―江戸に生きる』（岩波新書、二〇一五年）

# 参勤交代と街道整備

## 参勤交代制度

江戸時代の参勤交代には、当初「参覲」の字が用いられていて、これには大名が将軍に臣下の礼をとる意があった。この参勤交代のきっかけとなったのは、慶長三年(一五九八)八月に豊臣秀吉が死去し、豊臣家から徳川家へ徐々に権力が移行していくのにともない、一部の大名が人質として妻子・兄弟を徳川家に差し出したことに始まる。同五年の関ケ原の戦い前には、藤堂高虎が弟正高を、前田利長が母芳春院を、細川忠興が三男忠利を差し出している(これを「証人」という)のである。元和元年(一六一五)に豊臣家が滅亡するとこの動きは加速し、大名自身が自主的に江戸の将軍秀忠のもとに参勤するようになっていった。これが参勤交代として完全に制度化されたのが三代将軍家光の寛永一二年(一六三五)のことで、このとき改訂された武家諸法度において明確に示された。

こうして、大名は江戸の藩邸(主に上屋敷)と国元とを一年交代で行き来するのが基本パターンとなったが、江戸に向かうことを「参府」といい、国元に帰還することを「御暇《おいとま》」といって、実は大名ごとに交代の時期が異なっていたのである。これは街道の混雑を考慮したもので、親藩・譜代・外様の別や、家格によって交代の時期が分けられていた。また、三割ほどの大名はこうした基本パターンをとらず、関東の大名は領地が近いために半年交代が多く、逆に長崎警護の任務のある福岡藩・佐賀藩・平戸藩などは隔年参勤ではあるものの、一一月参府で二月御暇と、江戸にいる期間はたった三か月ほどしかない事例もあった。

その一方で、「定府《じょうふ》」といって、藩主が常に江戸藩邸にいて参勤交代をおこなわない大名が全体の一割余りいたことは、世間ではあまり知られていない。御三家の水戸藩のほか、熊本藩細川家支藩の肥後新田《しんでん》藩や、盛岡藩南部家支藩の盛岡新田藩（七戸《しちのへ》藩）など、本家から分知された大名の一部がこれに該当する。また、老中や若年寄・寺社奉行などに在任中の大名は、職務上江戸を離れることができないため、在職中は参勤交代を免除され、定府だったのである。

こうした参勤交代制度は文久二年（一八六二）に緩和され、三年に一度の参勤か、一〇〇日間の江戸滞在をすればよいとし、妻子の国元居住も認める方針が打ち出されたが、それまでは二〇〇年以上にわたって維持されてきたのである。そしてこの規制緩和から六年後に明治維新を迎えることを考えれば、参勤交代がいかに江戸幕府を支える重要な要素の一つだったかがわかるだろう。

では、参勤交代がどのような意義をもっていたのか。まず、幕府にとって重要なのは、主従関係の再確認・再認識をさせる場として機能していたことである。江戸と国元の往復に長い行列を組んだパフォーマンスをすることは、大名が徳川将軍家に臣従していることを幅広い階層の人々に可視化し、認識させることを意味していた。また、道中では宿場に宿泊し、人馬を調達し、舟を使うなど、莫大な交通費がかかったばかりでなく、江戸藩邸の運営費用や藩主一家の滞在費用が大名の財政を圧迫していった。これは幕府にとって、領地のある国元に長期間藩主が滞在して武力を蓄えることを防ぐ効果があった。つまり、参勤交代によって各大名は政治的・経済的に幕府の論理に縛り付けられていったのである。

参勤交代のもたらした効果はそれだけではない。二〇〇余の大名が定期的に江戸と国元とを往復することは、東海道・中山道などの主要な街道のみならず、大小さまざまな交通網の整備を進展させていき、各所に宿場が設けられ、人や物が行き交い繁栄していく機会を与えたのである。江戸時代後期になると、伊勢参宮をはじめとする庶民の旅や観光が発展していくが、その背景にはこうした交通インフラの整備・進展があったことを見過ごしてはならないだろう。

また、参勤交代では多くの藩士が国元から江戸に赴任し、やがて国元に帰っていくが、江戸は絶えずさまざまな地方文化が流入している社会であり、それと同時に江戸で形成された文化が彼らによって地方に発信され、普及していく点も見逃せない。同様なことは商売で各地を行き来する商人や、村の訴訟で江戸に出府する村役人などにもいえるが、地方の旧家の蔵に江戸の切絵図や錦絵・名所案内などが残されているのは、このような実態を物語っている。参勤交代は流通や文化の面で、日本全国と江戸を結び付ける重要な役割を果たしたのである。

なお、参勤交代は大名ばかりでなく、一部の旗本もおこなっていた。これを交代寄合といい、中世の豪族や江戸初期に大名だった家の子孫という名家、あるいは大名の分家など三〇家余りがこれに該当する。彼らは領地に居住しながら、定期的に江戸に参勤していたのである。

## 武家奉公人

大名は参勤交代や江戸城に登城する際、隊列を組んで行進した。これは本来であれば実戦を念頭に置いた戦闘部隊であるが、平和な時代には形式化するとともに、その家の格式を内外に示す意味から、規模の大きさと華美な装いを競う傾向が強まっていったのである。そこで幕府は慶安元年(一六四八)に大名行列における従者の数を制限する法令を出している。

それ以後大名行列は、大名の規模にもよるが、おおむね一五〇～三〇〇人ほどの人数だった。そしてその構成は、藩主と家老以下の家臣団、足軽などの下級家臣、藩直属あるいは家臣に仕える奉公人からなり、ことに鎗持ち・道具持ち・駕籠かきなどの奉公人（人足）の数がかなりの割合を占めていた。

彼ら奉公人や馬などは当初は各大名が領民から徴発していたが、江戸や各宿場で馬や人足《にんそく》を雇い、調達する方法が主流になっていく。江戸ではこのような大名の参勤交代に際して、「通日雇《とおしひやとい》」と呼ばれる臨時人足を雇い、江戸と国元の往復を一貫して請け負う業者が登場し、彼らは日本橋組・京橋組・芝口組・大芝組・神田組・山之手組の六組一九四人からなる六組飛脚屋という株仲間を結成している。実際に加賀藩の事例では、大名行列の三分の一が通日雇だった。

関連資料が残っている具体的な事例に日本橋川瀬石町《かわせこくちょう》の米屋久右衛門（田中家）がある。同家は、江戸城門番を務める武家奉公人を請け負う番組人宿と、六組飛脚問屋（日本橋組）を兼ね、複数の大名家と取引関係をもっていた。この家が幕末に通日雇としていたのは八家あり、参府行列・帰城行列ともに請け負う大名家は、伊勢桑名藩松平家・三河吉田藩松平家・陸奥福島藩板倉家・駿河沼津藩水野家・上総大多喜藩松平家・信濃飯山藩本多家で、帰城行列のみ請け負う大名家に丹後田辺藩牧野家と丹波亀山藩松平家があった。

安政六年（一八五九）米屋田中久右衛門は、桑名の人宿米屋川瀬覚左衛門と共同で桑名藩の一一泊一二日の参府行列を請け負ったが、このときの請負総額は約金七七三両で、そこから支出総額の約金四一九両を差し引いた利益総額は約金三五四両となり、四六％近くの利益を上げていたことになる。

こうして通日雇という請負業は立派なビジネスとして成り立っていたことがわかるが、実際に人足を監督していたのは、手代・棒頭といわれる者たちで、彼らがさらに中間利益を上げる構造になっていた。

ちなみに、文化九年（一八一二）の鳥取藩池田家（三二万五〇〇〇石）の場合、参勤交代の道中費用の総額が一九五七両ほどかかり、このうち人足に支払った経費は合計八四七両、つまり全体の約四三・三％におよぶことがわかる。いかに参勤交代が大名の財政を圧迫し、江戸や街道の経済を潤していたかを物語っていよう。

また、各大名は日常的に江戸の藩邸内でも若党・中間《ちゅうげん》や人足を抱えており、こうした武家奉公人全般を専門的に調達する「人宿《ひとやど》」という人材派遣業が成立していた。このように、参勤交代制度は武家奉公人という雇用枠を生み出し、江戸では絶えず地方から雇用を求めて流入してくる人々の重要な受け皿になっていたのである。

## 武家社会と贈答儀礼

ところで、参勤交代の情報は、武鑑にも掲載されている。武鑑は大名・幕府役人の名鑑で、木版摺りの冊子本の体裁をとり、毎年改訂されながら一八世紀中頃からは須原屋茂兵衛と出雲寺和泉掾の二つの版元が版権を独占して発行していた。通常四巻からなり、このうち一巻・二巻に各大名の情報が収録されている。

図5は文政八年(一八二五)の武鑑のうち、仙台藩伊達家の部分である。ここに「松平陸奥守斉義」と記載されているのが藩主伊達斉義のことで、献上と拝領の項目がみえる。すなわち、「献上　銀五十枚・綿五十把・御馬」とあり、「丑卯巳未酉亥」の「四月参府」とあるのは、隔年四月に江戸に参勤することを示していて、そのときに将軍に銀五〇枚他を献上するのが慣例になっていたことがわかる。同様に、「拝領　銀百枚・巻物卅」「子寅辰午申戌」の「四月御暇」とあるのは、隔年四月に帰国するたびに、将軍から銀一〇〇枚と巻物三〇を拝領することを示している。そして「参府御暇之節上使御老中」と記載があるのは、参勤交代で江戸に参勤し帰国するたびに老中へも上使を出す慣例になっていることを意味していて、このときにも贈答の儀礼があった。

これについて、最大規模の大名である加賀藩前田家(一〇二万二七〇〇石)では、文化五年(一八〇八)の場合は将軍へ

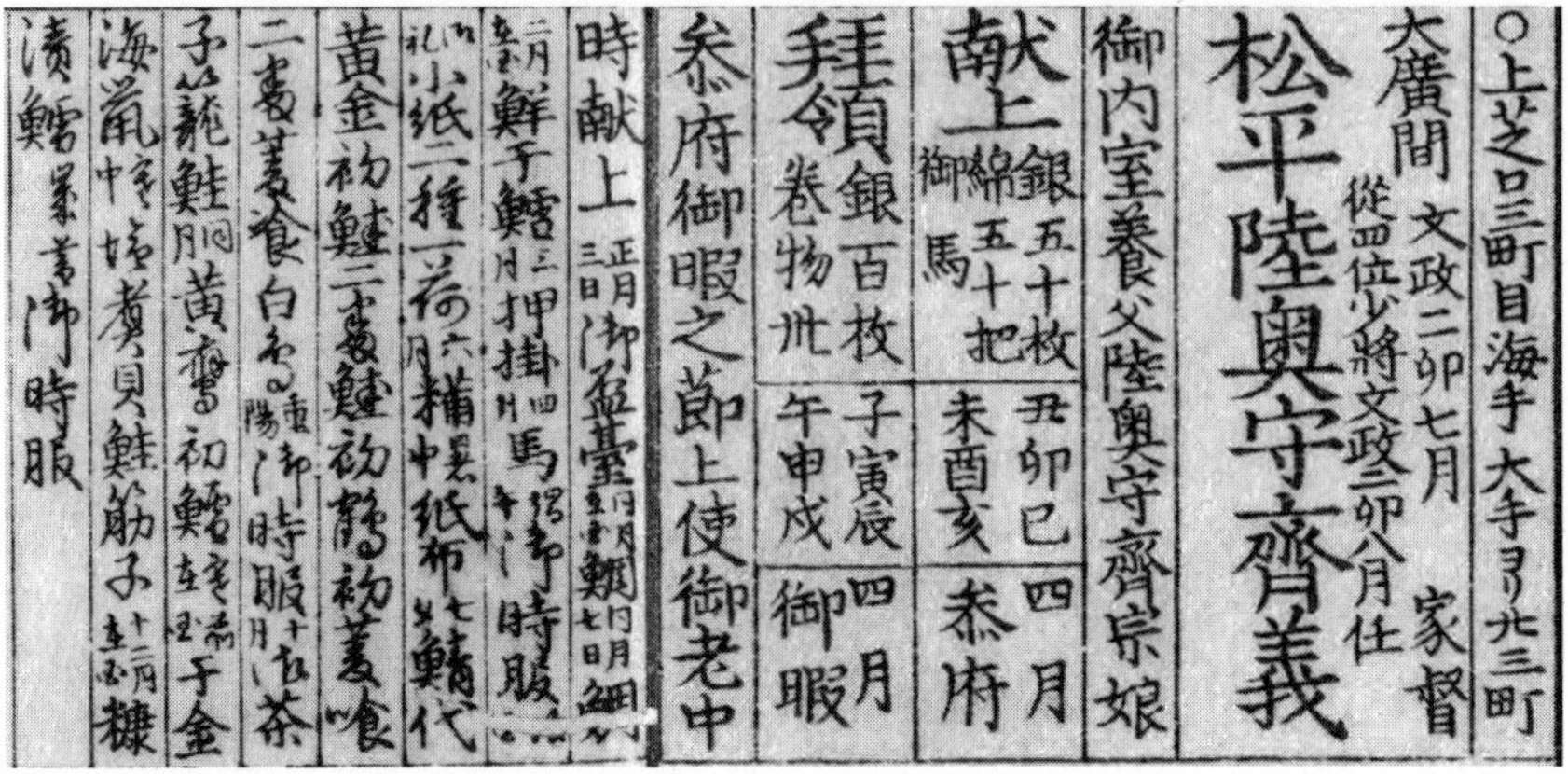

**図5　「文政武鑑」**（文政８年）仙台藩伊達家の部分（国立国会図書館所蔵）

の献上が三四貫四〇〇匁、大奥の御台所（将軍正室）に八貫七〇〇匁、西丸の将軍世子に一七貫四〇〇匁、その他老中や側衆などに合計一三五貫ほどの経費がかかっている。その総額は銀一九五貫五〇〇匁となり、金に換算して三二五八両にもなるわけで、これによって参勤交代の贈答儀礼だけでもかなりの経済効果をもたらしたことがうかがえる。

封建社会の江戸時代は、このような贈答儀礼は活発におこなわれていた。前述の武鑑には「時献上」の項目が記載されていて、各大名は領内でとれるさまざまな産物を将軍家に献上する慣例があった。仙台藩伊達家の例（図5）では、正月三日に御盃台、同月七日に鯛、二月に干鱈、三月に押掛馬、五月五日の端午の節句には時服、六月に糒《うるちまい》、暑中見舞に紙布、七月に鯖《さば》代……といったように、ほぼ毎月何らかの献上をしていることがわかる。実際、幕府は正月以外にも、五節句や、六月一六日の嘉定《かじょう》、八月一日の八朔《はっさく》など、江戸にいる大名たちを登城させて行われる儀式があり、そのつど将軍と大名の間の君臣関係の確認をおこなうとともに、大名同士の間にも家格の差異があることを自覚させる効果があった。その際には何らかの品物の贈答が欠かせなかったわけで、江戸はこうした儀礼による経済効果によって大きな発展をとげたともいえるのである。そしてこれを象徴するのが献残屋《けんざんや》で、彼らは余った献上品・

贈答品のうち、熨斗鮑《のしあわび》・干魚・唐墨・干海鼠《なまこ》・鰹節《かつおぶし》などの日持ちのする高級食材を大名家から買い取り、転売する商売をしていた。

## 勤番武士と消費生活

江戸の大名藩邸には、参勤交代で藩主にともなって江戸にやってきた藩士のほか、参勤交代に関わりなく江戸藩邸に長く詰めている藩士もいた。前者は妻子を国元に置いて単身赴任の場合がほとんどで、後者は「定府」と呼ばれ、妻子とともに藩邸内の長屋に住んでいる場合が多かった。

勤番武士といわれる彼らの藩邸内での生活ぶりを物語る史料としてよく取り上げられるのが、酒井伴四郎の日記（「江戸江発足日記帳」）だろう。これは二五石取りの紀州藩士酒井伴四郎彰常（当時二七歳）による、万延元年（一八六〇）五月一一日から一一月晦日までの一九五日間の記録である。

伴四郎は万延元年、妻子を国許に残し、藩主の参勤交代とは別の臨時加役として叔父宇治田平三や同僚とともに江戸にやってきた。彼は故実にしたがって装束の着用の指導にあたる衣紋方という役職に就いており、先輩にあたる叔父や同僚と赤坂の藩邸内の二階建ての長屋で共同生活を始める。日記には伴四郎たちが単身赴任者として藩邸の長屋で共同自炊し、近くの赤坂や四ッ谷・麴町で食材や生活用品を調達している様子が記されている。

藩士は役職によってその忙しさが違っているが、伴四郎の勤務は六月が六日間、七月がなし、八月が一三日間、九月が一〇日間、一〇月が七日間、一一月が九日間と、それほど忙しい役職ではなかったと思われる。彼の場合はたまたま時間の余裕に恵まれていたため、余暇を使ってかなり精力的に江戸の各地を見物に出かけていて、大名の登城見物や異国人見物に始まり、寺社・名所・見世物・吉原・寄席・芝居などを訪れているほか、名物を食べたり、屋台や料理屋で飲食するさまがこの記録には頻繁に記されている。

伴四郎の外出先は浅草寺・不忍池弁天堂・両国回向院《えこういん》・深川富岡八幡宮・芝神明宮など、江戸を代表する名所や盛り場もあるが、屋敷からさほど遠くない赤坂の藩邸から日帰りで外出できる江戸西部が多い傾向にあった。彼ら藩士には門限があるため、日暮れ時には藩邸に戻らなければならなかったのだろう。

勤番武士たちは藩邸内の長屋に住んでいたが、長屋には近辺の商人が頻繁に出入りしている様子が日記からうかがえる。また、赤坂あたりの湯屋に出かけることも多く、伴四郎などは藩邸から近い鮫ケ橋《さめがはし》に住む女師匠琴春の元に三味線を習いに通っているなど、藩邸外の町人世界との交流も少なくなかった。

ところで、彼は節約家で、江戸での生活は無駄遣いを省き、なるべく切り詰めた生活をするように心掛けていたようだが、藩から江戸詰手当として年間三九両が支給されていることからもわかるように、江戸詰藩士たちには国元以上の経費がかかっていた。彼ら勤番武士は貴重な江戸滞在中にさまざまな名所を観光し、名物を食するという行動を活発におこなっており、一人あたりは少額であっても、武家人口五〇万人の大部分を占める彼らが江戸の町々にもたらす経済効果は相当なものだったはずである。

以上のように、参勤交代は各大名に道中費用・儀礼的経費・藩邸生活費など、莫大な金銭を江戸の経済にもたらし、人や物資の大規模な循環を促した。すなわち、諸国の農業生産をベースにした年貢収入の多くを参勤交代によって街道に分配しつつ江戸に持ち込む富の再分配の構造が、大都市江戸を経済的に発展させていったといえるだろう。

（滝口）

【参考文献】

市川寛明「人宿米屋による参勤交代の請負実態と収益メカニズム―安政六年桑名藩参府行列を事例に」（『東京都江戸東京博物館紀要』三、二〇一三年）
小野田一幸・髙久智広編『紀州藩士酒井伴四郎関係文書』（清文堂出版、二〇一四年）
忠田敏男『参勤交代道中記　加賀藩史料を読む』（平凡社、二〇〇三年）
東京都江戸東京博物館都市歴史研究室編『酒井伴四郎日記―影印と翻刻―』（二〇一〇年）
丸山雍成『参勤交代』（吉川弘文館、二〇〇七年）

# 江戸の庶民教育

## 幕末期の手習塾

江戸時代は庶民に至るまで教育が普及しており、多くの人々が文字の読み書きができたとされているが、はたして、いったいどの程度まで教育は普及していたのだろうか。江戸時代には、現在のような全国にわたる統計調査のようなものは存在しないので、残された史料でおおよその把握をすることしかできない。

よく取り上げられるのが、明治一六年（一八八三）に文部省がおこなった調査の結果をまとめた『日本教育史資料』（一八九〇～一八九二年刊）からの数値である。これによると、全国に存在していた庶民の教育機関である手習塾（寺子屋）の数は、江戸時代を通じて約一万五五〇〇軒であったとされている。ただし、これは明治期の時点から、遡って確認できた数値にすぎず、江戸時代に廃業してしまい、消失してしまった塾の数は含まれていない。したがって、これらの数値は幕末期に開業したものが圧倒的に多くなってしまっている。また、地域によって調査にムラがあり、未調査で一つも庶民の教育機関が存在しなかったとされるところもある。つまりは、手習塾は現在知り得ることのできる数値よりも、われわれの想像をはるかに超える数値を示していたことが想定できるのである。こうした教育の普及を物語る史料には、幕末期に訪日した外国人の記録からも窺うことができる。

## 外国人の見た日本の教育

まずは、日本に開国を迫ったペリー提督がみた日本の記事（『日本遠征記』）についてみてみよう。

下田でも箱館でも印刷所を見なかったが、書物は店頭で見受けられた。それ等の書物は一般に初歩的性質の安価なものか通俗的の物語本又は小説本で、明かに大いに需要されるものであつた。人民が一般に読み方を教えられていて、見聞を得ることに熱心だからである。教育は同帝国到る所に普及して居り、又日本の婦人は支那の婦人とは異なって男と同じく知識が進歩しているし、女性独特の芸事にも熟達しているばかりでなく、日本固有の文学によく通じていることも屡々である。

日本を訪れたペリーは、限られた地域ではあったが、本を売る店舗を見付け、そこではけっして難しい本では無いものの、それを理解することのできる、すなわち読み書きのできる一定の識字層を発見している。当然、読書ができるのは男女ともに教育が普及しているからだともしている。

おなじような感想は、イギリス公使のオールコックにもみえる。彼は帰国後に著した『大君《たいくん》の都《みやこ》』で詳細にしかも、冷徹に日本について言及している。

日本人は知的な教養をかなりもっている。芸術や文学や哲学の教養は、借り物であれ、自国のものであれ、大して問題ではない。日本では、教育はおそらくヨーロッパの半の国々が自慢できる以上に、よくゆきわたっている。しかし、問題は、それがどういう種類の教養であり、その傾向や影響はどういうものかということだ。

ペリーに比べて、オールコックは日本人の持つ知識や教養については、欧米とは異なるものとして一定の評価を下している。日本固有の知識や教養が、「教育」によってゆきわたっていることを評価しているのだ。ただし両者ともに、教育現場そのものには、あまり触れられていない。

図６　幕末の手習塾

（アンベール『幕末日本図絵』江戸東京博物館所蔵）

スイス使節団として訪日し、後に大統領になったアンベールの次の証言（『幕末日本図絵』）は貴重といえる（図６）。

本来の学課としては、唄を合唱し〝いろは〟を大声をあげて唱え、本を朗読しアルファベット〔いろは〕を墨と筆とで書き、やがて語を綴り、文章を書くのである。これは、特に名誉とすることでも、また急を要することでもない。ただ役に立つというだけで、目的は達せられるし、長い練習ではじめて上達するものである。とはいえ、日本人は、子供らが教育によって受ける利益を無視しようと誰も思いはしない。ただ学校教育の基準も知らず、頑固な父親が当然、筋を通してよい強制力の程度もわきまえていない。しかも成年に達した男女とも、読み書き、数の勘定ができる。日本の教育制度のすべてを軽蔑してはならぬ、と私はあえてここでいいたいのである。

後述するように、江戸時代の教育は読み書きが基本である。実学重視ではあるものの、当然のこととして、強制することなく子どもたちを通わせている姿に驚いている。

最後に世界中を旅した、トロイ遺跡の発掘で知られるシュリーマンが日本にも立ち寄っており、貴重な証言を残している（『シュリーマン旅行記　清国・日本』）。

もし人が言うように文明を物質文明として理解するなら、日本人は非常に文明化された民族だといえよう。なぜならば産業技術において、彼らは蒸気機関の助けもなく達せられうるかぎりの非常に高度な完成度を示してきているからである。—さらに日本の教育は、ヨーロッパの最も文明化された国民と同じくらいよく普及している。それはアジアの他のすべての民族が、中国人たちでさえも、まったく無学のうちに彼らの妻たちを放置しているのとは対称的である。だから日本には、少なくとも日本文字と中国文字で構成されている自国語を読み書きできない男女はいない。

オールコックと同じように、欧米とは異なる文明国として日本を評価しているが、男女ともに教育が行き届いている点については、ヨーロッパと同じであり、アジアのなかでも特徴的な国であると評価している。当時の日本人にとって、あたりまえといえる風景については、あまり多くの史料が残されていない。訪日した外国人の証言によって、これまであまり知られてこなかった当時の日本の姿がみえてくるのである。

## 筆子塚と手習師匠

当時の教育の普及状況を知る手がかりはほかにもある。筆子塚《ふでこづか》と呼ばれる手習師匠の墓や顕彰碑などである（図7）。先に『日本教育史資料』による手習塾の数が調査不十分であることを指摘したが、この資料によると、千葉県の手習塾は一〇六軒となっている。千葉県全域に存在する筆子塚の調査がおこなわれたが、それによれば、三五〇〇余りもの筆子塚が存在することが判明している。筆子塚の数は、手習塾の数とほぼ同数と考えられるので、千葉県内には少なくとも約三五〇〇軒も存在したことになる。全国の数についてはそのま

図7　筆子塚（台石に右から「筆子中」とみえる。千葉県船橋市行伝寺）

ま三〇倍以上とするには性急すぎるが、膨大な数の塾があったと想像される。また、こうした庶民の教育機関の伸張自体が、当時の人々の識字率の高さを想起させ、すなわち日本の近代化を支えた要因の一つとも考えることができるのである。

この筆子塚は、「筆塚」「報徳碑」など地域によってさまざまな呼称があった。建立の主体が、教え子（筆子）であることから、筆子塚という呼称が通用されている。筆子塚は師匠の墓であることが多いが、その形状も今日みられる墓石と同様に、台石に柱状の石を乗せた形式のものが多くみられる。なかには五輪塔《ごりんとう》・宝篋印塔《ほうきょういんとう》・無縫塔《むほうとう》・板碑《いたび》などの形状を持つものも存在する。また、墓石全体のいずれかの箇所に、教え子たちの名前が刻まれたり、墓誌などによって手習師匠であることが判明したりする場合がある。比較的わかりやすい例をみると、台石部の正面に「筆子中」「門人中」「筆弟中」「門弟中」と大きく刻まれ、台石の側面部には教え子たちの名前が並んでいる。

筆子塚の建立については、特記すべき事項として二つの特徴があげられる。まず、一つは師匠の墓石にもかかわらず、建立の主体が師匠の家ではなく、教え子たちであるという点、もう一つは、その教え子たちが必ずしも師匠の居住地、すなわち師匠が手習いを教授し、共に生活していた土地の者に限らず、周辺地域の就学者なども建立に参加しており、教育を通じて村や町という枠組みを超えた新たな社会集団を築いている点である。もちろん、一村で完結している事例も多くみられるが、人々の学習意欲の向上とともに、複数の村々から多くの就学者が訪れる事例を見逃すわけにはいかない。また、筆子塚に記された師匠の事歴を読むと、就学者である門人の居住地や総人数などもみることができる。なかには生涯を通じて一〇〇〇人以上の子どもたちを教えた師匠もある。

都市江戸の教育

繰り返し述べているように、江戸時代の庶民教育に関する全国調査の記録はないが、都市江戸における手習塾(寺子屋)の数は、ある程度わかっている。「承寛襍録《じょうかんざつろく》」という記録によれば、手習塾の数は八四〇あったとされる。これは享保七年(一七二二)に江戸町奉行が手習師匠の人数調査をした際の数値である。『兼山麗沢秘策《けんざんれいたくひさく》』という記録にも同様の記録がみられる。時代が下り、明治六年(一八七三)三月の『文部省第一年報』によれば、東京府内に一一二八の塾があったとしている。いずれも必ずしも正確な数ではないが、都市部を中心に相当数の教育機関がみられたことがわかっている。

ところで明治初年の東京府では、小学校を設立するための基礎調査として、江戸時代の私塾の調査がおこなわれたことがあり、これが江戸の手習塾(寺子屋)の実態をある程度明らかにすることのできる史料(『開学明細書』)となっている。東京府では小学校を設立するにあたり、江戸時代の私塾などをそのまま代用する政策を採った。私塾であるので、明治期の東京は圧倒的に私立小学校が多かったことになるが、建設費や用地買収などの予算が整い次第、公立小学校に漸次転換していく方針であった。調査は明治五年から六年にかけておこなわれ、先の『文部省第一年報』と同様に一〇〇〇以上の塾が確認されている。

さて、そこで当時の私塾の調査がおこなわれることになるが、調査は手習師匠の氏名、住所、旧身分、塾の開業年や教授書籍、子どもたちの人数および性別、年齢など一一項目にわたっていた。この調査をまとめると、①江戸では就学率の男女比がほぼ同数であったことや、②全体の二割程度ではあるものの、女性の手習師匠がみられ、③旧士族の手習師匠がみられ、生活の一助として手習を教えていたことがわかる。このほかにも④一つの町に複数の私塾がみられ、日本橋や神田など塾が集中していた地域があったこと、⑤二〇～三〇人の零細な経営が中心であるものの、一

図８　女子の学習風景（『絵本栄家種』江戸東京博物館所蔵）

図９　子どもの学習風景（『一掃百態』田原市博物館所蔵）

○○人以上の子どもを抱えるものもあったことがわかる。

### 学びの風景

手習塾とはどのようなところだったのだろうか。次の絵画（図8）をみてもらいたい。

これは寛政二年（一七九〇）に刊行された『絵本栄家種《さかえぐさ》』の一場面である。女性の一生を描いた絵本であり、女子の学習風景を描いている。中央にいる大人の女性が手習師匠である。その大人に寄り添っているのは、師匠の子どもと思われる。隣りの部屋に置きっぱなしの玩具と思われる太鼓があり猫もいることから、師匠の自宅が教場となっていることがわかる。

机の向きは、今日の教室のように先生と向き合う形ではない。一人ひとりが学習する空間を確保して、手習いに取り組んでいる。なかには疲れたためだろうか、頬杖をついている子どももいて、自分の好きなペースで学んでいることがわかる。

この子どもの机上にあるのが字を練習するときに使用する練習帳で、双紙（草紙）と呼ばれるものである。真っ黒になっているのは、薄墨からはじめて何度も字を書いた結果である。当時は紙が貴重であったので、こうした反復練習（体得）が当たり前だった。机上の左側に置かれた短冊状の折り本が師匠から渡されたお手本であり、一対の手紙形式、すなわち往状と来状（返状）を学んだので往来物《おうらいもの》とも呼ばれた。このお手本をもとにして何度も練習するのである。内容は、将来子どもたちが必要とされる事柄が多く含まれているが、たとえば商売で取り扱う商品などであっても、実際には見たこともないものもある。手紙の書き方も大人の文例であり、子どもたちが本当の意味を理解していたとは言いがたい。ここでの学びは、やがて大人になってから理解できるということを想定して教えていたのである。

師匠と向き合っている、やや年長にみえる子どもにも注目して欲しい。こちらは師匠から読み方を学んでいる。当時は手に棒を持って、読んでいる箇所を棒で確認しがら音読をした。一つの教室で手習いと読書がおこなわれていることからもわかるように、当時は子ども一人ひとりの学習進度に合わせた個別指導が一般的だったのである。また、年齢の異なる子どもが一緒に学んでいたことも、この絵本から読みとれるであろう。同様な例に図9（『一掃百態《いっそうひゃくたい》』）からも読みとれる。このように、当時は、①個別学習であり、②年齢階梯制ではなく、③反復学習（体得）といった特徴を見出すことができる。

（石山）

【参考文献】

石井和子訳『シュリーマン旅行記　清国・日本』（講談社学術文庫、一九九八年）
石川　謙『日本庶民教育史』（玉川大学出版部、一九九八年。初版は刀江書院、一九二九年）
石山秀和『近世手習塾の地域社会史』（岩田書院、二〇一五年）

川崎喜久男『筆子塚研究』（多賀出版、一九九二年）
茂森唯士訳『絵で見る幕末日本』（講談社学術文庫、二〇〇四年）
土屋喬雄・玉城肇訳『ペルリ提督日本遠征記』（岩波文庫、一九五五年）
山口光朔訳『大君の都』（岩波文庫、一九六二年）

# 商業流通の展開

## 株仲間と金融の発展

まだ新興都市だった一七世紀の江戸は、商業流通の面では上方からの「下《くだ》り物」に大きく依存していた。大坂と江戸とを結ぶ菱垣廻船が太平洋を航行し、寛永年間（一六二四～四四）には木綿・油・酒・酢・醬油など日用雑貨品を中心に発達していった。その後、元禄七年（一六九四）に菱垣廻船の荷主である江戸の仕入問屋が十組《とくみ》問屋を結成する。これは海上物資輸送に活躍していた菱垣廻船の力が強く、海損荷の処分で損をすることが多く、積荷の横領もしばしば起こっていたため、江戸の問屋大坂屋伊兵衛が提唱して結成されたものだった。

元来は、大坂と江戸とを結ぶ菱垣廻船に荷物を積み合うことを通じて結集した仲間組織で、同一の取り扱い商品、あるいは地域的つながりをもとに組織され、米問屋や、上方からの下り荷を扱わない問屋は仲間外れとされた。彼らは組ごとに行事を置き、海損荷の勘定をつかさどったほか、一〇組のうちから二か月交代で一組の行事が選出され、大行事となり、一切の事務を管掌することで、江戸への物資の安定的な供給、物価の安定をもたらし、菱垣廻船を完全に支配下に置くことに成功していった。

結成当初はめざましい発展を示し、多くの下組が生まれ、組数・構成員が増加したが、享保一五年（一七三〇）に古組と新組に分裂してからは仲間同士の争いが激化していき、積荷作業に時間がかからず船足も速い樽廻船が出現すると、酒問屋ほかの問屋も相次いでこれに加入していくようになり、田沼時代には樽廻船が急速に発展し、十組問屋は衰退していった。

そのようななか、文化六年(一八〇九)、江戸の定《じょう》飛脚問屋大坂屋茂兵衛(杉本茂十郎)が永代橋・新大橋・大川橋の三橋架替え・修復をおこなう三橋会所を設立し、この三橋会所への出資金を元手として、菱垣廻船の再建や十組問屋仲間の援助をおこなうようになり、さらに同一〇年には仲間外にあった問屋も広く集めて株仲間が結成された。株とは、職業や営業上の権利のことをいい、同種の営業者が結束して自分たちの市場の独占を図り、利益を拡大していくための組織を株仲間という。その利点は、①商品流通・価格の統制、②商人の統制、③品質の管理、④信用の保持、⑤不正取引の取り締まり、⑥仲間内での紛争の調停などで、このとき六五組一二七一軒一九九五株の株札を発行し、年間合計一万二〇〇両の冥加金を毎年上納することとされた。

この株仲間結成によって流通市場の枠は固定的となり、自由競争が育たなくなったものの、江戸市中の商品流通や価格はおおむね安定し、各仲間内で適正な価格の決め方や相場の公表、利益率の協定がおこなわれていったのである。ところが、一八世紀中頃以降になると関東の生産地と直接結びつく新しい流通ルートが発展し、大坂から江戸への廻送量が減少していくようになる。そこで幕府は天保一二年(一八四一)、改革の一環で株仲間の解散に踏み切った。これによって幕府は自由競争による物価引下げを期待したのだが、かえって流通の混乱を招き、不況の状態が続いたため、嘉永四年(一八五一)に新規商人層を加えて株仲間を再興させている。しかし、開国後の商品流通や物価の変化に対して、統制機能を発揮できなくなり、江戸の商品流通は混乱のまま明治維新を迎えることになった。

ところで、幕府によって結成を命じられた株仲間を「御免株《ごめん》」というが、これには右の株仲間のほか、長崎貿易のために慶長九年(一六〇四)公認の白糸割符《いとわっぷ》仲間や、寛永一九年(一六四二)公認の銅屋があったほか、経済政策上の取り締まりのために金座・銀座が設置されている。また、幕府は盗品・禁制品などが含まれるおそれがあることから、早い段階から質屋の統制にも乗り出しており、寛永一九年にはすでに江戸に質屋仲間を発足させている。また、元禄五年(一六九二)には総登録制にすることで、江戸市中の質屋の網羅的な掌握がなされた。そして本石町《ほんごくちょう》三丁目に惣代会所を設け、すべての質屋はここで登録手続きをすることとされたのである。

その後享保八年(一七二三)、質屋・古着屋・古鉄買などを「八品商」として質物・紛失物の吟味を強化するため、一〇人ずつ組み合わせて月行事を定め、帳面を町奉行所に提出させた。以後も八品商仲間の株仲間化が進み、明和七年(一七七〇)には質屋を二〇〇〇軒に抑え、各店から毎月銀二匁五分の運上金の上納を義務付けたが、天明八年(一七八八)五月に廃止される。天保一三年(一八四二)の株仲間解散の際には、防犯のため質物帳を厳密に記録し、町名主らが吟味することとされ、元文元年(一七三六)以来一五%だった利子率を一二%に引き下げたが、なかなか守られなかったといわれる。

ところで、江戸の経済の発展は長屋の庶民層をも消費社会の渦に巻き込み、質屋とともに零細な金融を発達させていった。江戸の場合、金銭を融資する際には、期間を設定して、あらかじめ利子を元金から天引きした金額を渡す方法が一般的で、借りる際には、手数料として「筆墨料」、架空の資金主へ金融を取り次いだことに対する「礼金」(貸金額の一〜二割ほど)、丁稚などへの「心付」などがかかる場合が少なくなかった。また、期限内に返済できず、証文を書き替える際は、末月を次期の最初月に勘定して利子を取る「月踊り」が多くおこなわれ、貸付期間を二〜三か月と短期にし、そのつど証文を書き替えさせる傾向があった。ちなみに、もし返済が滞ると、商家・長屋の門口や、武家屋敷の玄関に大勢で押しかけ、悪口を並べて騒ぎ立てる手口も多かったといわれている。

なお、借りたその日のうちに返済する「烏金」、朝一〇〇文借りて夕方一〇一文を返す「百一文」は、棒手振《ぼてふり》などその日稼ぎの商人が仕入資金として毎日利用する傾向にあり、また幕府は盲人保護政策として官金貸付を名目とする高利貸を許可していた。これは社会的弱者からの借金という道徳的重圧を借りる者に与えるとともに、幕府は利子などの条件に対してあまり規制しなかった。そのため、金貸しで財をなす盲人も少なくなかったのである。

### 大店の登場

大店《おおだな》は、経営規模が大きく、間口の広い店舗に多くの奉公人を抱え、三都などの大都市で問屋・仲買などを営む商人をいう。大店は名所としても盛んに取り上げられ、近世後期には店先が錦絵に描かれることが多かった。江戸の大店の指標としては、文政七年(一八二四)刊行の『江戸買物独《ひとり》案内』に紹介されている二六二二軒や、幕末期に盛んに出された「東都持丸長者鑑」「新板大江戸持丸長者鑑」などの見立《みたて》番附に掲載されている数一〇〇軒の富裕な商家が同時代人の認識を反映している。

ちなみにこの種の見立番附の勧進元や行事・世話人の欄には、決まって呉服問屋の三井越後屋や白木屋大村家、勘定所御用達の両替商三谷三九郎や播磨屋中井家、大伝馬町の木綿店、紙問屋の小津清左衛門などの名がみえ、大関・関脇をはじめとする上位には、呉服・両替・札差・酒・紙・材木・木綿などを扱う大店が多いことがわかる。

このほかに客観的数値として、幕府に御用金を納入する対象となった店舗が参考となる。これは幕末の事例だが、嘉永七年(一八五四)に江戸で御用金を負担した一二〇〇軒余のうち、五〇〇両以上を納めた大店の三分の一が店持商人(本店以外に出店を構える商人)に相当し、三分の二が江戸を拠点とする商人であった。これら大店には呉服問屋や両替商が目立っているのが大きな特徴で、なかでも一〇〇〇両以上の六〇軒余は「超大店」と位置付けることができる。

近世後期、三都で一〇〇人以上の奉公人を抱える大店は江戸で八軒、京都で一軒、大坂で二軒あり、なかでも麴町五丁目の岩城《いわき》枡屋は五〇〇人、また駿河町に二軒（江戸本店・江戸向店）の店を持つ三井越後屋は、合わせて五〇〇人以上の奉公人を抱える巨大店舗であった。そしてこれらはいずれも呉服問屋であることに注目したい。

すなわち、彼らが巨大な経営規模を維持できた背景には、まず武家社会を中心とする絹織物にたいする大きな需要があり、生産地と結んで仕入から加工・小売販売までを、本店・江戸店を軸とする複数の出店の連携によって実現したところにある。そして彼らは三井越後屋が掲げた「現銀無掛直《かけねなし》」の看板に代表される、店先での定価販売や薄利多売を徹底したことで急成長をとげたのである。

なお、呉服物は元来高額商品であるから、その対応には時間と接客空間が必要となる。それゆえ呉服問屋は持場を分けた店舗スペースと多くの奉公人を収容しうるような、間口の広い大型店舗に進化していった。そしてこのような「超大店」は、家族を中心に数人の奉公人を抱える小売店舗を基礎単位とする近世都市の基本的商人像からすれば、繁栄する江戸を象徴的に表す名所として人々に認識されていったのである。

こうした「超大店」型店持商人である呉服問屋が江戸に進出したのは、主に一七世紀後半から一八世紀前半で、しかも京都に本店を置く「江戸店持京商人」が大半であった。なかには三井家のように、両替・金融や屋敷経営にも積極的に参画する大店も現れたが、本店が機能分化された出店を統括的に管理する体制をとり、奉公人の多くも本店や創業地ゆかりの地域から採用されていた点が大きな特徴である。

### 江戸の米流通

江戸では魚・青物・土物・米・塩・干鰯《ほしか》・材木・古着・古道具などの市場が各所に存在していたが、特徴的な流通をみせていたのが、米である。米は江戸の住民の主食であるばかりでなく、武士の収入の基盤も米に置かれていたた

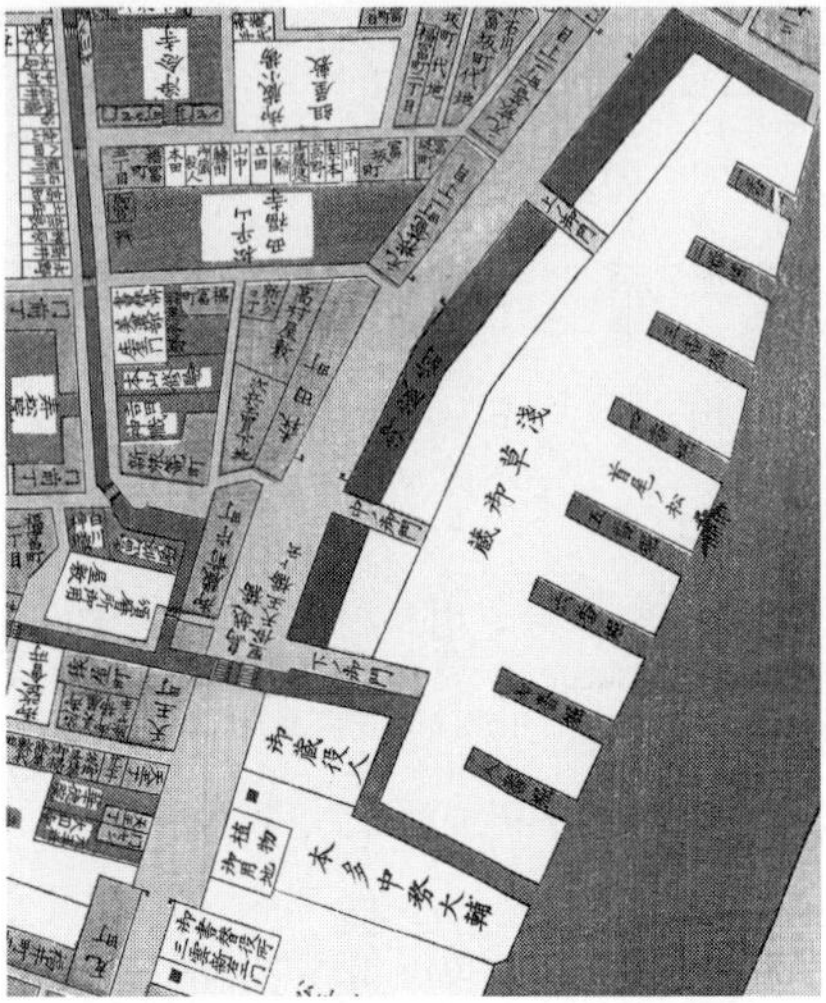

**図10 幕末の浅草米蔵**
（「東都浅草絵図」国立国会図書館所蔵）

め、幕府による流通量や価格の統制が厳しくおこなわれていたのである。

幕府は直轄地から輸送される年貢米を収納するため、江戸初期には浅草・北の丸・代官町・和田倉（一の蔵）・大手外（二の蔵）・竹橋（三の蔵）などに米蔵を設置した。しかし、一七世紀末までにこれらのほとんどは解体され、享保一九年（一七三四）に本所御蔵《おくら》を設けてからは、浅草御蔵と本所御蔵に機能が集約されていった。

浅草御蔵は川通り三四四間、西の町屋側三〇六間、北側五八間、南側一三一間の台形型で、敷地は三万六六四八坪と広大だった。図10のように東の隅田川から舟入りの掘割が八本掘られ、石垣で土留めをし、それぞれに水門を設置して番所を置いていた。ここに五一棟二五八戸の倉庫が建てられ（幕末には六七棟三五四戸に増えている）、西側の町人地に面して北から上・中・下の三門があり、ここにも御蔵御門番所が置かれていた。

一方の本所御蔵は、もとは幕府の竹木倉庫だった御竹蔵跡に建てられたもので、当初一二棟八八戸だったが、寛政頃（一七九〇年頃）には一五〇戸に増えている。この浅草・本所の米蔵で最大六〇万石が収納できたが、通常は約五〇万石が詰米され、年間約四〇万石余が出納されていたという。

これらの米の大部分が蔵米取り（家禄＝給料を幕府の米蔵から支給される者をいう）の旗本・御家人の給米（他に扶持米取を含む）となったわけでである。彼らから換金業務をわずかな手数料で請け負うのが札差の者たちで、当初浅草御蔵の近隣の町に自然発生的に現れた彼らは、江戸が消費社会として発展するのにともない、財政が窮乏していく蔵米取りの者たちに蔵米を担保に金融をおこなうようになっていく。蔵米取りの者たちから札差は「蔵宿」と呼ばれ、札差は彼らを「札旦那」と呼び、幕藩体制が続く限り、両者の関係は切っても切れないものとなっていったのである。

むろん、その構図は、資金を融通する札差の財力が拡大していくばかりであり、享保九年（一七二四）に札差一〇九名による株仲間結成が幕府から認められると、その傾向はさらに加速し、一八世紀後半の明和～天明期と、一九世紀初頭の文化・文政期にその繁栄が頂点に達した。さまざまな文芸に通じ、豪奢な生活を送る「十八大通《だいつう》」と呼ばれる者のなかには、蔵前（浅草御蔵の西側の一帯をいう）の札差も多く、「蔵前風」という独特の風俗を生み出すまでにいたったのである。

右の札差仲間はいずれも浅草御蔵の近辺に店を構える者たちで、三組に編成され、各組では月番の行事が五人ずつ出され、相場の調査や仲間内の札差と米蔵・町奉行所の連絡などを務めた。

寛政元年（一七八九）、札差たちは寛政の改革の一環で出された棄捐《きえん》令によって、天明四年（一七八四）以前の債権の放棄と、直近五年以内の債務の繰延べなどを命じられたが、幕府はこの年一二月、その代りとして浅草御蔵にほど近い天王町西側の猿屋町に改正会所を設置し、札差が御家人に貸し出す金利の取り締まりをおこなった。また、同六年二月にはその西隣に御廻米会所を設け、幕府直轄地からの年貢米の検査を所管させている。このように、蔵前は蔵米取の旗本・御家人やその家来、札差や運送に携わる人足が行き交い、幕府の金融・経済政策上でも重要な地域として機能していたといえよう。

ところで、札差には彼らの扱う蔵米の販売を専業とする下部組織があった。「御蔵近辺米屋仲間」と称した彼らは、浅草橋周辺から駒形・花川戸にかけての地域に店を構え、江戸市中の問屋・仲買や舂米屋《つきまい》に売り捌いていたが、寛政三年(一七九一)に幕府によって廃止され、それ以降はさまざまな米商人が御蔵米市場に参入するようになっていった。

　江戸への米の流通は、一八世紀後半になると、それまでの大坂からの下り荷に依存する構造が変化をみせて、複雑化していく。すなわち、①商人米のうち上方米を扱う下り米問屋、②関東米・奥羽米を扱う関東米穀三組問屋および地廻り米穀問屋、③日本橋北部の本船町・伊勢町・小網町・小舟町・堀江町に店を構え、札差・下り米問屋・関東米穀三組問屋などから米を買い入れて市中の米屋や脇店米屋に売り渡す河岸八町米仲買、④地廻り米穀問屋の仲買機能でありながら、幕府米や藩米ルートからも仕入れていた脇店米屋、⑤米流通の末端を担い、玄米を精白して消費者に販売する舂米屋《つきごめや》という、複雑な流通構造が出来上がっていたのである。

　また、江戸に入津する米は、幕末の文久二年(一八六二)~元治元年(一八六四)の三年間の平均データによれば、幕府米二三%、藩米二五%、商人米五二%という割合で、藩米は仙台米をはじめとする奥州米が大部分だったが、幕府米・商人米は依然として上方から廻送されてくるものが多かったようである。

(滝口)

【参考文献】

大阪商業大学商業史博物館企画展図録『江戸廻米―庄屋勘左衛門、年貢米一万俵を納めに江戸へ参上―』(二〇一六年)
竹内　誠『大系日本の歴史10　江戸と大坂』(小学館、一九八九年)
土肥鑑高『江戸の米屋』(吉川弘文館、一九八一年)
西坂　靖『三井越後屋奉公人の研究』(東京大学出版会、二〇〇六年)
林　玲子『江戸店の明け暮れ』(吉川弘文館、二〇〇三年)

# コラム１　幕末の花火——細工としての花火——

## 花火を見る

夏の風物詩、隅田川の花火。江戸時代以来、今も人々の目を楽しませている真夏の火の風流《ふりゅう》である。では、当時の人々はその花火をどのように見て、何を感じていたのだろうか。まずは、旗本井関親興の妻、井関隆子の日記から窺ってみよう。天保一一年（一八四〇）五月二八日の記事。

隅田川の川開きの日。舟を沖の方に浮かべ、打ち上げられる花火が花と乱れ雪と砕けて、川面にさっと散る様子は、他に匹敵するものがないほど目覚ましく、千万の人びとの歓声はすさまじく空に響き、土も動くほどだ。流星・大桜・星下りなど、様々に名付けられた花火、或いはからくりといって、非常に上手に手を尽くし、小さな家、花や鳥の形など様々な形を巧みに表現し、綱火を伝って次々に移って色々な形を浮かび上がらせるならば、言い表しようもなく面白く、川べりで見る者も舟から見る者も褒めたたえる。うっとおしい夏の夜、川風が吹いて暑さを忘れ、夜が明けるのも忘れて遊ぶ。このようなところはここ両国をおいてない。かくて、去る人もなく、市中の人びともこれを慰めにして、夜ごと絶えることはない。大方、暑い頃は、このほとりの商人も船宿も明け方にかけて帰る者はほとんどいない。（『井関隆子日記』上）

このように、花火を見るということが、納涼のみならず、言葉にできないほど面白くて、見る者皆、褒めたたえたらしい。そんな彼女が何に面白味を感じているのかについては、それがさまざまに名付けられた花火やからくりとしている点、また上手に手を尽くし、さまざまな形を巧みに表現しているとする点がヒントになる。

井関隆子が、両国の花火よりすごいとしているのが佃島の狼煙《のろし》であった。両国と比較できるのは、狼煙も花火だったからである。狼煙とは、武家の火術稽古としておこなわれていた花火であった。井関隆子は、同年七月七日の日記にその様子をこう記している。

昼の間様々な物の形を作り、玉に込めて、打ち上げる火とともにさっと砕けて大空に漂う。白雲に龍が駆ける形、蘆田を鶴の群れが飛ぶさま、柳・桜、色々な布の類、様々な物の形が風に任せて翻り、飛び行く有様は、似たものがないすばらしいものである。夜になると、同じ火の色もことに赤く、あるいは青く、非常に手を尽くし、工夫をこらし極めている。雲の間に砕ける様子は星々が一緒に流れ落ちるかのように驚かされ、ことに高く打ち揚げたものは見えなくなる。これには悉く名があり、残月は砕ける火がとても大きな円を描き、中空に留まり、風がないときはとりわけ消えずに残り、その名の通り月より輝いている。往来の火・庭の月・銀河の星など、もれなく記すとうるさいので略す。また横打といって、火が続く限りはるかに打つものもある。あるいは地雷火といって、水の中に伏せておいて、時を測ってこちら側から放った火とともに、水面が全て火になって燃えわたる様は恐ろしく、見る人は驚いているという。(『井関隆子日記』上)

これらの日記の記事から、花火にはさまざまな工夫がこらされており、個別に名前がついた花火が生まれていたことがわかる。そしてさらに、花火の美しさに加え、その向こう側にある、花火をつくる技術、細工に感嘆を示しているのである。そしてこの関心は、手を尽くし、工夫を凝らしている花火師たちの工夫におよぶ。

こうした花火の工夫への関心は、なにも井関隆子だけが示していたわけではない。たとえば、小日向《こひなた》廓然寺の隠居僧、十方庵敬順も次のように書いている。

やがて黄昏が過ぎる頃から狼煙が打ち上げ始められた。東の海に向かって横打というものがあった。これは音のみが大げさだが、星に紛れて火術の細工を見ることができない。凡そ酉の半刻と思う頃から天を焦がすがごとき狼煙の火術は、星下り・登り龍・下り龍・蛍合戦・絲桜・藤棚・散さくら・明烏など、その数数百本。戌の中刻にいたって終わる。（『遊歴雑記』五編巻の上五拾八）

ここで敬順が横打ちの何を見えないとしているかといえば、「火術の細工」だった。その「細工」を別の言葉にしたのが、「星下り」や「登り龍」といった花火についた名前だ。花火を個別名称でいちいち記しているということは、敬順がそういう知識をもっているということになる。手元に番付のようなものがあったのかもしれない。番付といえば、有名な享和三年（一八〇三）の隅田川の三俣でおこなわれた一橋家による花火の番付があり、七〇種の花火が順番に記されており、それぞれ別の名前をもった花火だったことがわかる。ちなみに、この番付は、肥前国平戸藩主松浦静山が知人からもらったものであった（『甲子夜話』2）。番付自体が流通していた。

なお、敬順は、横打という打ち方の狼煙（花火）が星に紛れて見えないとしているのは興味深い。井関隆子も「例の残月は、かげりのない望月が中空にふと出現したように見るのは大変すばらしい。急に消えて照りわたり、突然高く打ち上げられた玉が、三度砕けるがごとく火の色が変わるなど、ことに目の覚める心地がする」としており、当時の花火は星明り・月明かりとの関係がとても重要だったことがわかる（『井関隆子日記』中。天保一三年〈一八四二〉七月二四日条）。

## 花火を作る

ところで、花火は秘伝書として花火渡世の者の間で、文字とスケッチにして伝えられていた。秘伝書にみられる細工・工夫によって増えていく花火のバリエーションを、固有名を付けて認識し、書き記すという行為は、おそらく花火を見る側と通底する認識の仕方である。

そこで花火の担い手である花火師について少し触れておこう。彼らは当時、「花火渡世の者」と呼ばれていた。花火渡世の者は花火を揚げるだけでなく、子ども手遊びの花火の販売もしていた。手遊びの花火もまた「ねずみ」「げた」「道成寺」「手車」など多数種類のあったことが知られている(『東京市史稿』産業編三九)。花火渡世の者は、文政一二年(一八二九)の調査だと一三人(『同』産業編五二)、天保一三年(一八四二)の調査では一五人いた(『同』産業編五五)。このなかには有名な鍵屋や玉屋が含まれているが、この一三年の間に三人がいなくなり、続いている家でも三人が転居している。なお安政五年(一八五八)五月三〇日、根津権現あたりで火事があり、四人が亡くなっているが、火を出したのは、御家人の家で、内職で花火を作っていたという(『斎藤月岑日記』六)。おそらく手遊びの花火を作っていたのだろうが、実際に作っていたのは、御家人を含む、零細な人々だったのかもしれない。

さて、明治初年に書かれた『五月雨草紙』には、狼煙に関して次のようにある。

前日の誰々の業《わざ》は如何、今日の誰々の業は如何などと、後でその出来の良し悪しを批評することがあるので、花火師たちは互に競い、励んで工夫を凝らすので避暑納涼の一大行事だった。だが、今は実用とばかりに、横打のみすることになって、揚打は禁止されたので、子どもたちには知る者がいなくなってしまった。(『新燕石十種』三)

つまり、複数の主体が同時に参画しているという花火・狼煙をめぐる状況は、常に見る人々の評判が付きまとっているということであり、競い合うことにより、工夫が施され、多様なバリエーションを生み出したのである。

ところで『五月雨草紙』は、今の子どもたちが知らないほど、打揚げ花火はしばらくおこなわれていないとしている。慶応三年(一八六七)の夏には廃れてしまったらしい(『藤岡屋日記』一五)。しかし、明治元年(一八六八)六月八日、早速、官軍方をスポンサーとして復活している(『斎藤月岑日記』九)。この隅田川の花火は戦時中の中断を経て、戦後復活するが、その際に採用されたのが、花火コンクールだった。コンクールを採り入れることにより競争意識を生み出していた。

(亀川)

【参考文献】

石山秀和「江戸の狼煙」(竹内誠編『徳川幕府と巨大都市江戸』東京堂出版、二〇〇三年)
すみだ郷土文化資料館編『隅田川花火の三九〇年』(すみだ郷土文化資料館、二〇一八年)
深沢秋男『旗本夫人が見た江戸のたそがれ』(文春新書、二〇〇七年)
深沢秋男校注『井関隆子日記』上(勉誠社、一九七八年)
福澤徹三「特集展示　武士の火術稽古と江戸の花火」(『すみだ郷土文化資料館だより　みやこどり』四四、二〇一五年)
福澤徹三『花火』(ものと人間の文化史、法政大学出版局、二〇一九年)
守屋　毅『近世芸能文化史の研究』(弘文堂、一九九二年)

## コラム2　江戸ッ子と地域性

### 山の手と下町

天正一八年(一五九〇)に徳川家康が江戸に入国して以来、江戸は急速に都市化していき、やがて人口一〇〇万人を超える巨大都市になっていったが、それと同時に独特な地域性もしだいに生み出されていった。その象徴的なものが、山の手と下町の対比だろう。

山の手という言葉は、元来は高台の土地の意で、山の里、あるいは坂道が多いことに由来するともいわれるが、一七世紀半ばから盛んに使用されていることが文献上で明らかになっている。西北の台地を中心としていることは、曲亭馬琴が文政元年(一八一八)に出した『玄同放言』で、「四ッ谷、青山、市ヶ谷、北は小石川、本郷をすべて山の手といふ」と述べているごとくである。これは幕府の都市計画がまず台地に武家を住まわせたことや、人口の拡大によって郊外の農村部に都市域が広がっていったことに由来する。それゆえ、諸大名の藩邸が多く、近郊農村とも隣接していたため、田舎風が絶えず持ち込まれる地域であった。そして言葉や気質・文化も下町とは違いがあったのである。

それに対して下町は、江戸がある程度、市街地化してからの呼称で、低地に形成された町、あるいは「御城下《おしろした》の町」(城下町)に由来するともいわれる。当初は「海手《うみて》」と表現していたことからもわかるように、江戸前島のような低地や、江戸湾周辺の浅瀬を埋め立てて成立した新興の町を示していたと考えられる。下町の史料上の初見は寛文二年(一六六二)のことで、明暦の大火後の都市計画の再構築が落ち着いた頃と一致している。そして地域的には東南の低地を中心としているのである。

　これについて、小石川養生所の医師小川顕道(一七三七〜一八一六)は、文化一一年(一八一四)成立の『塵塚談《ちりづかだん》』で「我等廿歳頃迄は、白山、牛込辺の人、神田辺或は日本橋辺へ出る節は、下町へ行の、家来は下町へ使にやりたり等といふ、また浅草近辺の者は、神田、日本橋辺へ出るをば、江戸へ行といひけり、山の手、浅草辺は、近年迄田舎に有けるの通言也、近頃、下町へ行、江戸へ行といふ人絶て無し」と述べている。つまり、一八世紀半ばまでは白山・牛込や浅草は郊外の「田舎」の地であり、神田や日本橋を本来の江戸、そして下町と捉えていたことがわかる。それとともに、一九世紀初頭には江戸の範囲が郊外に拡大したことを示している。

　文政元年(一八一八)に朱引《しゅびき》図で江戸の範囲の公式見解が幕府によってなされたのも、こうした都市拡大の動向を反映させたものだが、それゆえに、根生いの住民の生活慣行・文化が固定化する一方で、絶えず江戸に地方色の抜けない人々が流入することによる気質の相違がはっきりしてくる。特に問屋・大店、職人の棟梁など町人が多く住み、経済・流通の中心地域として発展した下町では、江戸の他の地域とは異なる地域性があるという自覚が生まれていったのである。その象徴が「江戸ッ子」であろう。

## 変化する「江戸ッ子」像

「江戸ッ子」という言葉の文献上の初出は、明和八年(一七七一)の川柳「江戸ッ子の　わらんじをはく　らんがしさ」だといわれる。そしてその特徴は、①江戸城近くの生まれで、水道の水で産湯をつかった町人であること、②金ばなれがよいこと、③乳母《おんば》日傘《ひからかさ》で高級な育ちであること、④江戸市街中心部での生え抜きであること、⑤「いき」(垢抜けして張のある色っぽさ)と「はり」(反抗心を示す心・意気地)を本領とすること、といった点が挙げられる。

これは江戸時代初期から先祖代々日本橋・京橋・神田といった下町の中心地域に住んでいる根生いの住民で、神田上水・玉川上水を日々利用し、豊富な財産を持つ家で育ちがよく、食べ物や遊び道具などに贅を尽すといった人間像である。そして、こうした人間像がいわゆる「田沼時代」に登場していることに注目する必要がある。経済的・文化的にも実力を蓄え、その中心が上方から江戸に移ったのがこの時代といわれ、当初の「江戸ッ子」は、インフレ・バブル経済の成功者で、伝統ある老舗の商人像(大旦那)と符合する。具体的には、札差、魚河岸の旦那、株仲間に加入している問屋の主人、職人の親方などの通人《つうじん》が主な担い手であることを意味している。札差に代表されるように、彼らは武家経済を基盤とする商人・職人であり、それゆえに寛政の改革でやり玉にあげられ大打撃を受ける存在でもあった。

そうなると、再び好景気となった文化・文政期(一八〇四〜三〇)の「江戸ッ子」像は、右の初期の人物像とは必ずしも一致しなくなってくる。すなわち、下町を中心に、徐々に「江戸ッ子」の担い手が一般の地主・家主層に移行していき、さらに幕末には庶民層にまで範囲が拡大していったと考えられるのである。これによって、洗練された独特の美意識や行動原理に基づく文化が開花し、歌舞伎・川柳・洒落本・黄表紙・錦絵・千社札・着物・月見・雪見・花火・川遊び・三味線・長唄・踊り・祭礼・工芸品などは、こうした新しい「江戸ッ子」によって生み出されたということができる。

一九世紀を生きた神田雉子《きじちょう》町に住む町名主斎藤月岑は、自らは上層町人でありながら、江戸の庶民世界を代表して紹介する意図で『東都歳事記』や『武江《ぶこう》年表』を著しているが、そこでは中下層の町人を「中人以下」という表現を用いて取り上げている。月岑は下町を中心とした彼ら江戸庶民が新たな文化や社会の担い手として台

図11　幕末の千社札
（滝口正哉所蔵）

頭していることを認めているのである。

幕末、歌舞伎の世界には勘亭流、寄席の世界では寄席文字、相撲の世界では相撲字、千社札（図11参照）の世界でも、後世江戸文字といわれる特有の書体が生まれている。御家流主流の江戸時代において、こうした新たな書体が生まれるのは、まさに江戸庶民世界が新たな「江戸ッ子」の担い手として現れてきたことを物語っているのである。近代以降この幕末期の人物像が「江戸ッ子」として広く認知されていくのは、こうしたところにあったと考えられよう。

（滝口）

【参考文献】

滝口正哉『千社札にみる江戸の社会』（同成社、二〇〇八年）
西山松之助『江戸ッ子』（歴史文化セレクション、吉川弘文館、二〇〇六年）

## コラム3　庶民からみた城

現在の日本に、城といわれるものがいくつくらい残っていると思うだろうか。五〇、それとも一〇〇か。「城」をどのように定義するかで異なってくるが、少なくみても万の単位である。この数字をみて、そんなにたくさんあるわけはないと思うだろう。実際に、いくつかの県で、城(城跡)がどのくらいあるかという悉皆調査をおこなっているが、それをみると各県におおよそ一〇〇〇くらいあることがわかる。この点から類推すると、単純に計算して四~五万くらい、少なくみても三万はあることになる。

城の形というものは、時代によって変わってくる。財団法人日本城郭協会が選んだ「日本百名城」には、弥生時代の吉野ヶ里遺跡が入っているが、これはいわゆる環濠集落で、敵から身を守るという意味では確かに城といえる。

こうしたものは例外として、本格的に城が築かれるようになるのは、戦国時代になってからである。戦国時代では戦いに負けると村人たちも敵方に捕らえられてしまうため、戦となると村人も城に入ることとなる。攻められ難く、しかも比較的少ない人数でも守りやすい城として、高低差を利用した山城(図12)が主体となる。戦国時代の城は、自分自身の身を守る生命線そのものだった。

織田信長の登場で戦国時代も終わりに近づくと、こうした城にも大きな変化が現れる。天正四年(一五七六)にほぼ天下統一をなしとげた信長は、現在の滋賀県近江八幡市安土町下冨浦に、これまでにない壮麗な「天守(天主)」を持った城を建てる。安土城である。これまでは戦うためだけであった城が、見せるための城へと進化したといえる。城郭史では、「安土城以前の城を中世城郭、安土城以後の城を近世城郭」という言い方をする。

この大きな変化が示されたのは、信長が安土城を一般庶民にも「特別公開」したことである。それまでも安土城を提灯でライトアップするなど、見せることを意識していた信長だったが、天正一〇年(一五八二)正月には天主わきの本丸御殿を一般に「特別公開」したのだ。記録によると、無料ではなく、信長自身が五〇〇文の見物料(入城料)を取ったという。その当時の五〇〇文は現在の貨幣価値に直すとおおよそ五〇〇〇円とかなり高かったが、多くの人が安土城を見学したといわれる。

図12　壮麗な階段状の石垣が残る苗木城(岐阜県中津川市)

その後、豊臣秀吉によって大坂城や聚楽第《じゅらくだい》が築かれ、関ケ原の戦いを経て徳川の時代となる。天下をとった家康は江戸に幕府を開き、江戸城を築く。江戸時代を通じて、江戸城は将軍の居城であるとともに、政治の中心でもあった。この江戸城は一般庶民からは、外から眺めるだけと思われがちだが、江戸町人が江戸城本丸まで入ることができたことは案外知られていない。将軍宣下や官位昇進など、幕府にとって大きな祝い事や、日光参詣などの重要な法事があったときに、江戸城内で「能」が催され、その初日あるいは最終日には、江戸の町人たちにも特別に参観が許された。これを「町入能」といって、本丸御殿にある能舞台で見物した。たてまえでは地主や大家が対象だったが、実際には「札」さえあれば一般の町人も江戸城内に入って見物することができた。

将軍臨席の能鑑賞となるとかしこまって拝見したと思われがちだが、実際は全く逆だった。この「町入能」は無礼講で、大広間で見ている将軍などに向かって、「親玉」や「千両箱」などと叫ぶ輩《やから》もいたそうである。ところで、この町入能の際に町人が入ったところは桔梗《ききょう》門（内桜田門）で、現在の一般参賀や勤労奉仕の際に使われているのと同じなのは単なる偶然だろうか。

次に、江戸時代の庶民文化を代表するものとして浮世絵があるが、この浮世絵にも多くの城が描かれている。たとえば、葛飾北斎が描いた『富岳三十六景』には二つの城が描かれている。その第一は「江戸日本橋」で、ここには富士山と並んで江戸城が聳えるように存在感を示している。もう一つは「信州諏訪湖」で、高島城が諏訪湖に浮かんでいる。

さらに、同じ北斎の『東海道五十三次』では、「浜松　冬枯ノ図」に浜松城が、「吉田　豊川ノ橋」に吉田城が描かれている。また、「岡崎　矢矧之橋」では岡崎城が、「桑名ノ七里渡口」には桑名城が、さらに「亀山雪晴」に雪化粧した亀山城と、全部で七つの城が描かれている。それだけ城下町が多かったといえるのだろうが、城のある風景がごく一般的になっていたことを示しているともいえる。

（清水）

【参考文献】
『日本城郭大系』全一八巻・別巻二巻（新人物往来社、一九八〇年）
『中世城郭事典』全三巻（新人物往来社、一九八七年）
『関東の名城を歩く』全二巻（吉川弘文館、二〇一一年）／『近畿の名城を歩く』全二巻（吉川弘文館、二〇一五年）／
『東北の名城を歩く』全二巻（吉川弘文館、二〇一七年）／『甲信越の名城を歩く』全三巻（吉川弘文館、二〇一八年）

# コラム４　手習塾（寺子屋）では何が教えられたのか

## 往来物とは

江戸時代、文字学習のために使用した教科書の一つに、「往来物《おうらいもの》」と呼ばれる書籍がある。この書籍は、手習師匠によって子どもたちの文字の読み書きの「御手本」として採用されることが多かった。往来物とは、往復一対の書状が文字学習の御手本であったことから名付けられた。つまり、進状（往状）と返状（来状）の手紙文のやり取りを用いて文字学習をしていたのである。

往来物の起源は古く、平安時代後期（一一世紀中頃）に作成された『明衡《めいこう》往来』まで遡ることができる。当時は貴族や僧侶などの知識階層に用いられていた。手紙文を用いることによって、相手に意思を伝える手段そのものを学ぶとともに、日常生活で必要な語彙、慣用句、さらには教訓などもおりまぜながら、知識・教養を深めていったのである。時代が下がるにつれ、手紙文の単語や短文などを集めた書籍も現れるようになり、さらには単字、単語、短文集のようなものまでも、手紙文が掲載されていないにもかかわらず、往来物と呼ばれるようになった。

江戸時代には出版技術の発展にともない、往来物は大量に刊行され多くの人々にも用いられるようになった。特に元禄年間に刊行された『商売往来』は、当時のベストセラーともいえる書籍となった。

## 商売往来の出版

江戸時代に刊行された往来物のなかでも、『商売往来』は『庭訓往来《ていきん》』とともに、もっとも流布した書籍の一つである。初出は元禄七年（一六九四）に大坂で刊行されており、経済の発展著しい上方商人の地で、しかも元禄という時代に出版された。

書き出しは「凡そ商売持ち扱う文字は」で始まり、商業活動をするうえで必要な文字、貨幣の種類や単位、さまざまな商品名などを収録している。たとえば、金貨であれば、小判・大判、銀貨であれば、南鐐《なんりょう》・上銀子《じょうぎんす》・丁銀《ちょうぎん》・豆板銀など、当時の銀は重さで取引されたので、重さの単位である、貫・目・分・厘などの語句を掲載している。

とても実用的な書籍として編集されており、構成自体も収録文字数からみても、これまで出版されてきた単語集としての性格が強いとはいえ、書物としての最大の魅力は、文末に書かれた商人としての心得が掲載されている点にあるといえる。「商売の家に生るる輩は、幼稚の時より、先ず手跡・算術の執行、肝要たるべきものなり」と述べ、商人に文字学習を推奨している。このほかにも「見世棚綺麗に挨拶・応答・饗応、柔和たるべし」と、今日のサービス産業の基本ともいうべき教えが書かれている。さらに「高利を貪り、人の目を掠め、天の罪を蒙《こうむ》らば、重ねて問い来る人稀なるべし」として、商人としての倫理ともいうべきことも述べられている。

この『商売往来』は、時代が下がるにつれ、類書が出版されたり、絵入りや注釈を加えて、よりていねいに編集された本まであらわれ、全国各地に流布しており、商人や農民にまでも幅広く用いられ、明治期以降も出版され続けた。

図13　いろいろな往来物(小泉吉永所蔵)

## 多種多様な往来物

江戸時代に出版された往来物は、『商売往来』に代表されるように実用的な内容を重視して編集されていたことが最大の特徴であったといえる。商売に限らず、さまざまな職業に向けた往来物が出版された。農民向けに出版された『田舎往来』は宝暦五年(一七五五)に、『百姓往来』は明和三年(一七六六)にそれぞれ刊行されており、『商売往来』に遅れること六〇年余も経過した後での出版であった。このことから文字学習は主に都市部の町人層の需要に応えた形で普及していったと考えられている。大工番匠に関わる書籍には、『番匠作事文章』が享和年間(一八〇一～〇四)に、士農工商といった諸職に必要な知識・技術について記した『諸職往来』は享保五年(一七二〇)に刊行された。

女性向けの往来物としては、『女大学』がよく知られているが、これは貝原益軒が著した『和俗童《どう》子《じ》訓《くん》』巻之五「教女子法」を改めて、享保元年に刊行された『女大学宝箱』が初出とされている。『女大学』は江戸時代のみならず、明治以降も版を重ねて販売され続け、女性の教訓書として多くの人々に影響を与えた。

地域の地名や地誌を学習するための往来物も出版され、江戸については『江戸往来』が寛文九年（一六六九）に出版され、交通路の宿駅を読み込んだ『東海道往来』は宝暦年間（一七五一〜六四）に刊行されている。実用的な語彙のみならず、地名・歴史・教訓などさまざまな情報を盛り込んだ往来物が次々と出版され、その種類は七〇〇〇種にも及ぶと推測されている（図13）。

出版技術のみならず、経済の発展とともに流通網も整備された江戸時代には、往来物の販路が拡大され、全国のあらゆるところで『庭訓往来』や『商売往来』などのさまざまな書籍が利用されるようになる。幕府や藩といった領主層の介入をうけず、民間社会において実用的な知識という点に比重を置きつつも、多くの人々が共有する教育社会ともいうべきものが生み出されていったといえる。

（石山）

【参考文献】

石川松太郎『往来物の成立と展開』（雄松堂出版、一九八八年）
市川寛明・石山秀和『図説　江戸の学び』（河出書房新社、二〇〇六年）
三好信浩『商売往来の世界―日本型「商人」の原像をさぐる』（ＮＨＫ出版、一九八七年）

# Ⅲ　江戸庶民と寺社

# 日本人の信仰と宗教観

## キリシタン禁令と寺請制度

多神教であるわが国では中世以来、寺社世界は仏も神もその淵源をたずねるとみな同体であるという神仏習合思想が一般的であり、この世の神々は、人間を救い教化するため、仏や菩薩がいろいろな姿であらわれた化身であるという本地垂迹説《ほんじすいじゃくせつ》により、祭神に本地仏が設定される傾向が強かった。そして、江戸では同一の敷地内に、仏教・寺院的要素と、神道・神社的要素が混在する場合が多く、こうした混在的状況が変わるのは、明治元年(一八六八)の神仏分離令をまたねばならなかった。

しかし、戦国時代にもたらされた一神教のキリスト教は、日本の封建制に必ずしも従順とはいえず、支配体制を揺るがしかねない出来事も少なくなかった。そこで天正一五年(一五八七)六月に豊臣秀吉はバテレン追放令を発令し、キリスト教を邪教として宣教師(バテレン)は二〇日間以内に国外退去することと定めたが、まもなく空文化してしまった。これに対して江戸幕府は、家ごとあるいは個人ごとに信仰する宗教を調査する宗門改を徹底させることで、宗教統制を図ろうとしていったのである。

すなわち、幕府はまず慶長一七年(一六一二)、直轄地にキリスト教禁教令を発令し、翌年から全国規模で実施するようになっていく。この間、幕府は元和八年(一六二二)に元幕臣の原主水胤信(洗礼名ジョアン)ら信徒五五人の処刑を断行するなどの措置をとるが、当初は全国各地で宗門改と、これにともなう戸籍簿的な基礎台帳である宗旨人別帳の作成が毎年実施されたわけではなく、また宗門改の実務についても、僧侶以外に村役人がおこなう「俗請」も少なくなかった。やがてこうした不徹底が寛永一四年(一六三七)に島原・天草で三万七〇〇〇人余の百姓が蜂起する事態を引き起こすこととなった。いわゆる島原の乱(近年では「島原天草一揆」と呼ばれる場合が多い)である。一揆軍は実際にはキリシタンと非キリシタンとの混成集団であったが、一揆を主導したキリシタンたちの大部分は、一度は棄教した経験をもつ「立ち帰り」だった。

しかし、幕府はこの一揆をキリシタンによる反乱と位置付けることでキリシタン弾圧の方針を強化するとともに、同一六年にポルトガルとの貿易を絶つことを決意し、鎖国を目指すことになる。そして、これを機に各地域でさまざまなかたちでおこなわれていた宗門改を、寺請《てらうけ》(檀那寺が宗旨を証明するやり方)による民衆統制策として徹底化させていくようになった。具体的には万治二年(一六五九)に諸藩へ領民の檀那寺確認を指示し、寛文四年(一六六四)には諸藩へ宗門改役設置を、そして同一一年には幕府直轄地へ宗旨人別帳作成をそれぞれ指示する法令が続けて出されている。

近年の研究では、こうした上からの法令によって同時かつ全国画一的に寺請制度が成立したわけではなく、一六四〇〜五〇年代に幕府諸藩が各地域の社会状況に則した宗門改の模索がなされ、最終的には一六六〇年前後に相次いで起きた「崩れ」といわれる集団露顕事件が決定打となり、全国で毎年恒常的に寺請による宗門改がおこなわれるようになったことがわかってきている。これによって江戸の住民は、いずれかの檀家に属し人別把握されることになった。その一方で、寺院は檀家を重要な経営基盤とするに至ったのである。

なお、幕府はキリシタンばかりでなく、他の幕府の支配秩序に従順ではない宗教を邪教と位置付け、これらに対しても取り締まる姿勢を示していった。最も代表的なのが日蓮宗不受不施《ふじゅふせ》派で、彼らは日蓮宗の信者以外から施しを受けず（不受）、他宗の信者には施しをしない（不施）という教義を堅持していた。古くは文禄四年（一五九五）に豊臣秀吉が亡き母大政所の回向のために千僧供養会を催した際に、京都妙覚寺の日奥《にちおう》が不受不施義を主張して出仕を拒否した事件が起こり、以後江戸幕府でもこれを邪教として弾圧する方針をとったのである。寛文五年（一六六五）には多くの不受不施派の僧侶が流罪に処され、以後も幕府は禁令を出してこれを取り締まるとともに、元禄一一年（一六九八）にも「悲田宗」を称する不受不施派の谷中感応寺や碑文谷《ひもんや》法華寺などが天台宗に改宗させられている。

### 寺社の本末制度

寺院は室町時代には宗派ごとに本末関係が構築されていくようになるが、制度として本格的に定着をみるのは、江戸幕府の発布した寺院法度である。当初は各宗派の本山に出されていたが、幕府は寛文五年七月に宗派・寺院の枠を超えた諸宗寺院法度を出し、本末制度の強化を図っている。ここで幕府は各宗派がもっていた政治的・経済的な特権を取り上げ、本山に末寺住職の任免権を与えるとともに、末寺は本山の命令に絶対服従することとし、宗派の修行や教学の場は本山が提供し、一定期間の服務を義務付け、さらに僧侶の僧階の格付けは本山の権限でおこなうことなどを定めている。

また幕府は寛永九年・一〇年（一六三二・三三）に本末帳の作成を命じ、本末制度の実態把握にあたっている。その後も天保五年（一八三四）まで繰り返し各宗派に対して提出を命じているが、本山側もこれを末寺支配の基盤を固める好機と捉え、末寺からの経済的な収奪を強化していった。それに加えて本末帳に記載されることが寺請寺院の条件となるにおよんで、檀家を経営基盤とする末寺と、末寺からの収奪を経営や宗門の軸に据える構造が成立していったのである。またほぼ同時期の寛永八年、幕府は増加し続ける寺院への対策として、新たに寺院を建立することを禁ずる法令（新地建立禁止令）を出すと、のち元禄元年（一六八八）にはこれを根拠にこの法令施行以前に建立された寺院を「古跡寺院」、それ以後建立の寺院を「新地寺院」と位置付け、以後は基本的に新地寺院の損壊・焼失時の再興を認めないこととしている。

寛文五年（一六六五）には神社・神職に対しても制度が設けられていた。それが諸社禰宜《ねぎ》神主法度で、注目すべきは、この法令で神職が位階を受ける場合は公家の取り次ぎ経て勅許を受けることが必要とされた点である。これによって取り次ぎを得るためには特定の公家への「つて」と多大な出費がともなうため、資金が用意できない大多数の神職は位階を得られなくなってしまうのである。さらにこの法度では「無位之社人可着白張、其外之装束者以吉田之許状可着之事」とあり、代々朝廷の祭祀にあたってきた公家の吉田家の発給する許状（神道裁許状）を得られなければ、下賤の服とされた白張《はくちょう》を着用しなければならないと定めている。この条文によって、結果的に位階よりも軽微な負担で獲得できる吉田家の許状を求める神職を一気に増やすこととなり、諸国の神職の多くがその統括者である吉田家と関係をもつようになっていった。そして吉田家はこれを好機として、諸国の神社に独自に神位を授与する「宗源宣旨《そうげんせんじ》」を進め、神社・神職の序列化を図っていったのである。これに対して、朝廷内において吉田家の上官にあたる神祇伯の白川家が一八世紀中頃に諸国を巡回して「宮守」のような専業の神職でない者たちを配下に編成するようになると、以後は両家が神社・神職の序列化を競うようになっていった。

ところで各宗派の本山は京都周辺に拠点を置くことが多く、江戸には寺社奉行との折衝や法令・通達の窓口の役割をはたす触頭《ふれがしら》を設置するようになる。そして江戸では寛永寺・増上寺が将軍家の菩提寺として特別な存在だった。寛永寺は寛永二年（一六二五）、天海によって江戸城の鬼門にあたる上野の地に建立された天台寺院で、比叡山延暦寺にならって山号を東叡山と号した。寺域三六万五〇〇〇坪余、寺領一万一七九〇石を有し、承応三年（一六五四）に後水尾天皇第三皇子守澄（尊敬）法親王が住職となったのちは、代々皇族が住職となるのが慣例だった。そして歴代法親王は輪王寺宮の称号を勅許されて日光山（輪王寺）・比叡山を合わせた三山の住職となることにより、寛永寺が事実上の天台宗の総本山となったのである。

また増上寺は中世以来の浄土宗寺院で、戦国期には学問所となっていたのを、徳川家康が菩提所に定め、慶長三年（一五九八）に芝に移転したのちは関東十八檀林の筆頭となり、教学のみならず宗門行政の実権を掌握した。徳川家の宗旨は元来浄土宗であり、家康の高祖父長親の弟存牛が、増上寺を開山した聖聡《しょうそう》の弟子存冏《ぞんけい》・了暁に師事し、知恩院二五世住職となった経緯がある。増上寺は幕末には寺域二〇万坪余、寺領一万七四〇石を有し、将軍家の御霊屋《おたまや》と大伽藍、そして最盛期には三〇〇〇人の学徒を抱える大寺院となり、本山の知恩院をしのぐ寺勢を誇った。

両寺院の江戸における勢力は非常に大きく、浅草寺は天正一八年（一五九〇）の家康入国直後に徳川家の祈願所に定められて五〇〇石の寺領を得、境内に東照宮を造営するなど、当初は将軍家の厚遇を受けていたが、貞享四年（一六八七）に当時の別当宣存が五代綱吉の忌避に触れて罷免されると、以後は寛永寺の支配下に組み込まれ、人事や経営にまつわる収益構造をはじめ、あらゆる面においてその支配を受けることとなったのである。同様に明暦三年（一六五七）の大火の死者約一〇万八〇〇〇人の霊を供養する目的で建立され、以後出開帳などで賑わった本所東両国の回向院も、増上寺の末寺としてその支配を受けた有力寺院である。この他にも江戸には新義真言宗の護国寺、日蓮宗の池上本門寺、浅草・築地の東西本願寺、駒込の吉祥寺など各宗派の有力寺院が揃っており、中小の寺院を末寺に組み込んでいた。

### 江戸における寺社の分布

江戸の寺社は、天正一八年（一五九〇）に徳川家康が関東に拠点を移す時点ですでに江戸城の周辺にあった寺社と、

図１　「江戸名所四季遊参双六」（国立国会図書館所蔵）

家康の江戸入国以後に新しく建立された寺社とに大別できる。前者は和田倉に吉祥寺、麴町貝塚に増上寺があったのをはじめ、平川・局沢（千鳥ヶ淵周辺）・貝塚・清水谷などに多く、後者は徳川家の移転にともなって旧領から移った寺社か、あるいは寛永期頃までに新たに誕生したものである。ことに江戸の大寺や名刹はこの時期に江戸の中心部に建立されたものが多く、城郭の建設にともなって郊外などに移転させられ、明暦三年（一六五七）の大火はさらに移転を進める機会を生み出していった。その後も寺社の移転は続き、大火のたびに徐々に江戸周縁部に移されていったのである。たとえば、現千代田区域をとってみても、一八九の寺院が成立し、神田は神田北寺町および神田山（駿河台）に、麴町は清水谷と番町に寺院が集中していたが、幕末までに麴町の三寺院を除く一八六寺が移転しているのである（『千代田区史』）。そして中心部の寺院の多くが浅草・駒込・小石川・牛込・三田のあたりに移っていった。

　また江戸の神社としては、山王権現や神田明神などの大規模なものもあったが、それ以上に稲荷が多いのが大きな特徴であった。「武家ハ屋敷毎に鎮守の社あり、市中には一町に三五社勧請せさる事なし」（『東都歳事記』）や、「諺に江戸に多きを云て伊勢屋稲荷に犬の糞と云也」（『守貞謾稿』）などと紹介されているように、江戸には武家屋敷ごと、町内ごと、長屋ごとに稲荷が勧請されている場合も多く、これに大きな寺院や神社の境内に末社として勧請されている神仏を加えれば、江戸には檀家と檀那寺という寺請制度の枠を超えたさまざまな神仏が、人々の現世における諸願を叶える存在として機能していたといえる。

江戸時代中期以降になると、六地蔵・六阿弥陀や七福神めぐりなど、さまざまな巡拝コースが誕生し、天保期の『東都歳事記』では、「江戸三十三所観音参」「山の手三十三所観音参」「九品仏参」「江戸南方四十八所地蔵尊参」「江戸十ヶ所祖師参」「弁財天百社参」などの巡拝コースが紹介されている。図1は江戸の名所を紹介した絵双六の一種で、一九世紀になると、このような江戸の名所を題材にした摺物が盛んに刊行されていることから、行楽を兼ねて寺社をめぐる行為が広く庶民にまで普及していった実態を知ることができる。それと同時に『江戸名所図会』で紹介されている名所の大半が御府内および近郊の寺社であり、同書が江戸土産にしばしば買われていることを考えれば、江戸の寺社には江戸の住民のみならず地方から来た人々をも受け入れる観光・行楽地として機能していた側面があったといえるだろう。

（滝口）

【参考文献】

井上智勝『近世の神社と朝廷権威』（吉川弘文館、二〇〇七年）
井上智勝『吉田神道の四百年—神と葵の近世史』（講談社選書メチエ、二〇一三年）
高埜利彦『近世日本の国家権力と宗教』（東京大学出版会、一九八九年）
千代田区編『千代田区史』上巻（一九六〇年）

# 寺社参詣の発展

## 江戸の日帰り参詣ブーム

ところで、江戸時代、江戸に住む庶民にとっての寺社参詣には、伊勢参りなど一生に一度レベルのものから、成田山・大山・富士山・江の島・鎌倉・高尾山・坂東札所巡礼・秩父札所巡礼・御府内八十八ヶ所札所巡礼などの数日をかけての小旅行、さらには浅草寺・目黒不動・泉岳寺・池上本門寺などの日帰りのものまで存在した。なかでも札所巡礼の旅は、病気の回復や諸願成就のために複数の霊場をめぐり納札・納経するもので、本来それは苦行をともなうものであった。

しかし、天下太平の世が長く続くようになり、交通環境の整備がなされ、さまざまな産業が発展することによって時間的・経済的にもゆとりが出てくると、庶民の旅も盛んになり、しだいに目的が各地の名所旧跡を訪ねたり、その土地にちなんだ名物を食べたりなど、日常生活からの解放を目指す方向に変化していった。名所図会などの各地の地誌類や、さまざまなガイドブックが刊行され、とりわけ一九世紀初頭の『東海道中膝栗毛』の刊行は、多くの庶民を旅に駆り立てたことで知られている。

これに対して、一八世紀中頃から都市江戸とその近郊でも花見・月見・初午・彼岸・恵方参りなどの年中行事による名所巡りが盛んになってくる。その背景には、都市生活は自然環境に身を置いた農村部と異なるため、気晴らしや

表1　『東都歳事記』記載の江戸の霊場巡り

| | |
|---|---|
| 1 | 江戸三十三所観音参 |
| 2 | 江戸三十三所観音参（1とは別コース） |
| 3 | 山の手三十三所観音参 |
| 4 | 近世江戸三十三所観音参 |
| 5 | 近世江戸三十三所観音参（4とは別コース） |
| 6 | 上野より王子駒込辺西国の写三十三所観音参 |
| 7 | 葛西三十三所観音参 |
| 8 | 浅草辺西国三十三所参 |
| 9 | 深川三十三所参 |
| 10 | 西方三十三所参 |
| 11 | 九品仏参 |
| 12 | 最初建立江戸六地蔵参 |
| 13 | 江戸六地蔵参 |
| 14 | 江戸南方四十八所地蔵尊参 |
| 15 | 江戸山の手四十八所地蔵尊参 |
| 16 | 江戸東方四十八所地蔵尊参 |
| 17 | 江戸山の手二十八所地蔵尊参 |
| 18 | 荒川辺八十八所弘法大師巡拝 |
| 19 | 弘法大師二十一ヶ所参 |
| 20 | 弘法大師江戸八十八ヶ所参 |
| 21 | 円光大師遺蹤写廿五箇所巡拝 |
| 22 | 江戸十ヶ所祖師参 |
| 23 | 閻魔参拾遺 |
| 24 | 妙見宮不動尊金毘羅権現百社参 |
| 25 | 聖天宮百社参 |
| 26 | 弁財天百社参 |

行楽要素を兼ねた手軽な外出が求められ、風景や自然にも親しむことのできる寺社への参詣に需要が高まっていた実態がある。

また、都市生活者である町人は、農村の農閑期などのようにまとまった休日があるわけではない。それに加えて勤番武士なども門限が定められており、日帰りで参詣できる範囲が現実的だった。参詣コースも次々に生み出され、前述のように天保九年（一八三八）に刊行された『東都《とうと》歳事記』の巻末には、江戸の年中行事とともに霊場巡りが二六件も掲載されている（表1）。

こうした霊場巡りは数回から数十回に日を分けて巡るのが通常と考えられるが、いずれも江戸とその周辺域で完結するように構成されている。札所の写しが多いのが特徴で、なかには護国寺のように、天明年間(一七八一〜八九)に境内に西国三十三ヶ所の札所の写しとして、三三体の仏像とそれを収める仏堂をつくる事例まで現れた。これらの事実は、江戸庶民は関所を越えるような面倒な手続きを必要とせず、手軽な参詣を好んだことを示しており、庶民は江戸の寺社を盛んにハシゴしていったのである。

それと同時に一八・一九世紀には出開帳(本書Ⅲ「盛り場化する寺社境内」参照)が盛んにおこなわれた影響も大きい。すなわち、出開帳は遠方の寺社の霊験あらたかな神仏や宝物に、江戸にいながらにして出会えるわけである。このことが江戸庶民と地方寺社とを結びつける働きをしたといえよう。また、こうした動向に対応するように、寺社の側でも名所旧跡が整備され、さらに大名藩邸など一部の武家屋敷でも後述の水天宮や金毘羅社のように、領内で人気のある神仏を屋敷内に勧請し、特定の日に一般の参詣を許可する事例が増えていった。

## 隠居僧侶の行楽―『遊歴雑記』の世界―

江戸の寺社参詣の記録を日記などに残す人々といえば、前出の酒井伴四郎のような勤番武士と、訴訟などで江戸に長期滞在した地方の村役人層、そして伊勢参りなどの途中に江戸見物をする地方の知識人層などが代表的だが、江戸に居住する旗本や町人・僧侶なども記録を残すことがあった。

そこで本節では、十方庵《じっぽうあん》(大浄)敬順(一七六二〜一八三二)の『遊歴《ゆうれき》雑記』を取り上げてみたい。十方庵は小日向水道端(現文京区小日向一丁目)の本法寺(東本願寺末寺)の子院廓然寺《かくぜんじ》の四代目住職で、母方の実家のある本所南割下水で生まれ、二〇歳で住職となり、文化九年(一八一二)三月に五一歳で隠居した人物である。彼は隠居後に牛込の赤城神社境内に移り、文政五年（一八二二）以降は小日向《こひなた》武島町（現文京区水道一丁目）に住んだという。

十方庵は隠居後に江戸や地方に出かけるのを趣味とし、そのつど書き残した記録を『遊歴雑記』と名付け、これが初編から五編まで合計一五冊におよんだ。初編ではほぼ武蔵国内を遊歴の範囲としているが、比企郡なども訪れており、この時点ですでに『江戸名所図会』の範囲を超えている。そして二編以降はさらに行動半径を広げ、群馬郡・埼玉郡・岩槻・多摩郡・秩父・相馬郡・筑波郡のほか、三河国吉良や名古屋にまで出かけている。

十方庵は同書でその土地の名所や旧跡、風習、祭礼や行事、伝説などを事細かに記録しているが、彼の基本的な関心は名所旧跡を訪ねて風景を観賞するというもので、これまでに知識として得てきた情報と照合するとともに、寺僧や神主に由緒を訪ね、境内の現状や道筋の様子を詳細に記している。彼はただ見物したままを記録に留めるのではなく、随所で批評をおこなっているところも特徴といえる。たとえば、目黒行人坂《ぎょうにんざか》北側の富士見の茶店については、快晴の日には富士山が正面に見えることを賞しながら、「庭が狭く、西向きで垣根が邪魔をして夏場は非常に蒸し暑い」と述べて、富士山の眺望は下高田村の茶屋が第一で、目黒の新富士が第二だと評価する、といった具合である。

このように、十方庵はときにシビアな観察眼をもっていたが、ことに人の知らない景勝地を発見し訪ねることに力を注いだ。そして宗賢《そうけん》・宗知《そうち》の茶名、以風《いふう》の俳名をもつ彼は、出かける際には携帯コンロと煎茶道具を携えていたといい、各所で茶を立て句を嗜んでいる。また、同じ場所を二度三度と訪れることも多いようだが、日帰りばかりではなく、二〜三日、ときには十数日の旅となることもあったようで、『遊歴雑記』には東海地方に旅をした記録なども含まれているのである。

十方庵の場合は隠居の身ということもあるが、知識欲と風雅な趣味人として関心が旺盛で、健脚だったところが特徴的だが、これは当時の武家や一部の上層町人たちと同様の傾向を見出すことができる。旅や行楽は日常から一時的に解き放たれたリフレッシュの場面であるばかりでなく、知識人のさまざまな文化的欲求を満たす重要な場面としても機能していったといえるだろう。

## 江戸名所の展開と『江戸名所図会』

江戸の行楽や参詣が活発化すれば、おのずと案内書や案内の要素を含んだ絵図・地誌が民間で盛んに刊行されるようになる。また、錦絵でも名所絵が次々と出されていった。そこで注目したいのが、江戸の町名主である斎藤月岑が著した『江戸名所図会《ずえ》』である。

『江戸名所図会』は天保五年（一八三四）と同七年に一〇冊ずつ、合わせて七巻二〇冊として刊行された。同書は寺社を中心に名所を本文で実証的な考証をもとに紹介し、長谷川雪旦が描いた挿絵が随所に盛り込まれているのも特徴で、その詳細な描写は、読者を江戸への関心を惹きつけるのに実に効果的だった。そして何よりも、享保一七年（一七三二）に菊岡沾涼《せんりょう》が刊行した『江戸砂子《すなご》』以来、江戸の地誌を網羅した書が長らく出ていなかっただけに、江戸の人々にとって待望の書だったといえよう。

しかし、これには先行する書があった。それが京都市中と近郊名所を紹介した『都《みやこ》名所図会』である。安永九年（一七八〇）に刊行された同書は、経済的・文化的に成熟しはじめた江戸に対して、依然として色あせぬ古都の魅力を広く知らしめるのに十分な影響力があった。その後、これに続いて諸国における名所図会の刊行が相次いだ。これらはいずれも、名所を紹介した本文と、その一部を視覚化した挿絵からなり、知識欲を高めた庶民の視線で郷土の姿を描こうという試みだった。

これに触発されたのが、神田雉子《きじ》町など六か町を治める町名主斎藤市左衛門（幸雄）だった。この時代の江戸は、田

表2 『江戸名所図会』の収録地域

| 巻 | 部 | 収録地域 |
|---|---|---|
| 巻之一 | 天枢之部 | 江戸城・神田・駿河台・佃島・芝・日比谷・三田・高輪 |
| 巻之二 | 天璇之部 | 品川・大井・池上・馬込・蒲田・六郷・川崎・鶴見・小杋・保土ヶ谷・金沢・六浦 |
| 巻之三 | 天璣之部 | 桜田・麻布・目黒・赤坂・青山・渋谷・鶴巻・世田谷・小杉・四谷・千駄ヶ谷・狛江・府中・高幡 |
| 巻之四 | 天権之部 | 市ヶ谷・中野・井の頭・牛込・高田・目白・大塚・雑司ヶ谷・小石川・板橋・石神井・練馬・狭山・所沢・大宮 |
| 巻之五 | 玉衡之部 | 湯島・神田・上野・日暮里・根津・駒込・田端・王子・赤羽・川口・豊島 |
| 巻之六 | 開陽之部 | 浅草・鳥越・下谷・千住・隅田川西岸 |
| 巻之七 | 揺光之部 | 富岡・洲崎・深川・亀戸・隅田川東岸・青砥・立石・松戸・行徳・国府台・真間・葛飾・船橋 |

図2 葛西六郎墳墓
（『江戸名所図会』国立国会図書館所蔵）

沼時代に「江戸ッ子」が登場し、錦絵が現れたことが物語っているように、京都や大坂を仰ぎ後塵を拝してきたそれ以前とは異なり、経済的にも文化的にも上方に決して劣らぬ力を蓄えていた。そのことを江戸の人々も自覚しはじめており、江戸根生《ねお》いの住民の視点で紹介された書が渇望されている頃だった。国学の素養がある幸雄は江戸初期から世襲の古町《こちょう》名主で、江戸根生いの上層町人として、これまでの『都名所図会』をはじめとする名所図会シリーズに対抗するべく、江戸独自の地誌編纂を始めたといえる。しかし、原稿をまとめ出版許可を取った直後の寛政一一年（一七九九）に亡くなってしまった。

幸雄の編纂事業は甥で婿養子の幸孝が引き継ぐこととなる。ところが彼は刊行時期を遅らせてまで収録範囲を意識的に郊外にまで広げたため、さらに編纂に時間がかかることになった。そして文化一五年（一八一八）、これまた刊行を見ぬうちに幸孝は亡くなってしまった。幸孝が新たに手を加えなければ、もっと早く刊行されていたに違いないが、綿密な考証を重ねたいという思いもあったようである。

幸孝は国学者でもあり、莞斎および縣麻呂の号がある。彼の蔵書印や書写・書込の筆跡のある史料は各所に現存していて、その内容から、当時流布していた編纂物・絵図・古文書・地誌・略縁起・随筆類などを盛んに入手し、徹底的な比較検討をおこなっていた様子がうかがえる。図2は同書で葛西六郎墳墓を描いた挿絵だが、ここに描かれている人物は、寺僧に案内されて碑文を読み取ろうとしている幸孝とその従者といわれる。彼は綿密な実地調査をおこない、碑文を写し取り、土地の古老から聞き取りをしており、その成果が反映されている部分も少なくない。

幸孝の死後、斎藤家の悲願はわずか一五歳の幸成（月岑）に引き継がれて『江戸名所図会』として刊行されるが、その功績の大部分は幸孝によるところが大きく、それは江戸の人々が日帰りや一泊して戻れる範囲という、当時の参詣事情を十分にふまえたものだったのである。

ところで、幕府は文政元年（一八一八）に、公式見解として江戸の範囲を定めた朱引図を作成するが、これと『江戸名所図会』とを比較すると、朱引図の範囲は、東は中川、西は代々木・上落合まで、北は千住・板橋、南は品川までである。一方、『江戸名所図会』は表2のように、東は船橋、西は八王子あたりまで、北は大宮、南は六浦までを収録している。つまり、図会の収録範囲は当時の江戸の認識を大きく超えるものだったのである。

ただし、同書は判型も大きく、大部であるため、けっして携帯用には適さない。第一、全冊揃えるには相当な金額がかかってしまう。それゆえ、長屋住まいの江戸庶民や、地方の小農民には容易に手が出せるものではなかった。しかし、江戸の地誌の集大成として、江戸の人々に地域への再認識を促す役割を果たしたことは容易に想像できる。なお今でも、かつての地方の村役人を務めた家や、勤番武士だった家などの土蔵にしばしば『江戸名所図会』が姿をみせるが、これは、同書が地方の富裕層や有識者への「江戸土産」として珍重されたことを物語っている。同書はこうした人々によって地方にもたらされ、江戸の魅力を広め、旅人を江戸に誘う役割を果たしたのである。（滝口）

【参考文献】

氏家幹人『江戸人の老い』（草思社、二〇一九年）
齊藤智美『『江戸名所図会』の研究』（東京堂出版、二〇一三年）
鈴木章生『江戸の名所と都市文化』（吉川弘文館、二〇〇一年）
千葉正樹『江戸名所図会の世界―近世巨大都市の自画像―』（吉川弘文館、二〇〇一年）
原淳一郎『江戸の寺社めぐり　鎌倉・江ノ島・お伊勢さん』（吉川弘文館、二〇一一年）

# 多様化する庶民信仰

## 町に住む宗教者

江戸で宗教にたずさわる者といえば、寺社の僧侶・神官が挙げられるだろう。彼らは寺社の境内に住居を構えるのが基本で、寺社奉行所に管轄される存在だった。しかし、江戸の市中にもさまざまな宗教者が居を構える実態があった。町奉行所から出された町触には、江戸市中には出家・社人・修験者（山伏）・行人・道心者・六十六部・虚無僧《こむそう》（普化僧《ふけ》）・比丘尼《びくに》・願人《がんにん》・陰陽師・神事《しんじ》舞太夫などがいて、彼らの居住が問題視されていた。

すでに町奉行所は寛文二年（一六六二）九月の町触において、出家・山伏・行人・願人が江戸市中で借家する際には、本寺から弟子であることを保証する証文を取ることを義務付け、同五年一〇月には彼らが町なかの住居で寺院の建立に直結する仏壇・祭壇などを構える行為を禁じている。こうした禁令は幕末までたびたび出されており、それだけ町なかに宗教者が居住し、何らかの宗教的な行為をしていたことを示している。また、江戸市中には托鉢《たくはつ》僧や祓を唱えて門付けをおこなう神道者など、宗教的行為や諸芸で生計を得る人々の存在があり、しばしば町の風景として描き込まれていることも多く、庶民世界に密接に関わっていた実態があった。

こうした人々の代表的な存在は修験者（山伏）で、聖護院を本寺とする天台系の本山派と、醍醐寺三宝院を本寺とする真言系の当山派とに大別される。たとえば安永七年（一七七八）四月の町奉行所の調査によれば、九四人の修験者が

図3 虚無僧(『守貞謾稿』国立国会図書館所蔵)

町なかに居を構えている実態が明らかとなっている。なお、このとき彼らのうち九一人は、宗教的な法義については寺社奉行所に、人別については町奉行所にと両属する存在であった。また陰陽師は易者や人相見なども含む存在だったが、天和三年(一六八三)、陰陽道を家職とする公家の土御門家が天皇・幕府双方から全国の陰陽師支配を認められると、彼らの編成に乗り出していった。さらに寛政三年(一七九一)には幕府が全国に触を出し、陰陽道を職業とする者は土御門家から免許状を受けてその支配に属することを義務付けると、江戸の町人のなかからも土御門家の支配に属し陰陽師として渡世を営む者が増えていったのである。

これについて文政一二年(一八二九)完成の「町方書上」をみると、町内に修験者の存在を書き記している町も少なくない。彼らは主に町内で管理する稲荷社などに住み込んで祭祀をおこなっており、江戸の町なかに溶け込んだ存在として一定の存在意義をもっていたことが推測される。なお、本山派は赤坂氷川明神別当の大乗院が触頭として四五の修験を、当山派は触頭の青山鳳閣寺が一〇九の修験をそれぞれ配下に抱えていた。

一方、深編笠をかぶり首に偈箱《げばこ》(頭陀袋《ずだぶくろ》)を提げ、背中に袈裟を掛けて尺八を吹きながら托鉢をおこなうスタイルで知られる虚無僧(図3参照)は、中世の「薦僧」という尺八を吹く乞食《こじき》芸人に由来し、江戸初期に開宗した普化宗に属していた。また願人は願人坊主ともいい、本来は祈願者の神仏参拝の代行などをする僧形の者だったが、絵像・お札や「考へ物」と称するなぞなぞを記した紙片を配布し、さらに裸形で祝言を唱えたり、住吉踊りを踊るなどの行為によってわずかな金銭をもらっていた。彼らは文化・文政期(一八〇四~三〇)に「かっぽれ」を披露したことでも知られ、天保の改革の際には、その風体《ふうてい》の悪さから禁止されたが、その後は袈裟をかけて現れるようになった。そして彼らは元禄期(一六八八〜一七〇四)以降、鞍馬寺塔頭の大蔵院と円光院のどちらかに所属することとされていた。この願人にも惣触頭―組頭―組頭見習―目付―組年寄―組役―組役見習―平年寄―平願人という序列化された組織があったようで(中尾健次『江戸の大道芸人』)、江戸では橋本町・芝新網町・下谷山崎町・四谷天龍寺門前に多く集まっていた。

これらはほんの一例に過ぎず、実際にはさまざまな業態を流動的におこなう宗教者たちがおり、とりわけ農村部から流入し無宿化する者の多い江戸においては、こうした幕府の秩序化に漏れた存在も少なくなかった。しかし、彼らは既成の寺院や神社のみでは機能の及ばない部分をすくい上げる意義があり、社会に広く浸透していったのである。この点では、一八世紀以降江戸庶民の間で富士講が急速に広がっていったことや、文化一一年(一八一四)に刊行された万寿亭正二『江戸神仏　願懸重宝記《がんかけちょうほうき》』には江戸の寺社への代表的な願掛け方法三一例が紹介されている事実が示すように、江戸の人々は多彩な宗教的要素を現生利益に結び付けて合理的に解釈し、これらを受け入れていたといえよう。

### 武家屋敷内神仏の公開

江戸には寺社奉行所の把握する寺社以外に、大名家の江戸屋敷や旗本屋敷内に国元の大社や氏神を勧請し、特定の日に江戸市民に一般公開する場合があった。浅草新堀の筑後柳河藩(一〇万九六〇〇石)立花家下屋敷の太郎稲荷、赤坂表伝馬町の三河西大平藩(一万石)大岡家下屋敷の豊川稲荷、赤羽の筑後久留米藩(二一万石)有馬家上屋敷の水天宮、霊岸島の越前福井藩(三二万石)松平家中屋敷の孫嫡子社、虎ノ門の讃岐丸亀藩(五万一〇〇〇石)京極家上屋敷の金毘羅社、赤坂の筑前福岡藩(四七万三〇〇〇石余)黒田家中屋敷の天満宮、蔵前の備中鴨方藩(二万五〇〇〇石)池田家上屋敷および愛宕下の備中生坂藩(一万五〇〇〇石)池田家上屋敷の瑜伽山《ゆがさん》権現などがよく知られている(『東都歳事記』)ほか、前述の『江戸神仏　願懸重宝記』には、木挽町築地の稲葉家(安房館山藩一万石)上屋敷内の老婆の石像や、八代洲河岸大名小路の織田家(羽前天童藩二万石)上屋敷に住む家臣の熊井戸氏発行の守札が紹介されている。また能勢家(四〇〇〇石余)の妙見社など一部の大身《たいしん》旗本にも公開の事例がみられる。

このような武家屋敷内の神仏は、水天宮が毎月五日、金毘羅社が毎月一〇日に公開するなど、定期的な公開がなされ、藩の財政に少なからぬ貢献をしていた。その一方で、江戸庶民としても、現世利益の他に通常非公開の大名屋敷内に入れるという知的好奇心や、わざわざ遠方の有名な大寺社に行かなくても参詣できるという利便性もあって、ときに群参する現象が生まれたのである。

大名家が藩邸内に話題の神仏を勧請する一例として上総久留里藩黒田家の騒動を取り上げておきたい。天保四年(一八三三)、下谷広小路の黒田家上屋敷で「出現不動尊略記」という略縁起が発行された。これには上野国山田郡吉沢村で発見された黄金の不動尊を屋敷内の不動堂に安置し、毎月二八日に開帳することなどが記され、実際に五月二八日には庶民の群参がみられ、多くの収益を上げることができた(『甲子夜話』続編)。ところが、その後この発見譚が藩側の作為的なものであることが露見し、九月には家老以下の関係者が幕府によって処罰されたのである。この一件の背景には、仕掛け人としての藩の存在があり、略縁起による宣伝効果で悪化する財政を回復する意図があったと思われる。

つまり、このような神仏の公開には、武家屋敷の空間的開放だけでなく、寺社の興行にも通じる積極的な経営戦略を読み取ることができるのである。そしてこれが屋敷出入りの商人・職人に支えられていたことが近年明らかになってきている。

旗本屋敷の神仏公開で思い起こされるのが、江戸の武家屋敷には稲荷が祀られているという実態である。一八世紀末から明治初年におよぶ一三二の旗本屋敷の図面が「旗本上ヶ屋敷図」（東京都公文書館所蔵）として現存している。これは外堀より内側の地に屋敷を構えていた旗本の屋敷図面で、小身《しょうしん》の旗本でも屋敷内に稲荷を祀っているところに大きな特徴がある。このうち、稲荷社の存在を図面上で確認できる旗本屋敷は半数強で、いずれも母屋裏手の庭の土蔵の奥に稲荷社が祀られているという事例が一般的だったことがわかる。なお、一部の稲荷社は伏見稲荷から勧請され、「正一位」の位階が授与されている史料もあり、伏見稲荷はこうした江戸の旗本と積極的に関係性を築いていったことがその背景にあった。

また、『藤岡屋日記』によれば、寛政八年（一七九六）秋頃、麻布笄《こうがい》橋の大番杉田五郎三郎の屋敷内にある杉田稲荷は、霊験あらたかで諸願成就すること疑いなしという評判が立ち、一般参詣者が押し寄せたという。杉田五郎三郎は『寛政重修諸家譜』によれば、二〇〇俵の旗本杉田忠孝のことで、同家は幕末の切絵図では麻布西之台に屋敷を構えていた。この流行にも霊夢が介在していることから、背景に何らかの宣伝活動があったものと考えられる。江戸の随筆類には同様の記事がしばしばみられ、このことは武家屋敷の鎮守稲荷が独自の利益を創出し、市中に信仰圏を拡大する際に、霊夢による宣伝活動が効果的に作用する場合が少なくなかったことを示している。

このようにみていくと、江戸では町方・寺社・武家屋敷のいずれにおいても、檀家を軸とする寺請制度の枠を超えた多彩な宗教的文化が展開しており、こうした実態が江戸の住民の生活や文化を把握するうえで欠かせない要素となっているのである。

## 流行神

ある特定の霊験を契機ににわかに信仰を集め、しばらくの間は人々の群参が続くものの、やがてすっかりすたれてしまい、以後はひっそりと祀られるようになる神仏を、流行神《はやりがみ》という。人口過密都市である江戸には多くの流行神が登場し、さまざまな文化現象を生み出していった。

宮田登氏によれば、流行神の出現には、①神が空中を飛来、②海上から神像・仏像が漂着、③地中から神像・仏像が出現、という三つの形式があるという(『近世の流行神』)。

このうち①には、享保一二年(一七二七)六月に「六月上旬より、本所香取太神宮境内へ、常陸国阿波《あんば》大杉大明神飛び移り給ふとて貴賤群集し、万度《まんど》(万灯、行灯《あんどん》)、家台、練物を出し、美麗なる揃ひの衣類を着して参詣す。程なく此の事を停めらる」(『武江年表』)とあって、本所の香取太神宮に大杉大明神が飛来した事例が知られる。このときは祭礼のような派手なパフォーマンスをする人々が現れたこともあり、役人の取り締まりが入ったため、間もなく沈静化している。

また③としては、宝暦頃に江戸橋広小路周辺の道路拡張で土中から出現した「古銅にして、老翁の稲を荷ひ給ふ神像」を付近の元四日市町の火除明地に祀った翁《おきな》稲荷の事例がある。粗末に扱う者に祟りを引き起こすこの稲荷の霊験が説かれるようになると、またたく間に参詣者が群集をなしたという(『わすれのこり』)。

この翁稲荷が再び流行りだしたのが、嘉永二年(一八四九)の春から夏にかけてである。このときは同時に内藤新宿正受院の「奪衣婆《だつえば》」、両国回向院で開帳中の「お竹大日如来」への信仰が急激に高まり、参詣者で賑わった。『武江年表』には「今年より四谷新宿後正受院安置の奪衣婆の像へ諸願をかくる事おこなはれ、日毎に参詣群集し百度参等をなす」と記されており、これらに関する錦絵が相次いで出されるなど、一時的な社会現象となった。

流行神は現世利益の観念に支えられており、その流行りすたりには日常生活の不安や社会不安の高揚と解消が大きく関係していた。幕末期に流行神が多いのは政情不安に起因すると思われるが、政治への批判と表裏一体となる場合もあった。

たとえば、天明四年（一七八四）三月に旗本佐野善左衛門（政言）が若年寄田沼意知（意次長男）に斬りつけ、意知は翌月死亡し、佐野が切腹を命じられた際には、彼は「佐野大明神」と崇められている。すなわち、「佐野善左衛門事、佐野大明神と神ニ相祝申候ニ付、所々より奉納物御座候由ニて、其奉納物評判〳〵と所々へ売あるき申候よし」（『よしの冊子』）とあるように、江戸庶民は佐野を神のごとく崇め、奉納物が相次ぎ、その評判記（番付）がかわら版のように売られたという。田沼父子による政治への批判が佐野を神へと祀り上げたのである。（滝口）

【参考文献】
岩淵令治「武家屋敷の神仏公開と都市社会」（『国立歴史民俗博物館研究報告』一〇三、二〇〇三年）
中尾健次『江戸の大道芸人―都市下層民の世界』（ちくま文庫、二〇一六年）
宮田　登『近世の流行神』（評論社、一九七一年）

## 盛り場化する寺社境内

### 浅草寺の聖と俗

浅草寺は、推古天皇三六年（六二八）三月一八日、漁師の檜前《ひのくまの》浜成・竹成兄弟が宮戸川（のちの隅田川）で投網のなかに観音像を見つけ、これを地元の豪族土師中知《はじのなかとも》と三人で祀ったことに由来するといわれる。江戸時代初期には徳川家の祈願所となり、寛永寺が創建されるまでは江戸の天台寺院の中心的存在だった。それと同時に恒常的に多くの参詣客を集めていたが、そこには将軍・輪王寺宮をはじめ、柳沢信鴻（大和郡山《こうりやま》藩二代藩主）・池田定常（因幡若桜《わかざくら》藩五代藩主）などの隠居大名や多くの文人をはじめ、江戸町人や諸国から江戸にやってきた人々をも包摂する多彩な魅力があった。

三六もの塔頭を抱える浅草寺は、門前町や、境内の床見世《とこみせ》（安永九年（一七八〇）には二六三軒もあった。「浅草寺地内惣見世名前帳」）には名物や評判娘が生まれ、稲荷・地蔵・不動・薬師・弁財天・恵比寿・大黒天・庚申など、さまざまな末社や小祠が境内の各所に所狭しとあって、あらゆる現世利益に対応し、本堂裏手の奥山を中心に見世物などの興行が盛んにおこなわれていた。また浅草寺では、開帳や御免富《ごめんとみ》、そして相撲などがしばしばおこなわれ、多くの参詣客を集中的に集めるイベントにも事欠かなかった。これは隅田川沿いに名所が多く、北に吉原があり、天保の改革で芝居町が近隣の猿若町に移転してきたことも大きく影響している。

このような浅草寺の賑わいは、江戸屈指の盛り場として経済効果も莫大であった。盛り場としての浅草寺の集客力は賽銭収入に如実に反映されており、たとえば『浅草寺日記』に記載されている化政年間の賽銭高を計算すると、毎年一〇〇〇貫文近い収入があったことがわかる。とりわけ開帳のあった文化四年（一八〇七）・一一年・文政一三年（一八三〇）はかなりの額に達している。

浅草寺は江戸庶民にとって年中行事でもなじみの深いところだった。大晦日から正月六日にかけて行う修正会《しゅしょうえ》（追《つい》儺《な》・節分）、三月一八日・一九日に雷門の前でおこなわれる蓑市、七月九日・一〇日の千日参《まいり》（四万六千日《しまんろくせんにち》）、七月一四日の施餓鬼、一二月一七日・一八日の年の市などは、ことに賑わったという。なかでも千日参は「昼夜参詣の老若引もきらず」（『東都歳事記』）というほどで、このとき境内では赤いトウキビを売ることで知られていた。これを買い求める人々は、天井や軒端にこれを吊るして雷除けの守札とした。また、年の市は師走に注連《しめ》縄・三方《さんぼう》・裏白《うらじろ》・橙《だいだい》・鯛・海老など正月用品などを売る市のことで、正月飾りから食品・台所用品などが揃うため、多くの人が集まった。なお、浅草寺では正月一六日、二月の彼岸中日《ちゅうにち》と一五日、四月八日に山門内部を一般に公開し、楼上に上ることを許している。

また奥山を中心とする浅草寺境内は、数多くの床見世とともに、見世物興行でも知られていた。そもそも見世物とは、仮設の小屋を構え、木戸銭を取って各種の芸や奇物を見せる興行をいう。広義では、寄席・小芝居・大道芸なども含まれるが、大別して軽業《かるわざ》・曲芸、細工物、動物の三つに分類できた。幕末には大坂下りの軽業や、人形細工・籠細工などでパノラマを演出するもの、舶来の虎・豹・孔雀・ダチョウなどが評判をよんだ。

浅草寺で江戸時代最後の居開帳のあった万延元年（一八六〇）は「舶来見世物ブーム」の時期で、松本喜三郎・秋山平十郎・竹田縫之助の人形見世物も人気だった。この年一年間でみてみると、浅草寺境内では目の玉で力持ちをする「眼力」や、怪談、異国渡来のヒョウなど、少なくとも一六種類の見世物の存在が確認できる。興行は基本的には五

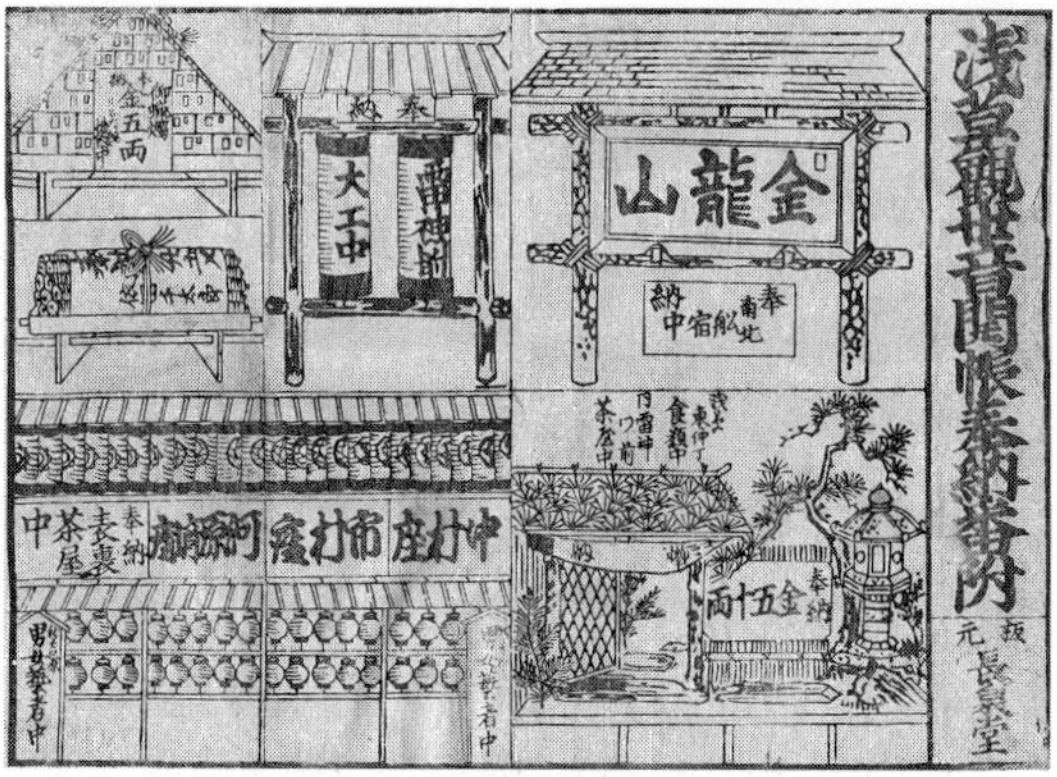

図４　「浅草観世音開帳奉納番附」（滝口正哉所蔵）

○日間を単位とし、好評の場合は場所をそのまま継承しつつ、マンネリ化しないよう、内容を変更する工夫がなされていた。

一八世紀後半以降、参詣者の関心は本来の神仏を拝するという行為だけでなく、奉納物・見世物にも拡大していき、流行を生むが、浅草寺が多くの参詣客を集めたのは、開帳・御免富・相撲・奉納物・見世物などのさまざまなイベントが恒常的におこなわれたことが大きく作用しているのではないだろうか。幕末に開帳奉納物番附が盛んに出された（図４参照）のは、このような世相を反映しているのであろうし、そしてなによりも、天保一三年（一八四二）に御免富が全面廃止となり、相撲興行が回向院に固定していたこの時期、浅草寺にとって集客を見込めるのは、開帳と一体化した見世物・奉納物にあったのではないか。

このように、浅草寺は信仰空間と娯楽空間が併存するところに大きな特色があり、まさに「聖」と「俗」を兼備する江戸随一の寺社であったのである。

## 幕府の寺社助成策と開帳

開帳とは、寺社に安置される秘仏を期間を限って公開することをいい、諸人結縁という信仰的に重要な機能をはたしていたばかりでなく、江戸時代は建物の維持・修復・再建費用捻出のための助成として、寺社奉行所の許可を得ておこなわれた点に大きな特徴がある。

これは、その寺社自らの秘仏や宝物などを公開する「居《い》開帳」と、遠方の寺社が他所の寺社を借用して秘仏などを公開する「出《で》開帳」とに大別できる。これらは三三年に一度の割合で許可される基本的なもので、順年開帳と呼ばれるが、この他にも将軍・将軍世嗣や輪王寺宮などが参詣した際に許可される御成跡《おなりあと》開帳や、災害復興支援などの名目で臨時的におこなわれる開帳があり、これ以外にも実際には、いろいろと理由をつけて興行の許可を得る場合が少なくなかった。

江戸時代における幕府の寺社への助成策としては、拝領金・拝借金・御免勧化《かんげ》・相対《あいたい》勧化・御免富・名目金貸付などが代表的なものとしてあげられるが、幕府財政が大きく傾き始めた元禄期には、直接的な公金を用いる拝領金・拝借金に代ってこの開帳が重要な機能をはたしていくようになる。開帳は幕府の許認可を得ておこなわれるものであるため、幕府としては財政の懐を痛めることなく公儀の恩恵を示すことができ、寺社側としても経営的な助成のみならず、新たな信者獲得や教線拡大につながる期待がもてるものとして歓迎されたのである。

たとえば不動明王を本尊とする成田山新勝寺は、出開帳で有名な寺院の一つである。同寺は歌舞伎役者市川団十郎家が深く信仰していたことで知られ、しばしば歌舞伎でも取り上げられたことから、一八世紀以降江戸庶民に絶大な人気を誇った。なお、江戸では出開帳の大半にあたる一一回を永代寺が引き受けているが、文化三年（一八〇六）は参詣客が少なく、同一一年・文政四年（一八二一）は天気もよく繁昌したという（『遊歴雑記』）。

一方、江戸屈指の盛り場両国に隣接する回向院は、出開帳の受け入れ先として最も有名であった。図5は同所での開帳の賑わいを描いたもので、画面右手奥には賽銭箱が設けられ、中央の座敷では御影や開運の守札などが売られている。また、右手前には小屋掛けした奉納所があって奉納金や奉納物を受け付けているほか、ごったがえす境内には、旗や挑灯、米俵などの奉納物がところ狭しと飾り付けられている様子もうかがえる。

図5 回向院で興行中の出開帳の様子
（『江戸名所図会』国立国会図書館所蔵）

開帳の主な収益は、①賽銭収入、②守札や、寺社の由緒を簡略に記載した摺物である略縁起などの販売、③奉納物・奉納金の三つに大別できる。このうち①および②は参詣者が多いほど多額の収益が見込まれる性格があり、それゆえに興行は集客力のある寺社が選ばれる傾向にあった。そのため、境内や門前が盛り場として賑わう両国の回向院や、深川の富岡八幡、芝神明・湯島天神・浅草寺・平河天神・茅場町薬師・蔵前八幡・市ヶ谷八幡・愛宕円福寺などは出開帳の受け入れ場所として人気があった。ただし、実際には開帳は参詣者の投じる賽銭に大きく依存していたため、興行の成功は天候に左右されやすかったようである。

なお、江戸の開帳は一九世紀に入ると趣向を凝らした奉納物が盛んに奉納されるようになり、これらの一部を絵入りで紹介した開帳奉納物番附が盛んに出されていくが、この事実は開帳への関心が、霊験あらたかな神仏、珍しい神仏や宝物からこうした奉納物へと徐々に拡大していったことを示している。

### 江戸の富くじ「御免富」

富くじは江戸時代、「富突《とみつき》」、あるいは「突富」「富《とみ》」などといわれ、その発祥は摂津国箕面の弁財天で知られる瀧《りゅう》安寺《あんじ》の富法会に求められる。これは護符を天皇家に献上する禁裏祈禱の法会で、やがて一般庶民にも除災与楽のために護符を配布するようになり、その結果、参詣者は自分の名を書いた木札を富箱と呼ぶ大きな箱に入れ、箱の上の穴から寺僧が錐で突き、錐に刺さって取り出された木札の名の人に牛王宝印《ごおうほういん》の護符を授けるというスタイルになった。

この富突の抽選様式は以後一七世紀に京都・大坂を中心に広がっていき、当選者には奉納物などを景品として授与する形式をとっていた。江戸の富突は牛込戸塚（早稲田）の宝泉寺が京都鞍馬寺毘沙門天の富にならって開始され、元禄一二年（一六九九）に天台宗に改宗した感応寺がこれに続いて改宗直後に始めたと考えられている。しかし、富突はともすると賭博に類似したものになるおそれがあり、江戸市中でもこの時期、富突に類似した博奕が流行したらしく、元禄五年・一七年・正徳元年（一七一一）に相次いで禁令が出されているのである。

宝泉寺・感応寺の富突は当初はあくまで宗教行事として始められたようだが、幕府は江戸で大きな影響力をもつ天台宗寛永寺の末寺にあたる両寺院以外の興行を禁じ、さらに享保一五年（一七三〇）には富突の仕法を寺社助成策の一環に導入した富突を開始する。これを「御免富」といい、享保期は皇族が住職となった宮門跡寺院の意向を受けて始めたもので、以後幕府は特定の有力寺社のみに興行の許可を与える御免富制度を確立させていった。なお、享保期は江戸では仁和寺が護国寺で、興福寺が浅草寺で、それぞれ興行をおこなっていて、当時は毘沙門天像の開帳とあわせておこなわれており、当初は福神の開帳と併行しておこなわれるのが通例だったようである。また、抽選は一〇〇回突くのが基本となり、右の護国寺の例では、富札一枚が一二文で販売され、それまでの物品授与形式から金銭授与形式へと移っていった。

しかし、享保期の御免富は興行の周知不足のためか、思うような興行成果が得られず、わずか数年で中断を余儀なくされている。その後、元文～宝暦期は宝泉寺・感応寺のみ寺院行事の一環として正月・五月・九月に富突をおこなうという形式に戻っている。ただしこの時期に富札一枚の値段が大幅に引き上げられ、かなり高価なものへと変質している点が特徴である。

その後、「田沼時代」といわれる明和～天明期に再び御免富は寺社助成策として積極的に導入されるようになる。このとき江戸では、①古参二寺院、②江戸の寺社一件、③他国の寺社の受け入れ一件、④宮門跡方三件の合計七件という興行定数を定め、許可された寺社は五～一〇年間、毎月一度特定の日に興行をおこなうこととなった。これによって興行システムが浸透していき、興行の規格化や興行場の定着化がなされていったのである。

ところが寛政期に入ると、それまで興行していた寺社は中断を余儀なくされ、改革の影響で感応寺だけが断続的に興行するにとどまっている。ようやく再開にこぎつけたのが、「両山御救富」、すなわち日光山輪王寺・東叡山寛永寺の経営救済の目的で、輪王寺宮の強い働きかけによって始められた文化九年（一八一二）の興行である。このときの興行場所は谷中感応寺に加え、湯島天神（別当喜見院）・目黒不動瀧泉寺の三か所で、いずれも寛永寺の末寺にあたり、以後「江戸三富」として江戸定番の興行場所となっている。

御免富の再開は江戸庶民の間で大きな評判を呼び、これを機に幕府は規制緩和に乗り出し、文政四年（一八二一）適用範囲を拡大し、三都で最長で五、六年、興行件数を合計一〇か所まで許可すると、同八年にはさらに三か月ごとに一度の興行とする代わりに一か月一五か所、計四五か所まで許可件数を増やしていく。これによって江戸は御免富の最盛期を迎え、定番で毎月興行の「江戸三富」以外は、「年四度×三年」の単発興行型とが併存するようになる。そして新規に許可された単発興行型には地方寺社の出張興行も多く、興行を請負人に委託する構造が一般的になっていった。

彼らは興行場所の選定から興行に必要な人員や道具の調達、富札の売り捌きまでを組織的におこなったが、富札の販売場所や興行場所を寺社境内に限定し、民衆の射幸心を表向き宗教行事の枠内に閉じ込めたい幕府の思惑に反し、富札売り捌きのための富札屋が江戸市中に次々と現れていった。それに加えて御免富の興行件数が増えるあまり、過当競争が起こった。「江戸三富」は富札が高額で三〇〇〇～五〇〇〇枚発行であったのに比べ、単発興行型の寺社は比較的安価な富札を数万枚発行し、当選規定も複雑にして購買意欲を駆り立てるのに躍起になっていく。また文化九年の「江戸三富」前後から、三富の当選番号を予想して少額を賭ける「影富《かげとみ》」という博奕が流行し、さらにこれを簡略化した「第附《だいつけ》」が裏店住まいの庶民層の圧倒的な支持を受けて広がる実態もあった。

結果として御免富は、飽和状態による富札の売れ行き不振が続き、興行が失敗に終わる寺社が相次ぎ、さらに違法とされる富札の市中での販売や影富・第附の流行によって、改革下の天保一三年（一八四二）、幕府は一切の例外なく御免富を全面禁止としている。

その後は隠富《かくしとみ》と呼ばれる違法の興行がしばしば摘発されているほか、地方の大名領内では一八世紀から万人講《まんにん》など「〇〇講」といった名称で内々で富突をおこなっており、これらは明治維新まで続いたのである。（滝口）

【参考文献】
滝口正哉『江戸の社会と御免富―富くじ・寺社・庶民―』（岩田書院、二〇〇九年）
滝口正哉「都市における富突・開帳・祝祭」（『シリーズ日本人と宗教―近世から近代へ　第4巻　勧進・参詣・祝祭』春秋社、二〇一五年）
竹内　誠『江戸の盛り場・考―浅草・両国の聖と俗』（教育出版、二〇〇〇年）
竹内　誠『江戸社会史の研究』（弘文堂、二〇一〇年）
比留間尚『江戸の開帳』（吉川弘文館、一九八〇年）
湯浅　隆「江戸の開帳における十八世紀後半の変化」（『国立歴史民俗博物館研究報告』三三、一九九一年）

# 寺社から社寺へ——変化する寺社世界——

## 神仏分離と廃仏毀釈

江戸時代の寺社は、中世以来の神を仏の化現《けげん》とする本地垂迹《すいじゃく》の思想に基づく神仏習合の状態を示している場合が多く、神社の神体が仏像であったり、神社に鰐口・梵鐘・仏具・経典があるなど神仏不分離であるほか、多くの神社が同一の敷地内に建立された別当寺院に従属していた。

このような状況に大きな変革をもたらしたのが、明治初期の新政府の主導による神仏分離政策である。これは神社から仏教色の排除を意図するもので、慶応四年(一八六八)三月一七日に「神祇事務局ヨリ諸社へ達」として神社の別当・社僧に還俗を命じ、同月二八日には「権現」「明神」など神名に仏教的用語を用いている神社を書き上げさせ、仏像・仏具などの取り払いを命じることを主眼とした神仏判然令が出されている。そして以後数年にわたって政府によって神仏習合の実情調査がおこなわれ、神道的要素と仏教的要素の完全な分離が推進されていった。

この神仏分離政策によって境内は神社と寺院とに明確に分けられ、還俗した別当・社僧は神職に転じ、神道式の葬祭をおこなうようになる。このとき「浅草寺境内は殊に神祠仏堂数多ければ、神社は大かた三社の境地へ移せり」(『武江年表』)とあるように、境内に仏教的な堂舎や、神道的な神を祀る祠が混在する浅草寺の境内の場合は、観音堂を中心とした寺院の浅草寺と、檜前《ひのくま》浜成・竹成と土師《はじ》中知を祭神として祀る三社権現を改称した浅草神社とに分けられ、それを契機に、これらの諸堂末社をどちらかに配属させて整理している。また、浅草の鷲《おおとり》明神（鷲神社と別当長国寺）や早稲田の穴八幡宮（別当は放生寺）なども別当寺と境内を二分し存続する道を歩むが、山王権現（日枝神社）や赤坂氷川明神（赤坂氷川神社）・湯島天神・富岡八幡宮など、別当寺院が廃寺となる場合も少なくなかった。

一例として麴町の平河天神（平河天満宮）を挙げてみよう。同社は文明一〇年（一四七八）六月二五日に太田道灌（一四三二～八六）が川越三芳野の天神を江戸城内に勧請して数株の梅を植えたことに由来し、天正一八年（一五九〇）の徳川家康入国直後に江戸城平川口の外に移された。社名はこれにちなんで名付けられ、慶長年間（一五九六～一六一五）におこなわれた江戸城本丸造営にともなって麴町の現在地に移転して、以降も旧名のままを用いている。

江戸時代、同社は隣接する別当寺の龍眼寺の管理下に置かれていた。龍眼寺は天台宗寛永寺の末寺にあたり、正月に江戸城内で単独で年賀の礼を述べる格式を持つ有力寺院であったが、明治三年（一八七〇）四月に神主平河常啓が書き上げた境内絵図（図6参照）をみると、北東部分にあるはずの龍眼寺はすでに廃寺となっていて、描かれていない。天保五年（一八三四）刊行の『江戸名所図会』の挿絵と比較してみると、その場所には新たに庫裏と神主住居などが建設され、拝殿・御供所・仮殿と廊下続きに接続する造りに改められているほか、境内末社の配置がかなり変更された様子がうかがえる。

ちなみに、現在境内に残されている常夜灯（図7参照）には、「別当常全代」「嘉永五壬子年閏二月吉祥日」と記されていて、別当龍眼寺住職常全の代に当たる嘉永五年（一八五二）閏二月に奉納されたことを伝えている。神仏習合時代の形跡を伝えているとともに、この年は祭神である菅原道真の九五〇回忌に当たり、他にもこのときに奉納された撫で牛や、筆塚・百度石などが現存している。

維新期は建物や仏像にとっても受難の時期であり、高村光雲によれば、本所の羅漢寺の蠑螺《さざえ》堂が取り壊され、中に

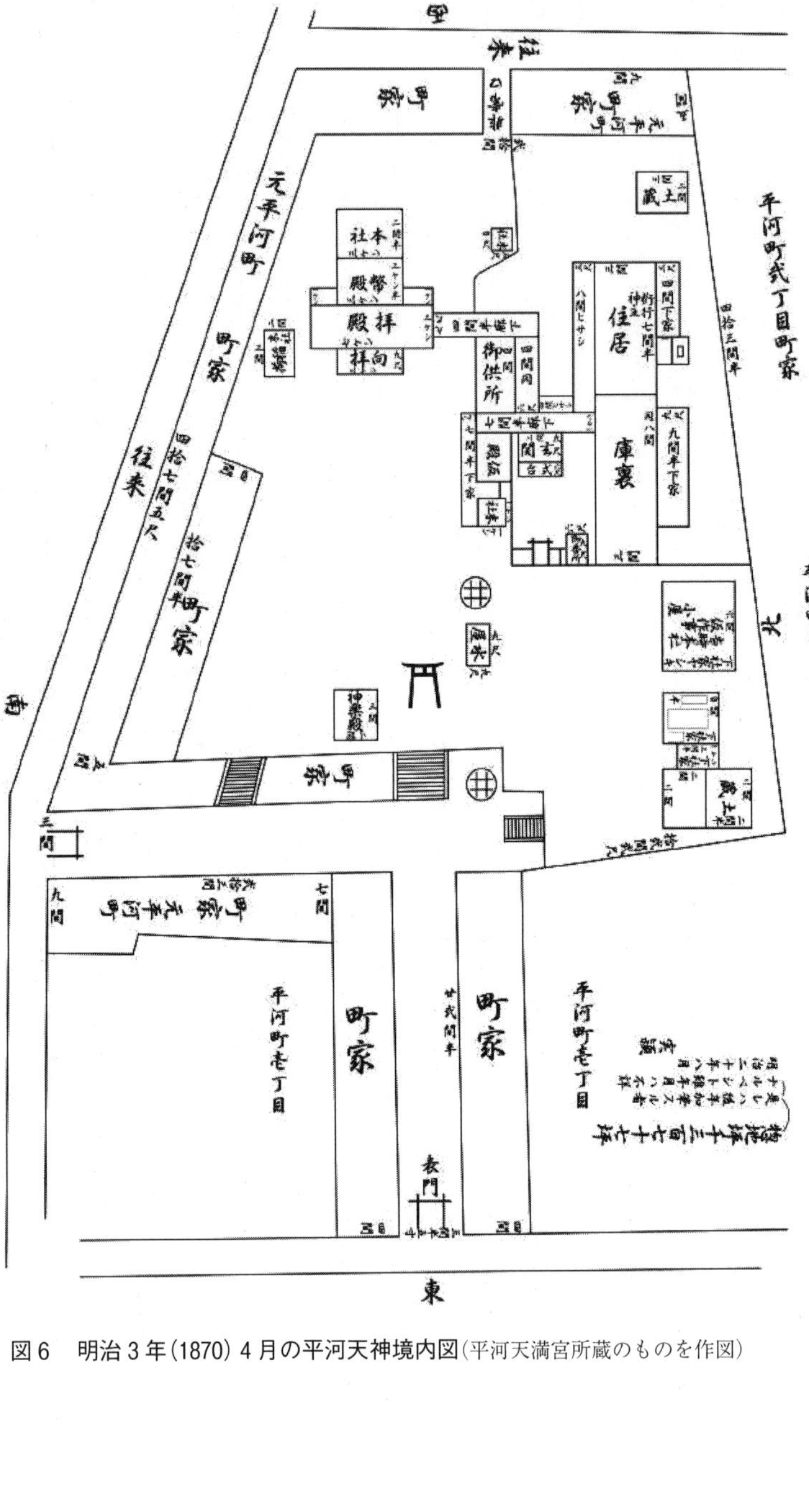

図６　明治３年(1870) ４月の平河天神境内図(平河天満宮所蔵のものを作図)

図7　平河天満宮境内の常夜灯

安置されていた百観音も地金目当てに古金買いに買われて炭俵や米俵に入れられ、荷揚げ場に無造作に置かれていたのを数体譲ってもらったことがあるという(『幕末維新懐古談』)。このように、記録や証言が残るものは少ないが、維新後数年間は仏教的なものが次々に廃棄されていったと考えられる。

また、明治期に新たに創建された神社も存在した。なかでも注目すべきは、靖国神社の登場だろう。同神社は、明治二年(一八六九)、戊辰戦争で殉じた霊を祀るために創建され、同一二年五月までは東京招魂社と称していた。この場所は江戸時代は旗本屋敷の建ち並ぶ一角であり、九段坂上一帯の旧武家屋敷を開発して富士見町を開き、ここに創建されたのである。これについて『武江年表』の明治二年の項には、「夏の頃より、九段坂上馬場の跡へ招魂社御創立あり。(中略)今年は未だ仮建にて、翌年に至り三町余り奥へ移され、悉く筋内となし給ひ、五年に至り壮麗なる社頭御建立あり。毎年正月三日、五月十五日より十八日迄、九月二十三日祭礼の式御執行あり」とある。この記述のとおり、明治二年の段階では、六月一二日に大村益次郎が現在地である九段坂下を実地検分し、そのわずか二週間後の六月二八日には仮殿での招魂式がおこなわれたが、本殿の竣功は同五年をまたなくてはならなかった。そして以後同社は明治政府の推進する国家神道の代表的な存在となっていくのである。

## 浅草寺境内の変化

浅草寺は明治維新の際に境内の三社権現が分離され、三社明神社と改称する（のち明治六年に浅草神社と改称）とともに、境内の堂舎の整理を進めていった。この混乱は明治三年段階でも境内利用の変化がさまざまに起こっており、浅草寺の記録からその動向を窺うことができる。

それによれば、まず、閏一〇月、浅草寺では安政大地震で倒壊した庫裏の模様替と建て添えの願書を東京府に提出しているほか、一一月には書院仮建の上棟がなされた。この頃の浅草寺は、戊辰戦争以来物価が非常に高騰していたため、おしなべて困窮していたようである。また、境内の諸堂末社でことに記載が多いのが荒沢《あらさわ》不動堂の動向で、前年には、地元の成田山講中が持ち伝えている不動尊の木像を、西宮社の跡地に移っていた荒沢不動堂に安置することを許可されており、堂を管理する専修院はここに水行場を設け、翌年正月二八日には仮堂が完成している。しかし、それから間もなく専修院が、疲労のため当面は日光の光蔵坊が坊社・寺役を務めることとしたいと願い出て、三月に許可されている。同所堂前には「成田山」と記した挑灯が講中によって奉納され、成田山新勝寺の遙拝所か旅宿のように心得て参詣する者が多かったという（『武江年表』）。

一方、浅草寺では迦楼羅王《かるらおう》像が数年来本堂の物置に片付けられたままになっていることを取り上げ、この尊像を空堂となっている蛭子《ひるこ》宮の跡に安置し、諸人結縁のために参詣を許したいとして、寛永寺執事代妙智院に願い出、三月になって許可されている。また境内人丸社御湯呑所留守居の晩翠という者は、社地が馬道町の富士屋由蔵に与えられたため、立ち退くこととなったが、移住先が見当たらないことを理由に、この年四月、文化年間以来代々人丸・楠公像を守護してきた勤功を勘案して元地の一角に地所を永拝借することを願い出で、許可されている。これなどは、境内の諸堂・末社に奉仕していた者たちも混乱の渦に巻き込まれている様子を物語っているのである。

また、弁天山下三峰堂は講中で安政六年(一八五九)に造立し、文久年間(一八六一～六四)に再建したもので、これまで文茶屋松五郎に世話を頼んでいたが、美倉町の講元伊勢屋勘兵衛らはこのたび三峰堂の脇の荒地に家作を建てたいと願い出た(明治三年五月)。そして冥加金は毎年五〇〇疋ずつ松五郎から上納させるとしている。その後一二月になると、三峰堂とその周辺の番人を務めていた文茶屋松五郎が病気を理由に交代を願い、後任に親類の羽黒修験胎蔵院を推薦し、許可された。胎蔵院はその本尊とする不動明王像を住居向に安置し、朝夕講中安全を祈念することとなった。羽黒修験は東国三十三ヶ国総鎮守の羽黒山大権現・月山大権現・湯殿山大権現からなる三所権現を祀る天台系の修験で、江戸時代は寛永寺を本寺としていた。修験は明治五年に修験宗廃止令によって大きな打撃を受けるが、前述のようにかつて江戸では町なかの稲荷社や、大きな寺社の境内末社を管理することが多い存在だった。

なお、雷門前の広小路は江戸屈指の盛り場として知られていたが、雷門に隣接している塔頭の日音院・智光院は同年五月、預地となっている広小路通でこれまで床見世営業をしていた者たちが明治維新で取り払いを命じられ、日々の生活に困っている実態と、塵芥などの掃除や行倒人への対応などに苦慮することとなった点などを挙げて、改めて同所に床見世を設置することを出願した。そして両院は毎年小間につき銀五匁を本堂修復料として上納することになった。

浅草寺はその後、明治四年に境内の一部が政府に召し上げられ、同六年三月には西北側に浅草公園が誕生する。そして同一七年には一区から六区までに区画され、「浅草公園地第六区」として、東京屈指の歓楽街になっていくのである。

## 娯楽場所の変化

前述のように、江戸時代の寺社の境内には、さまざまな娯楽空間を提供するという要素があったが、維新直後の神仏分離令とその後の明治新政府の政策によって、多くの寺社の境内は縮小されて急激に変化していった。それに加えて、明治維新による政権の交代によって、殖産興業・富国強兵をはかる新政府による制度や社会基盤の整備が次々と進められていくなか、首都となった新都市東京には文明開化の波が一気に押し寄せていった。西洋の技術や制度のみならず、文化や風俗習慣までも吸収することにより、交通・通信といったインフラ面ばかりでなく、服飾文化・食文化・洋風建築の普及といった衣・食・住に関するものや、教育・医療・出版・学問・芸術などさまざまな分野に変化がみられた。

こうしたいわば「下からの変化」は、従来の文化との衝突をもたらしつつ、江戸以来の市街の風景は大きく変貌をとげていくことになった。その結果、娯楽の場は寺社を離れて市中に進出し、明治期に劇場など新たな建物や組織を生み出していったのである。

祭礼行列は山車《だし》・附祭《つけまつり》中心から神輿中心へと変化していき、富くじは政府によって禁止されるものの、頼母子《たのもし》（無尽）に代表される「振りくじ」形式の抽籤が各地域の講などに残り、宮地芝居は市中に新設された劇場にその役割が移り、寄席なども境内からは姿を消していった。勧進相撲はしばらく回向院でおこなわれていたものの、明治四二年（一九〇九）に常設館として国技館が同境内に建設されている。また、寺社の一部には絵馬堂があって、絵師に注文して描かせた上で奉納された大絵馬（絵馬額）を掲示するギャラリー展示のような機能をもっていたが、多くは近代に消滅していった。

また、特徴的なのが靖国神社だろう。その例祭は創建時に、一月三日（鳥羽伏見戦勃発の日）、五月一五日（彰義隊鎮圧の日）、五月一八日（箱館の戦平定の日）、九月二二日（会津藩降伏の日）の年四回の祭日が設定されていた。その後、同社が明治一二年（一八七九）に靖国神社と改称してからは、年二回の五月六日、一一月六日に改定される。いずれも競馬・幌引撃剣・相撲・神楽・花火・サーカス・物産会などが開催された。さらに、西洋風の「高灯籠」や噴水器のある池、煉瓦造りの遊就館《ゆうしゅうかん》などが順次設置されていき、靖国神社の境内は軍国主義的要素のみならず、新しい文化に触れる空間にもなっていったことがうかがえる。昭和二一年（一九四六）以降、例祭は四月二二日、一〇月一八日と改められ、現在にいたっている。こうして靖国神社は新たな文化的機能を担う場となっていったのである。

図8　二七不動縁日の図
（『新撰東京名所図会』国立国会図書館所蔵）

　さらに縁日の存在も近代では大きな要素として挙げられる。縁日とは、本来、神仏の特別な縁がある日のことをいい、神仏の祭がおこなわれる日のことである。そしてこの日に参詣すれば普段に参詣するよりも大きな御利益を受けることができるとされていた。縁日は、その神仏によって決まった日にちがあり、たとえば一〇日は金比羅、二四日は地蔵、二五日は天神などというように、毎月その日におこなわれる。次第に人気が出てくると、地蔵なら四のつく四日・一四日・二四日というように縁日が増えていくこともあった。さらに十干十二支に基づいて、子の日は大黒、巳の日は弁天、寅の日は毘沙門などという縁日の設定もあった。

　表3は明治三二年（一八九九）に刊行された『東京土産番附集覧』に紹介されている縁日のうち、東京の中心部千代田地域（麴町区・神田区）の縁日

表3 明治期千代田地域の縁日一覧（明治32年）

| 日付 | 寺社名 | 所在地 |
|---|---|---|
| 1日 | 世継稲荷 | 麴町飯田町中坂 |
| 2日 | 二七不動 | 麴町三番町 |
| | 不動 | 神田松下町 |
| | 三社稲荷 | 神田松富町 |
| 3日 | 三八大黒 | 麴町七丁目 |
| | 賀来神社 | 神田淡路町 |
| | 稲荷 | 神田豊島町 |
| 4日 | 四九地蔵 | 麴町八丁目 |
| 5日 | 五十稲荷 | 神田小川町 |
| | 三社稲荷 | 神田富松町 |
| 6日 | 毘沙門 | 神田富山町 |
| | 毘沙門 | 神田東松下町 |
| | 靖国神社 | 麴町九段坂 |
| 7日 | 二七不動 | 麴町三番町 |
| | 賀来神社 | 神田淡路町 |
| 8日 | 三八大黒 | 麴町七丁目 |
| 9日 | 四九地蔵 | 麴町八丁目 |
| | 御嶽神社 | 神田今川小路 |
| | 金刀比羅 | 神田龍閑町 |
| | 毘沙門 | 神田富山町 |
| | 三崎神社 | 神田三崎町 |
| 10日 | 五十稲荷 | 神田小川町 |
| 11日 | 世継稲荷 | 麴町飯田町中坂 |
| 12日 | 二七不動 | 麴町三番町 |
| 13日 | 三八大黒 | 麴町七丁目 |
| 14日 | 四九地蔵 | 麴町八丁目 |
| 15日 | 五十稲荷 | 神田小川町 |
| 16日 | 毘沙門 | 神田富山町 |
| | 不動 | 神田松下町 |
| 17日 | 二七不動 | 麴町三番町 |
| | 賀来神社 | 神田淡路町 |
| | 不動 | 神田富松町 |
| | 不動 | 神田東松下町 |
| 18日 | 観音 | 麴町八丁目 |
| | 三八大黒 | 麴町七丁目 |
| | 三社稲荷 | 神田松富町 |
| 19日 | 四九地蔵 | 麴町八丁目 |
| | 毘沙門 | 神田富山町 |
| | 金刀比羅 | 神田龍閑町 |
| 20日 | 塩神社 | 麴町平河天神社内 |
| | 不動 | 神田東松下町 |
| | 五十稲荷 | 神田小川町 |
| 21日 | 世継稲荷 | 麴町飯田町中坂 |
| | 稲荷 | 麴町三番町 |
| 22日 | 二七不動 | 麴町三番町 |
| 23日 | 三八大黒 | 麴町七丁目 |
| | 賀来神社 | 神田淡路町 |
| | 稲荷 | 神田豊島町 |
| 24日 | 四九地蔵 | 麴町八丁目 |
| 25日 | 平川天神 | 麴町平河町 |
| | 五十稲荷 | 神田小川町 |
| | 靖国神社 | 麴町九段坂 |
| 26日 | 毘沙門 | 神田東松下町 |
| | 毘沙門 | 神田富松町 |
| 27日 | 二七不動 | 麴町三番町 |
| | 賀来神社 | 神田淡路町 |
| | 御嶽神社 | 神田今川小路 |
| | 不動 | 神田東松下町 |
| 28日 | 三八大黒 | 麴町七丁目 |
| 29日 | 四九地蔵 | 麴町八丁目 |
| | 金刀比羅 | 神田龍閑町 |
| | 毘沙門 | 神田富山町 |
| 30日 | 五十稲荷 | 神田小川町 |
| 寅日 | 毘沙門 | 駿河台秋元邸内 |

註：『東京土産番附集覧』より作成。

を一覧にしたものである。二七《にしち》不動は二と七のつく日に（図8参照）、五十《ごとう》稲荷は五と十のつく日に毎月縁日をおこなうというもので、これらはかつて武家屋敷にあったお堂や祠である場合も多かった。

こうした縁日には、寺社において法会や神事がおこなわれるが、それに合わせて門前には夜見世や露店が立ち並び、多くの参拝客で賑わった。まさに信仰と娯楽的要素が結び付いた空間であったが、次第に縁日とは、門前市や露店の並ぶさまを示す意味合いが強くなってきてしまった。明治以降は、神仏分離令や私邸で祀る神祠仏堂への庶民参拝が禁じられたことなどにより、江戸時代から親しまれてきた神仏が消滅したり名称が変わったりするものもあったのである。

（滝口）

【参考文献】
高村光雲『幕末維新懐古談』（岩波文庫、一九九五年）
千代田区教育委員会編『千代田の古文書2―御上洛御用留　旗本小笠原家資料　他―』（二〇一三年）
千代田区立日比谷図書文化館特別展図録『文化都市千代田―江戸の中心から東京の中心へ―』（二〇一一年）

# コラム1 江戸の句碑めぐり

図9 芭蕉の句碑をめぐる人々
(『長生見度記』東京都立中央図書館特別文庫室所蔵)

## 其角塚

図9は、芭蕉の句碑をめぐる人々を描いた戯作『長生見度記《ながいきみたいき》』の一コマ。場所は隅田堤。三囲《みめぐり》神社の堤下の大鳥居の前である。隅田堤を行き交う白装束の男の背中には、「奉巡礼芭蕉塚三十三所」とか、「奉参詣芭蕉塚三十三所」と書かれている。そう、彼らは江戸に三三ある「芭蕉塚」の巡礼者。場所からいって、三囲神社の其角《きかく》の句碑がその一つだったと思われる。

宝井其角は松尾芭蕉の弟子で、その其角の句碑、通称雨乞の碑は安永六年(一七七七)に門弟によって、其角を顕彰するため建てられたものである。

ところで、句碑とは何だろう。句碑とは俳諧の発句等が刻まれた碑で、「建碑は通常、門弟または土地の俳人や有力者によってなされる。故人の徳を偲び、偉業を称えて年回忌などに、その句を詠んだ当地や、作者に縁の深い地などに建てられることが多い」、「古くは、翁塚（翁墳）といわれる芭蕉塚があり、碑面に「芭蕉翁」と刻み、下に遺品や義仲寺の芭蕉の墓の土を埋める疑似墓としての碑が多かったが、次第に俳句を彫り添えるようになり、江戸時代中期以降になると、俳句のみ独立して彫られるようになった」、というのが一般的な説明である。

江戸時代を通じて俳句（俳諧）は全国的に流行しており、たとえば松尾芭蕉が奥の細道などの旅ができたのも、俳諧ネットワークがあったからである。俳諧の世界は家元制度のような人間関係を形作るとともに、同好の士が集まり連句を巻いて交流を深めた。句碑もまたこうした人々の関係を背景に生み出された文化的産物である。其角の師である芭蕉の句碑は、数ある文学碑のなかでももっとも多く、全国に三四三三基あるという。東京二三区内だけでも九四基もある。もっとも、これはあくまで現存が確認されている数にすぎないから、失われた句碑も含めればもっとあったはずである。

冒頭の図9は、そうした句碑を廻る人々を描いたものだが、もちろん現実の描写ではない。あくまで天明三年（一七八三）刊の朋誠堂喜三二による『長生見度記』という戯作の一コマであり、この戯作はそのタイトル通り、長生きをしていればやがてみることになるであろう、近未来の風俗を、諧謔交じりに挙げていったものである。その一つに句碑めぐりが採り上げられたというわけである。

## 名所めぐりから句碑めぐりへ

とはいえ、江戸名所をめぐることが一般化していたこの時代、道すがら句碑をみることがなかったわけではない。小日向の廓然寺の隠居僧で、江戸および近郊を歩き回り、『遊歴雑記』という記録を残した十方庵敬順は、基本的には目的地があり、その道すがら句碑などがあれば、順次みていた。敬順の句碑をめぐる行動には、いくつかの特徴を見出すことができるので、以下に示そう。第一に句碑の前で句会を催している。たとえば、関口芭蕉庵へ社中を率いて行き、句会を催している（『遊歴雑記』三編巻之中六四）。このことは一方で、芭蕉ゆかりの地が立ち上がってきていることを示す。第二に句碑を観察し、記録している。碑の裏までみて、銘文や形をスケッチまでしている。そして第三に、第二の行動を通じて、碑の来歴を考えるのである。たとえば、本郷元町清光院内の三河稲荷の鳥居の袂に、「さくら狩　きとくや日々に　五里六里」という芭蕉の句を刻んでいるのは、「何の故とも弁がたし」としている（『遊歴雑記』五編巻之上一〇）。つまりは、碑の銘文等を読むことによって、その碑の来歴を知ろうとしているのである。

かくて、本当に句碑をめぐる人も登場する。星ヶ岡住、還暦過ぎの武士という以外わかっていないのだが、野桂という人物が、文政七年（一八二四）二月より同九年二月まで、まる二年かけて二四基の句碑をめぐり、同九年、その成果を『広茗荷集』としてまとめた。序には、春と秋の気候がよい日に二、三か所ずつめぐった、と書かれているが、二月に一二回、三月に九回と、実際は春にめぐっていることが多い。また、同八年三月一六日には六か所、同一〇月一六日には五か所めぐっている日もある。とはいえ、これは特殊な例で、図入りで紹介していることもあってか、おおむね一日に複数めぐった日はそう多くはない。同じ方面に見たい句碑が多数まとまってあるかどうかによったのであろう。出かける際は、一人ではなく、しばしば文我という人物と同行しており、一緒に句碑の前で俳句を読んでいる。そこで一句、というわけである。

このように、文政期に句碑めぐりが現実になっていることを確認できるのだが、ではいつ頃から始まったのだろうか。野桂が句碑をめぐるにあたって参考にしたものが、文政五年に宇橋という人物がまとめた「茗荷」という書物で、その序には、「こひねかはくは四方の好士、かの鉢たゝきかひさそをとゝき、此居士かはかまこしをおして、ひたすらに芭蕉めくりの同行に喜入したまはん事を」とあるように、句碑めぐりの実践を願ってつくられたものである。それができるのも徒歩で移動できる範囲に、多くの句碑が存在していたからである。句碑めぐりは江戸ならではのものだった。

かくて『長生見度記』が描いた未来は、一九世紀に入り本当に到来したのであった。もっとも、図9右の人物は、「三十三ヶ所歩くのはちょっと疲れるから、秩父の開帳のように芭蕉塚を一ヶ所に片付けたいね」などといっているのだが、これは実現することはなかった。

（亀川）

【参考文献】

荒川ふるさと文化館編『奥の細道　旅立ち展』（荒川区・荒川区教育委員会、二〇一五年）
鍵和田柚子「句碑」（『俳文学大辞典』角川書店、二〇〇八年）
加藤定彦・外村展子編『関東俳諧叢書』二五（関東俳諧叢書刊行会、二〇〇三年）
宮澤康造・本城靖編『新訂増補全国文学碑総覧』（日外アソシエーツ、二〇〇六年）

## コラム2　江戸の絵画・浮世絵

江戸絵画の原点は中国より伝わる山水画で、室町時代にあらわれた画聖である雪舟等陽、そして、公家や大名の御用画家たちによって描かれた。

慶長八年（一六〇三）徳川幕府の開幕、江戸は、一〇〇年も争いのない元禄に入ると、庶民の娯楽である歌舞伎が盛んになり、「見返り美人」の作者、菱川師宣（元和四年〈一六一八〉頃〜元禄七年〈一六九四〉）は、多くの庶民が一度に楽しめる木版画の「浮世絵」を発表した。浮世絵は歌舞伎役者のブロマイドとして大変な人気であった。

江戸に生まれた葛飾北斎（宝暦一〇年〈一七六〇〉〜嘉永二年〈一八四九〉）は天保二年（一八三一）、江戸を中心に季節や場所により変化する富士の姿を、東は「常州牛堀」（霞ヶ浦と利根川の合流点より見る富士）、西は「尾州不二見原」（名古屋市中区富士見町から見える富士）までを四六枚に揃え出版した。

次いで、安藤広重（寛政九年〈一七九七〉〜安政五年〈一八五八〉）は、天保五年（一八三四）にかの有名な五四枚の「東海道五拾三次」を発表、さらに晩年には一一八枚の「名所江戸百景」を発表した。

そのなかに最も高く評価された「大はし《大橋》あたけ《安宅》の夕立」（図10）がある。この浮世絵をみたオランダの画家ヴィンセント・ヴァン・ゴッホは、西洋とは異なる遠近法や色彩などに驚き、油絵で模写した。なおゴッホは、当時の中国と日本の違いも明確ではなかったであろう。

浮世絵は、現代の撮影技術で捉えたような絵柄がみられる。たとえば、ドローン撮影さながらの視点（図10）、シャッタースピード五〇〇〇分の一秒で切りとられたような波（図11）、暗視カメラで映し出したかのような闇夜（図12）。

慶長八年（一六〇三）、豊臣秀吉の命で江戸に配置された徳川家康は、江戸周辺の防備に不安であったため、「入り鉄砲に出女《でおんな》」のみならず、河川に橋を極力架けなかった。隅田川の大橋は徳川綱吉の時代に両国橋に次いで架けられ、東岸には幕府軍用船の安宅丸が係留されていた。ちなみに、現在の大橋（新大橋）は昭和五二年（一九七七）架け替えられた鉄橋で、以前より約五〇メートル下流に位置していた。江戸時代に架けられた木造橋の一部分は、現在も文化財として明治村に保存されている。

なお当時、橋のたもとには「橋守」がいて料金を徴収していたが、参勤交代で江戸滞在を命じられていた地方からの侍たちや産婆は料金を免除されていた。

図10　名所江戸百景「大はしあたけの夕立」（国立国会図書館所蔵）

浮世絵には「季語」がある。この「大はしあたけの夕立」は、「ふりしきる雨」や「橋を渡る人物の服装」から「夏」とわかる。画面左の「塗下駄」を履いた裕福そうな女性二人は「蛇の目傘」を差している。その後ろを歩く「腰に刀を差した侍」、右に向かって歩くのは一本の「破れ傘に三人」、その先には傘を持たない者は「菰をかぶり」、いずれも裸足。貧富の差があったことが窺える。

ご承知のとおり、二〇二四年度から発行される予定の日本銀行券の千円紙幣、表には渋沢栄一氏の肖像画が、裏面には葛飾北斎の富嶽三十六景のうち「神奈川沖浪裏」（図11）が採用されることが内定している。世界に最も知られているといわれるわが国の風景画が、国際通貨としての「円」に採用されることは大変喜ばしい限りである。

（津島）

図11　富嶽三十六景「神奈川沖浪裏」
（国立国会図書館所蔵）

図12　東海道五拾三次「蒲原・夜之雪」
（国立国会図書館所蔵）

【参考文献】

小林忠監修『浮世絵の歴史』（美術出版社、一九九八年）

# コラム3　江戸の勧進相撲

江戸での勧進《かんじん》相撲は人気が高く、『東都歳事記』（天保九年〈一八三八〉・斎藤月岑）の一一月の項に、長谷川雪旦の描いた相撲絵が添えてある。土俵入りをする力士たち、ぎっしりと詰めかけた見物人は男ばかりであったが、その描写は、相撲が如何に江戸の大衆に人気があったかを示すものであろう。

## 三都勧進相撲略史

江戸最初の勧進相撲は、寛永元年（一六二四）に四谷塩町の笹寺で六日間おこなわれ、寛永年間を通じて他の芸能興行と同様に盛んにおこなわれていた。しかし慶安元年（一六四八）、大名抱え相撲取りの間に贅沢な回しが流行、また、大名抱えでない相撲取りが勧進興行に出場しているなどの理由により、江戸での勧進相撲は全面禁止された。三六年後の貞享元年（一六八四）、雷《いかづち》権太夫らが深川新開地繁昌のためとして、「深川八幡境内・晴天八日間興業」の寺社奉行許可を受け、同時に雷権太夫ら一五人が株仲間を結成、冥加金上納で興行権を獲得している。

この事例が「相撲年寄制度」の原型ともなり、以後正徳期まで約三〇年間続き、京・大坂と共に「三都勧進相撲」興行として定着していった。しかし元禄時代末期に至り幕府や諸藩の財政逼迫が顕著になり、大名抱え相撲取りの解雇、減俸、足軽編成換えなどが続発、大名抱えを離れた相撲取りが渡世のためとして勧進相撲興行に出場するようになっていった。

八代将軍吉宗の末期の寛保二年(一七四二)、江戸での勧進興行が全面解禁され、相撲取り出身者が「年寄株」を保有して勧進元になり、「渡世のため」との名目であっても許可されるようになった。本来の「勧進」という意義は失われ、「勧進相撲」と呼ぶには適当ではなかったが、京と大坂の勧進相撲は継続され、ともかく「三都勧進相撲」体制が確立した。こうして勧進相撲はしだいに隆盛となり、地方の大名抱え相撲取りは参勤交代で藩主に随行、江戸勤番になったりした。

**将軍家斉上覧相撲**

そうした流れのなかで、一一代将軍家斉の「上覧相撲」が計画された。寛政三年(一七九一)五月、南町奉行の池田筑後守長恵から、勧進元 鎹山《しころやま》喜平次、差添え伊勢ノ海の両名に呼出しが掛かり、六月五日に江戸城内吹上御庭で上覧相撲を執りおこなうべきことが伝達され、春興行で江戸に集まっている相撲人を足止めすること、東西に分けた番付名簿を提出すること、の二点が命じられた。

鎹山と伊勢の海の両名は、「土俵総図」と「番付書付」を提出、併せて「本朝相撲の司」肥後熊本細川家の家臣の吉田善左衛門追風の助力を受けるべきことを進言した。諸準備を重ね、吉田家による土俵の築き直し、水引幕や柱の拵え、行司装束などを「故実式」に従って執行、六月一一日挙行の運びと最終決定された。

明六刻(朝六時頃)に城内入り、同四刻(午前一〇時頃)に、吉田追風の「方屋開き口上」(現在もおこなわれている行司に依る由緒口上)が執行され、力士全員の入場と横綱の土俵入り、中入り休憩を挟んで八二番の取組みがおこなわれた。見せ場は東西両横綱の小野川と谷風の対決だった。初めの立会は行司の「待った」で仕切り直し、二度目は小野川が「待った」をしたため行司軍配は谷風の勝ち、小野川の気負けということになったと伝わっている。

## 宮廷行事「相撲節会」

このように、中断期間がありながらも江戸での勧進相撲は大人気があり、広重の「東海道五拾三次」の内、江戸から一七番目の奥津（興津・興津川）では、相撲取り二人が馬と駕籠で川渡りをしている絵が描かれている。当時の相撲取りが、江戸・京・大坂の三都でおこなわれる勧進相撲興行へ出場するために、東海道を旅していたことがわかる。そこで、こうした人気のあった相撲の歴史を顧みることも、意義あることと思われ、相撲の歴史を覗いてみたい。

図13　宮中における相撲
（『節会相撲』東京都立中央図書館所蔵）

平安末期に描かれた『鳥獣人物戯画』（国宝、京都高山寺所蔵）では、勢力を増した平家を蛙で表し、摂関政治で権力を手にしていた藤原氏一門を投げ飛ばされている兎で表しているといわれているが、このように相撲の歴史は古く、陽成天皇の貞観一一年（八六九）、「相撲節会《せちえ》」儀式として『貞観格式』に制定されている。それに先立つ桓武天皇の延暦一二年（七九三）には親覧相撲があったと伝わっていて、弘仁一二年（八二一）には『内裏式』のなかに「相撲節会」が独立した宮中儀式として制定されている。さらに醍醐天皇の延喜五年（九〇五）には、今日にいう「弓」や「流鏑馬」と並んで、「相撲」が正式な武術の位置づけで宮中行事として毎年おこなわれていた（図13）。

しかし約二八五年続いたこの宮中行事が、武士勢力の大幅な擡頭が原因で、取止めとなる時代が到来した。元来、「相撲節会」は豊作祈願の儀式だったが、宮廷警護兵士養成の目的もあり、しだいに職業相撲人が出現し、武士勢力の擡頭がこれら相撲人を武家集団のなかに組み込んでいった。やがて、保元の乱(一一五六年)や平治の乱(一一五九年)が起こって「相撲節会」は中断のやむなきにいたり。承安四年(一一七四)、高倉天皇がこの「相撲節会」の再開を試みたものの、継続再開することはできなかった。

## 勧進相撲への芽生え

その後、平家勢力の末期の頃から、相撲が「勧進」のため興行されるようになる。焼討ちされた東大寺を再建復興するために、後白河法皇の命令で「勧進職」が任命され、全国的な資金集め活動が開始された。その総まとめ役が「大勧進職」で、浄財収集役である勧進職や勧進僧を全国的に動員し、建築や工芸職人を糾合する役目を担っていた。そして鎌倉時代中期には「勧進」対象がしだいに拡大、寺社祭礼の際の猿楽や田楽など芸能奉納が盛んになり、入場料を徴収し、専門の芸能者も始まった。

こうした「興行性」が相撲に及んだのが室町幕府三代将軍足利義満の頃とされる。同四代義教時代になると、京洛外での「見る相撲」「芸能としての相撲」が出現した。こうして積み上げられた「勧進相撲」という興行形態が、江戸時代三都の相撲人気を盛り上げていくこととなったのである。

(富士松)

【参考文献】
土屋喜敬『相撲』(ものと人間の文化史、法政大学出版局、二〇一七年)

# コラム４　江戸・東京の稲荷信仰

## 稲荷の系統

東京都の都市部、いわゆる近世江戸の朱引き内に居住あるいは通勤している人々にとって、稲荷は案外と身近に存在しているもので、近所に小祠があったり、通勤途中に赤い鳥居や幟を見かけたりすることも珍しいことではなかろう。そのような稲荷社は、広い境内をもつ稲荷神社であることもあり、または道端に祀られた小祠、個人の敷地内の祠などと、祭祀形態もさまざまであるが、いずれも誰かの手によって篤く祀られていることに気付かされるのである。

　現在、私たちが目にする稲荷の場合、そこに掲げられた扁額や幟に「正《しょう》一位稲荷大明神」や「宇《う》迦《か》之《の》御魂神《みたまのかみ》」「倉稲魂命《うかかのみたまのみこと》」などと記されていれば、その稲荷はおおむね伏見稲荷大社をはじめとする神道系の稲荷神である。一方、幟などに「荼枳尼天《だきにてん》」の文字や宝珠が描かれていれば、それは愛知県豊川市の妙厳寺・豊川稲荷などを代表とするいわば仏教系の稲荷神ということになる。また、このふたつの系統のほか、民俗信仰のうえでは田の神の斎場としての狐塚に稲荷の小祠を勧請したという信仰が、柳田國男によって指摘されている。

　このように稲荷信仰の形態はさまざまであり、地域の鎮守神として祀られたり、東日本では同族神や屋敷神として祀られたりすることが多い。また、農村部では農耕神、漁村部では漁業神として共同祈願の対象となり、鍛冶職や養蚕地域では生業の守護神として祀られ、そして都市部では商売繁盛や病気平癒など個人祈願の対象となるなど、特定の利益をもたらすカミとして認識されている。つまり、稲荷は実に多様な側面を有していて、信仰する地域や人々に合わせて、柔軟にその性格を変化させて受け入れられていることがわかる。

## 江戸市中の稲荷

現在のように系統やその由緒を強く意識し明確化するようになったのは、一部を除いて近世後期から近代にかけてのことである。特に近世江戸では系統にこだわることなく、多様な信仰形態の稲荷が存在していたことが、さまざまな記録をとおして捉えることができる。

近世江戸に多いものとして「伊勢屋稲荷に犬の糞」などと表現されたように、江戸市中には多くの稲荷を祀った小祠が存在していたことが知られている。天保九年（一八三八）に刊行された『東都歳事記』「初午」の項には「江府は、すべて稲荷勧請の社夥しく、武家は屋敷毎に鎮守の社あり。帛市中には一町に三五社勧請せざる事なし」などと記され、具体的な数字でその多さが示されたわけではないが、少なくとも近世後期の武家屋敷には屋敷神として、あるいは各町内でも複数の稲荷を祀っていたという様子がうかがえる。また、『風俗画報』三一二号（明治三八年）「初午と稲荷講」では、東京の「市中及び付近」の稲荷の数を「二千三百十」と記している。その数字の根拠は不明であるが、いずれにしても江戸期から明治期にかけて、江戸・東京の稲荷は当時でも把握するのが困難なほどに多く、また、庶民生活に必要とされた存在であったのであろう。

特に、消費社会であった江戸では、農耕神としての稲荷の機能より、屋敷神や商売繁盛、火防、病気平癒などの個人祈願の対象という性格が強く、すでにさまざまな由来と利益をもつ稲荷が多数存在していた。

たとえば、文化二年（一八一八）に刊行された江戸で流行った願掛け方法をまとめた『江戸神仏　願懸重宝記』には、稲荷への願掛けが三例、掲載されている。非業の死を遂げた高尾太夫を祀る「高尾稲荷」（永代橋西詰）は、この祠に奉納された櫛を借り受けて願掛けすると、「頭痛平癒」や「髪の毛薄き人、頭瘡のたぐひ、あまたの煩いある人」に霊験があるという。また、眼病平癒に効くという「茶ノ木稲荷」（市ヶ谷八幡境内）は、当社の稲荷神の使いの白狐が茶の木で目を突いたという伝承から、茶を忌み、願掛けの際には日を限って茶を断つことになっていた。浅草寺町本法寺境内の「熊谷稲荷」で出される札は、熊谷安左衛門が狐の長との取引により、「尾の白い狐」を助けたことから、困難を避けることができたという伝承に因んでいる。この札を首にかけていると盗賊・剣難に遭わないとされ、事前予約の「切手」を買わなければ札が入手できないほど需要があった。

このほか当時には、鯖を断って虫歯平癒を願う「日比谷稲荷」（現港区）、出来もの・腫物には「瘡守《かさもり》稲荷」（谷中・現存せず）や「正木稲荷」（現江東区）、下半身の患いには「疝気稲荷」（現江東区）、狐憑きを除ける札を出す「能勢家の鴎《かもめ》稲荷」などが知られており、江戸では個々の願いに合わせて稲荷を選ぶことができたのである。

## 瀧澤家の稲荷信仰

一方、『南総里見八犬伝』などの著作で知られる曲亭馬琴（瀧澤興邦）の日記からは、江戸における屋敷神としての稲荷信仰の実態を知ることができる。特に初午は、瀧澤家の年中行事のなかでも重視されていた。

馬琴の日記によると、「初午祭」の準備は、主に馬琴の息子である宗伯がおこなっている。事前の祠の掃除から始まり、宵宮には、幟、「挑灯」（提灯のこと）、太鼓、作り花、絵馬などの設置、ろうそくや挑灯の火の始末、そして翌日の片づけまでが彼の役割であったようだ。宵宮に灯した神前の提灯は、用心のため宗伯とその妻が代わる代わるに番をして五つ時まで灯したという。

当日の供物には、年によって記載にばらつきがあるものの、おおむね、餅、赤飯（年によって「赤小豆飯」「赤剛飯」）、にしめ物、神酒、魚類（「生魚」「鮮魚」「干魚」とも）などが用意された。これらは江戸の初午における一般的な供物のメニューである。

また例年、「家例」として瀧澤家では初午祭当日は茶を断ち、終日「麦湯」を飲んでいたことが記されている。この「初午に茶を飲まない」という禁忌は、初午の俗信として火防に関係するものであろう。初午の日には火を使わないようにとするという禁忌から、この日には「茶を飲まない」「風呂を焚かない」などと伝える地域が大島建彦によって複数確認されている。また、柳田國男は、神があやまって転んだ時になんらかの植物の木で目をついて片目となる伝承についてふれ、この茶の木稲荷の伝説も片目の神の類例とし、狐と茶の関係、初午の茶の禁忌の関係を指摘している。

初午に際して瀧澤家の人々は、邸宅からほど近い妻恋稲荷（現文京区）や神田明神（現千代田区）、世継《よつぎ》稲荷（現千代田区）などに参詣している。特に妻恋稲荷では「鎮火の札」を受けており、稲荷の火防の利益にも期待していたことがうかがえる。

### 都市の稲荷信仰の実態

筆者は、平成一八年（二〇〇六）～二〇年に東京都千代田区内に所在する六五社の稲荷調査をおこない、そのうち四〇社については詳細な調査をした。さらに、その調査成果をもとに、千代田区内の稲荷社の祭祀形態を以下の①～⑤に分類し、その信仰と祭祀集団の変遷を明らかにした。ここではその概要を記す。

①氏神社として祀る稲荷

稲荷神を祭神とする旧村社の氏神社であり、三崎稲荷神社・太田姫稲荷神社・柳森神社の三社である。これらはそれぞれの地域の氏神として、氏子区域内に居住する氏子たちによって祭祀されている。

②神社の境内末社として祀る稲荷

山王稲荷（日枝神社境内末社）、世継稲荷（築土神社境内末社）などがある。また、神田神社の境内末社の末広稲荷は、東京鰹節類卸商組合の有志が信仰する稲荷社で、この組合の本部がかつて中央区の神田神社の氏子地域に所在していた縁で境内末社となっている。

③神社の飛地社（末社）として祀る稲荷

「飛地社」とは、氏神社の氏子地域内に所在する末社のこと。その敷地および社殿の所有権は氏神社がもつもので、区内には三社確認できた。いずれも平成期に入ってからこの祭祀形態に移行したといい、敷地および社殿の所有権は氏神社に譲渡されたものの、社殿自体は境内に移転することなく、これまで通りに町内に存在したまま信仰されるという特徴がある。

④町会で祀る稲荷

調査当時は七社を確認した。その稲荷社の維持管理に関わる経費は町会費から捻出し、かつ信仰行事が町会行事に組み込まれている事例である。このなかには、宗教法人化している稲荷も含まれている。

⑤組織で祀る稲荷

稲荷を祭祀するためになんらかの組織を構成しているものを分類した。これらの組織は、おおむね町内に居住する有志が「奉賛会」や「維持会」などを構成して稲荷社の管理にあたっている。その構成員は町会員と重複している場合が多いが、信仰行事と町会活動を明確に分けていることが特徴である。千代田区内では、この祭祀形態をとる稲荷社が一番多くみられ、一二社が確認できた。このなかには、宗教法人化している稲荷も含まれている。

なお、実際にはこの五分類のほかに、本調査では対象外とした個人宅や企業で祭祀する稲荷が多数存在している。

この調査では、都市における稲荷信仰の伝承にもとづき、さまざまな祭祀集団によって信仰が引き継がれているということと、そして、現代社会におけるさまざまな問題に策を講じながら稲荷社を維持していることが明らかとなった。

近世江戸では無数に存在した稲荷社であったが、千代田区のみならず都市においては、明治維新後の神仏分離や神社整理などの政策、そして関東大震災や第二次世界大戦、高度経済成長期、バブル期などの区画整理などの影響を受け、すでに明治期以降戦前の信仰実態も捉えにくい状態にある。しかし、つぶさに現状を把握していくと、江戸時代は個人の屋敷神だった稲荷が地域の人々に手厚く祀られ町内の守り神になったり、あるいは関東大震災や戦災などで焼失した稲荷を合祀したり復興させたりしながら、地域の人々が稲荷の存在を重視している姿がみえてくる。それらの実態からは、社会や生活環境の変化に対応しつつ稲荷信仰を伝承してきた人々の願いや、都市生活における信仰の一側面をうかがうことができるのである。

（加藤）

【参考文献】

大島建彦「茶ノ木稲荷」（『朱』二三、一九七九年）
加藤紫識「千代田区の稲荷調査―実態把握に向けて―」（『千代田の稲荷―区内稲荷調査報告書―』、二〇〇八年）
千代田区文化財調査報告書一七『千代田の稲荷―区内稲荷調査報告書―』（二〇〇八年）
柳田國男「田の神の祭り方」（『定本柳田國男集』第一三巻所収）
柳田國男「一目小僧その他」（『定本柳田國男集』第五巻所収）

# コラム５　富士講と幕末の文化

富士講は、富士山を信仰の対象とする人々によって組織された講のことである。富士信仰は全国的な広がりをみせたが、江戸では大きく村上光清と食行《じきぎょう》身禄を源流とする講があり、「富士の八百八講」と呼ばれるほど盛んだった。幾度か禁止令が出されたものの、富士講が消滅することはなかった。弘化二年（一八四五）の「富士講紋曼荼羅」によると、一七七の講が記されている。「山万講《やままん》」や「山光講《やまみつ》」など、同一の講印（こうじるし）をもつまとまりの他に、「十九講」「小御嶽《こみたけ》七講」「神田七講」「中鴈丸《なかがんまる》八講」「浅草八講」「山の手十三講」など、六のまとまりがあった。こうした組合の存在もそうなのだが、一つの都市のなかに多数の富士講が同時に存在しているというのは、やはり都市的な状況なのだろう。ここでは富士講同士の関係を確認しつつ、幕末期の一つの文化ともいえる、富士講の活動の一端を紹介していこう。

江戸の富士講は、先達《せんだつ》・行者・世話人などのもと、富士山への登拝はもとより、地元に富士塚という人工富士山を造り、毎年山開きもおこなった。また、白衣を着て各家を回り、お焚《た》き上げといった加持祈禱、フセギという護符を配るなど、病除けなどもおこなっていた。富士講は信仰や実践の基本であり、各富士講は活動するための法具・祭壇・拝み箪笥・掛物・マネキといった財産を所有していた。

**富士塚と富士講のつながり**

毎年六月三〇日や七月一日、つまり旧暦でいえば夏から秋への変わり目に、各地の富士塚で山開きがおこなわれている。『東都歳事記』六月一一日条には、「大塚護国寺山内富士参り 十三日迄参詣あり」とあり、江戸時代以来の習俗である。護国寺の富士塚は、別名「音羽富士」ともいう。文化一四年(一八一七)に再建されているから、それ以前からあったと考えられている。明治維新後、陸軍墓地となり、破壊されたが、明治一八年(一八八五)五月、地元の富士講である山護講により現在地に移転・再建された。いまだ数多くの石造物が現存しているが、紀年銘から、確実に文化一四年の再建時に立てられたと考えられる石造物には、次のようなものがある。( )内は寄進者。

手水鉢(巣鴨辻町)/一合目碑・六合目碑・七合目碑・八合目碑・九合目碑(丸藤講小石川御簞笥町)/石碑(小日向水道町伊勢屋)/小御嶽碑(東青柳町)

これらの存在は、富士塚再建にあたって、周辺の町・商人、あるいは富士講が、石碑、そしておそらくはそれなりのお金も奉納していたことを推測させる。一合目碑などの登山道標石には、「〇に藤」、つまり丸藤講の講紋(講印)が刻まれている(図14)。丸藤講は、食行身禄の門人、高田藤四郎が創設した富士講で、安永八年(一七七九)、高田水稲荷に江戸で最初の富士塚を築造したことでも知られる。「小石川御簞笥町」と刻まれているから、分派した枝講が小石川にもあったということがわかる。護国寺の富士塚に深い関わりのある山護講《やまもり》は、この丸藤講から枝分かれしたといわれている(平野栄次「山護講について」)が、この時点では、山護講が成立していなかった可能性もある。

文化一四年から二一年後の天保九年(一八三八)、富士塚のふもとにあった「仙元堂《せんげん》」(浅間堂)が大破してしまい、山護講ないしはその前身に当たる講が再建に乗り出した。さらに二年後、仙元堂は焼失し、山護講は再度寄進を募っている。このときの史料が、「護国寺富士山再建帳」である。序文は、天保九年五月付で世話人が記しており、そこには次のようなことが書かれている。

この度、「富士山之写」、つまり富士塚の下にある仙元堂が大破に及び、世話人は難儀している。これにより店をやっている懇意の方々、講中、護国寺で入りの方々へ寄進を願い、その助成をもって、お堂と富士塚の再建を成就したいので、いよいよ家内繁栄になるよう信心の上、寄進を願います。

寄進をしたのは天保九年が六三件で、同一一年は八一件。その内容を簡単に紹介してみよう。序文から、この寄進者や集団は、懇意の商人か、護国寺出入りの商人・職人と推測されるが、即断はできない。

寄進者の範囲としては、天保九年分を地名で分類すると、①小日向水道町・小日向三軒町・川添屋敷、②大塚町・大塚坂下町・大塚仲町・大塚台町、③小石川御箪笥町・安藤坂、④雑司ヶ谷清土、⑤音羽下町・音羽町二丁目、⑥浅草馬道・浅草広小路、⑦牛込・市ヶ谷である。いうまでもなく①〜⑤は護国寺周辺である。例外的に浅草や牛込・市ヶ谷の人々が含まれているが、数としてはわずかである。同一一年時は板橋宿の仲嶋屋松兵衛が金一分を寄進するなど、若干範囲は広がっているが、実際のところ両者の大部分は重なっている。

図14　護国寺の富士塚「音羽富士」

彼らが実際に寄進した直接的な理由やきっかけは何だったのか。序文にある家内繁栄は、建て前あるいは複数ある理由の内の一つだとして、⑦の人々がヒントになる。実は⑦の牛込・市ヶ谷の者は、飴問屋四人にすぎない。牛込改代町の紀伊国屋小兵衛、牛込赤城下の墺屋安兵衛、牛込藁店の相模屋善吉、市ヶ谷薬王寺町の丸屋善次郎、大塚坂下町の小松屋鉄次郎の五人が連名で金一〇〇疋を寄進している。ただし、大塚坂下町の小松屋鉄次郎は、別途単独で金一朱を寄進しているので、小松屋鉄次郎が他の四人に声を掛けたのかもしれない。こうした観点から、商人が集団で奉納されている例を探すと、たとえば、炭薪仲間の者が七人確認できる。もっとも、彼らは別々に寄進しており、大多数が小石川や大塚などに所在する商人であり、飴問屋の例と合わせて考えると、もともとあったつながりを基盤に寄進が呼びかけられていったのかもしれない。

同じようなことは、武家の寄進からも推測できる。天保一一年（一八四〇）の例では、大塚組屋敷の高橋嘉右衛門・高橋豊次郎・松井与七・関根仁之丞・内山久次郎・松井徳五郎が、それぞれ青銅二〇〇疋を寄進しているのである。集団で寄進している例に、青柳町・音羽町二丁目・同三丁目・西青柳町・小石川護簞笥町・小石川新田の若者組、そして富士講がある。

また、天保九年のときは、丸三講の落合村・中井村・上落合村・長崎村・池袋村講中《こうじゅう》から寄進があった。対して同一一年時は、月三講惣同行《どうぎょう》・山護講小石川新田同行・丸藤十七夜同行関口講中・丸藤講水道町同行・丸嘉講惣同行および丸嘉講に属する巣鴨の六兵衛他二人などと増加する。一方、仙元堂再建時には、山護講の方から落合の富士山へ金一朱、白山の富士山へ三〇〇文を奉納しており、めぐって富士講同士が寄進し合うという関係が維持されていたことがうかがえる。一般に江戸の富士塚には、地元の富士講以外の碑がよく建てられているが、こういった関係を反映しているものかもしれない。

さて、こうした碑には大概富士講のマークが刻まれている。富士講にはそれぞれ名前があり、対応する講紋をもっていた。講紋は、法具やマネキにも意匠としてデザインされている。

### マネキ

マネキとは、講印や講名を表した布や紙製の幟旗である（図15）。富士登山の際、宿泊する宿などに掲げられたといわれる。マネキと称されるもののなかには、幟や旗から手拭や木札まで幅広くあるが、なかにはラシャやビロードといった豪華な生地に、金糸・銀糸で講名や講印などを刺繍した二メートルを超える大マネキと呼ばれるものも存在する。このマネキは、江戸時代の史料では、幟や旗、納手拭《おさめ》といった言葉で登場する。登場するのは決まって開帳神仏のお迎えのときである。一九世紀の江戸では、富士講など、江戸に存在する講が、開帳を盛り上げるため、お迎えを依頼されていた。このとき、納手拭は不思議な使われ方をしている。

嘉永二年(一八四九)三月、羽黒山から於竹《おたけ》大日如来が両国回向院で出開帳をおこなった際、羽黒山関係の講中のみならず、木魚講などが御迎えに出たが、このとき、四谷伝馬町では納手拭で七反の大旗を拵え、大竹の竿を押し立てて出たという。しかし、あまりに大げさだったため差し止められた。

また同年七月、身延山奥の院の日蓮祖師像が、深川浄心寺で出開帳をおこなった際は、お迎えと称して、大勢で群れることはもちろん、幟・小印を持ち出すことや衣類等が華美になることが一切ないようにと町触が出されていた。そのため、宗門だけでお迎えすることになったが、各講中は、揃いの浴衣や単衣・帷子などを着て、奉納物を飾り立てて、縮緬や木綿の旗・幟を押し立て、太鼓を叩いて歩いたという。一つの講につき、三〇〇人はいたというから、さぞかし喧しかったことだろう。このとき、赤坂の講は納手拭でおよそ七、八反の大幟を拵えて、竿を押し立てていった。しかし、これまた大仰《おおぎょう》ということで青山久保町辺りでおしとめられたという(『藤岡屋日記』三)。このように納手拭を縫い合わせ、大きな旗のようにして、竿に取り付けて押し歩くということがしばしばおこなわれていたらしい。

身延山の開帳にもあったように、縮緬の幟も持ち歩かれていた。万延元年(一八六〇)五月の山城国清涼寺開帳のとき、下谷の講が縮緬の幟を拵えたが、差し止めとなり、しかたがないので竿だけ担いでいったという(『藤岡

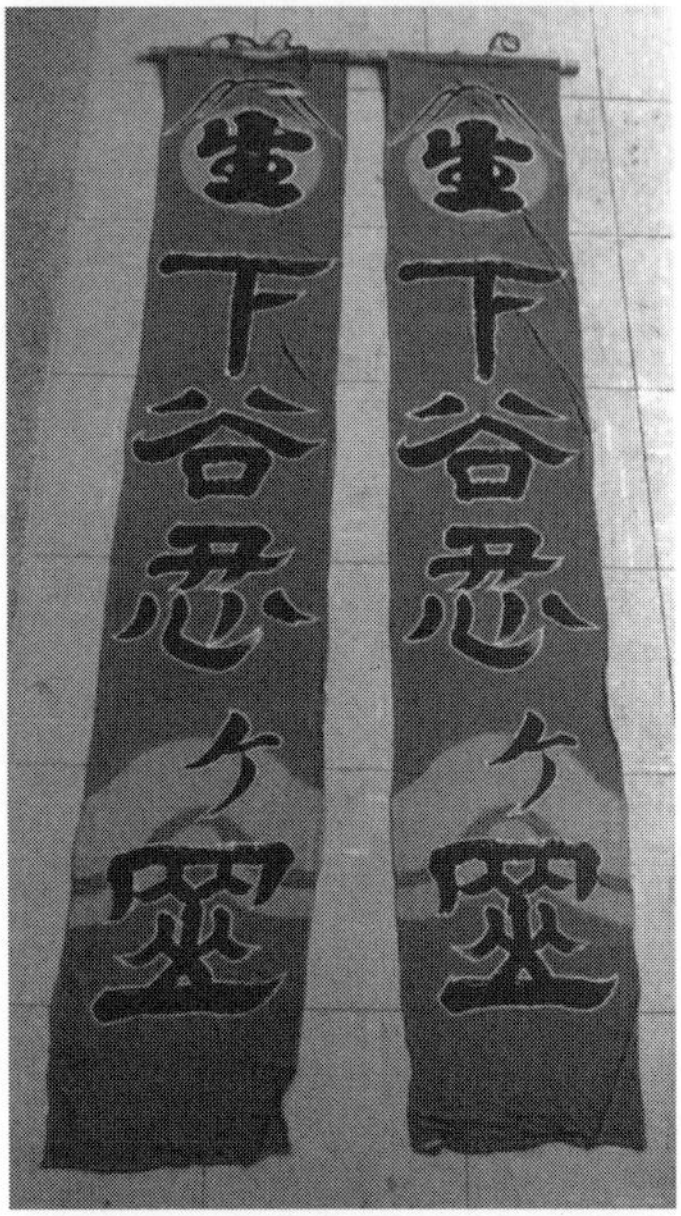


下谷忍ヶ岡講マネキ

尾久講社のマネキ

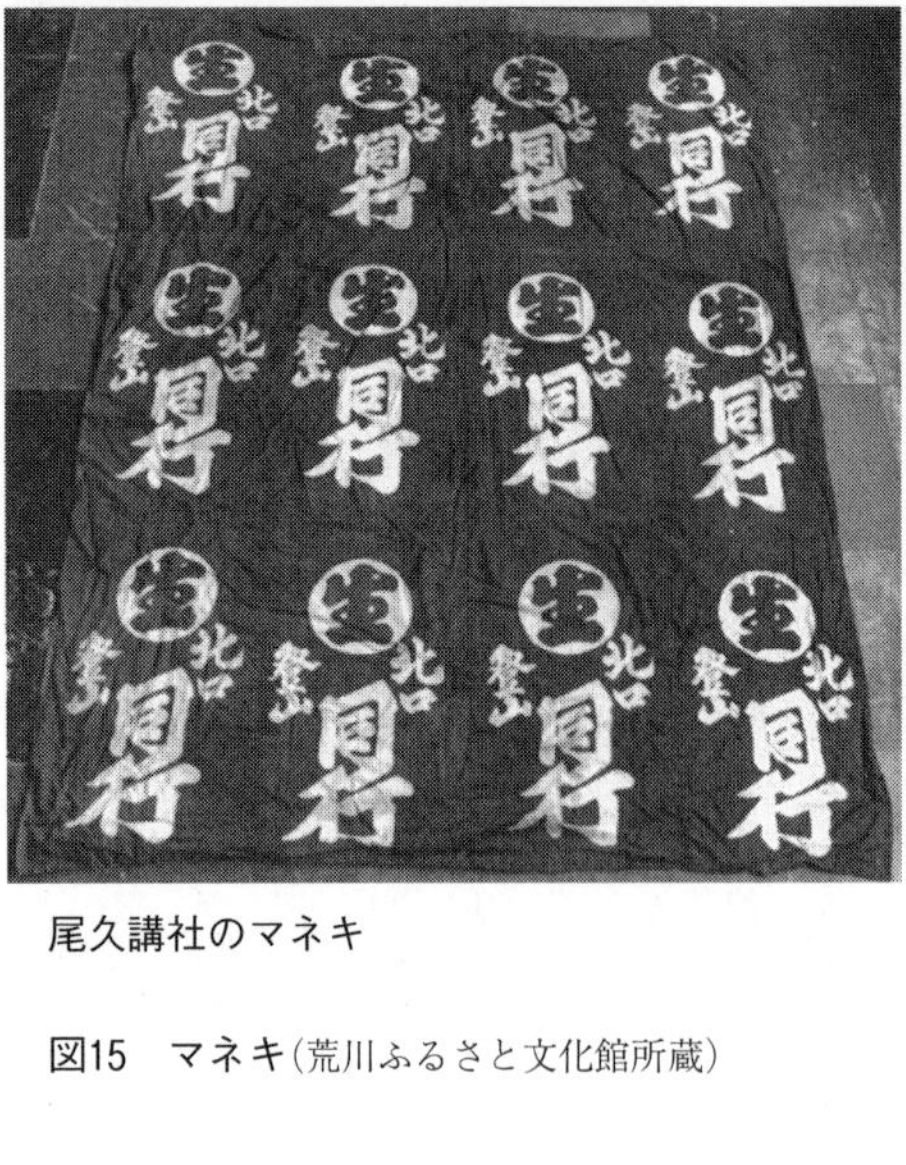


尾久講社のマネキ

図15　マネキ（荒川ふるさと文化館所蔵）

屋日記』三)。ちなみに丸嘉《まるよし》講武州田無組には、寸法や、「善行同行」「武州田無組」という記載事項や、レイアウト、材料、金物の取り付け方、下部左右に猿をつけることなど、事細かに記された幟の絵図面が残されている。また、その講紋の部分を摺るための型紙なども残されているという。これらによって量産されたのだろう。

以上のように、マネキを用いた開帳お迎えの際のパフォーマンスは、富士講のみならず、幕末の諸々の講に共通してみられた文化であり、さらなる展開も生んだ。嘉永五年四月、回向院でおこなわれた三河国矢作《やはぎ》天満宮の開帳の際、御迎えとして手習い師匠や子供中が二〇組ばかり出たが、いずれも納手拭を笠鉾にして持ち歩いたという(『藤岡屋日記』五)。

このパフォーマンスをおこなう気分について、嘉永六年の「当時世の有様」は、先頭に縮緬染抜きの幟をおしたて、祭礼年番の附祭《つけまつり》気取りで、甚だしい者になると、さまざまな姿に身をやつし、道中で茶番狂言をしながら歩き行く、としている(『藤岡屋日記』五)。講に所属すれば、附祭さながらの気分を味わうことができたのである。

ところで、文政から天保初めまで流行したものの一つに、開帳お迎えの幟が挙げられており、「納めずに持ち帰る」とされている(『桂翁雑記』)。マネキは、もはや奉納物ではなく、講の財産になっていた。そしてその行動を、呆《あき》れ、嘆息するような眼指しもあった。

(亀川)

【参考文献】
岩科小一郎『富士講の歴史』(名著出版、一九八三年)
金子隆照・坂本正仁「護国寺略年表」(護国寺史編纂委員会編『護国寺史』護国寺、一九八八年)
亀川泰照「富士講の「組合」について」(『社寺史料研究』一〇、二〇〇八年)

小林一岳・窪田京子作成「音羽富士塚の石造物」（『江戸の新興宗教』）
澤登寛聡「高田冨士の成立と参詣統制」（『法政史学』八九、二〇一八年）
西海賢二「富士講と御師」（日本民具学会編『信仰と民具』雄山閣出版、一九八九年）
平野栄次「山護講について」（『江戸の新興宗教』文京ふるさと歴史館、一九九五年）
吉田伸之「講中」（吉田伸之『身分的周縁と社会＝文化構造』部落問題研究所、二〇一六年）
「史料紹介　富士講関係資料（文京区指定有形民俗文化財）古文書の翻刻」（『文京区文化財年報』平成一九年度、二〇〇九年）
『渋谷の富士講』（白根記念渋谷区郷土博物館・文学館、二〇一〇年）
『清瀬の富士講』（清瀬市郷土博物館、二〇一八年）
『桂翁襍記』（『江戸会誌』第二冊第一〇号、一八九〇年）

## コラム6　庚申の日の夜―庚申参り―

「庚申待《こうしんまち》」（宿屋の仇討）という落語をご存知だろうか。馬喰町の旅人宿を舞台とした噺であり、信心深い宿屋の主人が、庚申の日は、町内の者を集めて、鶏が鳴くまで一夜を過ごすというのが舞台設定だ。一晩過ごすため、人びとは次々と小話を披露し大盛り上がり。どれもダジャレや法螺話で取るに足らないものだが、一〇年以上前に熊谷の土手で人を殺して大金を奪った話が上がる。するとこの日、庚申待が行われていることを承知で泊った武士が、その話を耳にし、そのときに殺されたのは自分の父親だと主人に告げ、今晩は庚申の夜だから勘弁するが、そいつを逃がさないよう命じる。主人は庚申待の座敷に戻って話をした当人に確認したところ、本当だと言い張るので、みんなで縛り上げ、物置に閉じ込め、その夜は静かに明けた。翌朝何食わぬ顔で出発しようとする武士に、敵討ちはどうするのかと訊くと、あれは嘘だ、ああでも言わないとやかましくて眠れなかったから、といって噺は終わる。

なぜ彼らが徹夜しようとしているのか。それは十干十二支の組み合わせで、六〇日に一回めぐってくる「庚《かのえ》申《さる》」の日は、寝ている間に三尸《さんし》の虫が天帝に告げ口をして寿命が短くされてしまう。これを防ぐために、庚申の御本尊、青面金剛を祀って一夜を寝ないで過ごす、という習俗を行っていたからである。これを庚申待という。有り体にいえば庚申待は、長寿を祈る行事なのである。一人で寝ないで過ごすのはつらいので、人びとは講を作って集まって、さまざまな娯楽や飲食を共にし、庚申の日の夜を過ごした。

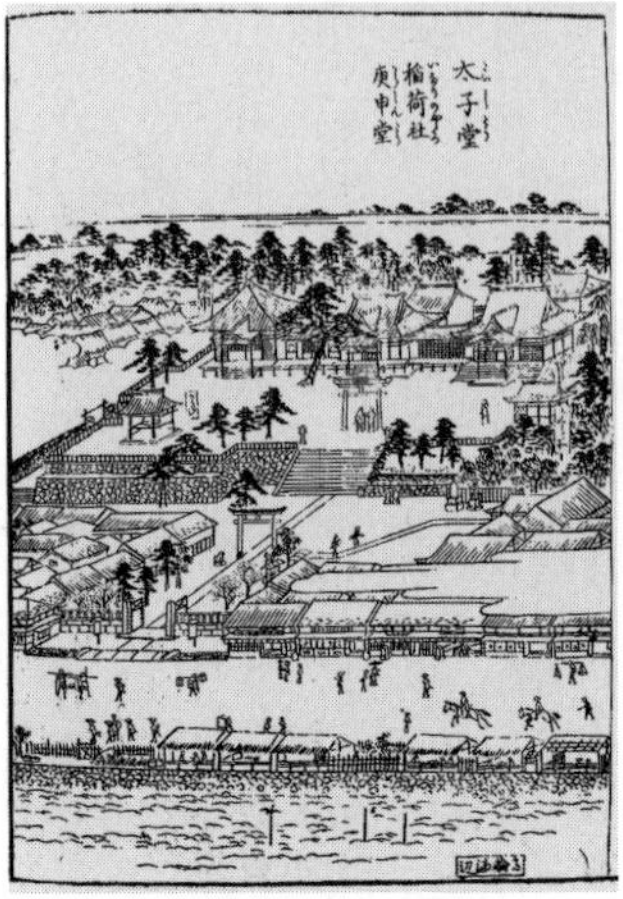


**図16　高輪常照寺の庚申堂**
（『江戸名所図会』荒川ふるさと文化館所蔵）

落語の世界だけでなく、実際の江戸市中でも庚申待が行われていたことはよく知られている。町名主の斎藤月岑（『斎藤月岑日記』安政五年〈一八五八〉六月一五日条に庚申待の記事が見える）や戯作者の瀧澤（曲亭）馬琴などもおこなっている。ただし、瀧澤家では、夕方から庚申祭で例のごとくお供え物をし、夜四つ（二二時前後）まで神灯を祭り、四つ時過ぎに就寝している（『曲亭馬琴日記』天保二年〈一八三一〉正月六日条）。夜四つ、「神像画幅」を片付けるのが恒例であり（同文政一二年〈一八二九〉六月二七日条）、妻のお百が失念して片付け忘れた時には、次の祭の時は例より早目に片付けるように、と申し付けている（同天保二年〈一八三一〉三月七日条）。瀧澤家では、庚申祭の準備は、女性が準備するものであり、夜四つには寝てしまっている。また、幕臣小野直賢の家では、当主直賢の母の発起で庚申待が始まり、親戚が集まり碁会が催された（「近世武士の庚申待」）。小野家でも夜四つ時過ぎに寝ることがたびたびあった。江戸の庚申待では徹夜は必須ではなかったのかもしれない。

もっとも、庚申待は全国各地で行われており、江戸ならではということでもないが、江戸の年中行事を一覧した『東都歳事記』に載る「庚申の日」には、二つの習俗が紹介されている。一つは、さきほど来紹介している庚申待で、一般の家では青面金剛を祀ったり、庚申待の酒宴を催すことがあるとし、炒り豆を食べ、女性は縫い仕事は遠慮しお歯黒はつけない、としている。もう一つは庚申参りで、庚申堂がある高輪常照寺（図16）・愛宕下真福寺・入谷喜宝院・八丁堀松屋橋東詰の四か所が挙げられ、さらに柴又帝釈天（題経寺）の庚申の縁日も紹介されている。なお、このうち入谷の喜宝院は、「日本三庚申」の一つとされる(『増補江戸年中行事』)。他の二つは、京都粟田口の庚申堂と大坂四天王寺の庚申堂であり、近世初期から庚申参りが行われていた。「日本三庚申」の実質はともかく、その三つがいわゆる三都に割り振られているのは、庚申参りは都市的な習俗であったことを示唆している。江戸で庚申参りが盛んになるのは、文化・文政の頃からだと考えられているが、柴又帝釈天への参詣が盛んになるのも、文化期からだとされており(『江戸風俗惣まくり』)、比較的新しい習俗であった。この頃の参詣先は『東都歳事記』掲載の五か所であり、常照寺と真福寺の庚申堂では、青面金剛の掛け軸を頒布していたという。

では、庚申参りが行われたこれらの庚申堂で、参詣者はどのように過ごしたのだろう。嘉永五年(一八五二)一一月、常照寺の住持良順に対し、寺社奉行安藤信睦による次のような吟味があった(意訳)。

良順がいうには、常照寺では先々代の頃から庚申の夜になると町内の氏子が大勢来て、庚申待を行っており、座興として昔話や物まねの催しを頼んで行っていた。この度、町内の家主茂八以下一一人が、どうせなら浄瑠璃興行をすれば自然と庚申の参詣人が増え、寺の助成にもなるのではと勧めてきたので、注意することもなく承知して、庚申の夜に寺内へ大勢入れて、たびたび堂内座敷で浄瑠璃を催した。吟味は一一月二四日に落着。今後、庚申待と唱えて寺内に人を集めることは決してしてはならないと仰せ渡され、良順は不埒につき逼塞、茂八らは三日以内に過料銭三〇〇文を寺社奉行所へ納めることとなった。(「公事吟味留」六三、国立国会図書館蔵旧幕府引継書)

ちなみに、浄瑠璃興行を良順に勧めた茂八他一一人は、全員高輪北町の人びとで、大半が家主と五人組だった(家持と店持を一人づつ含む)。

さて、この史料から、次の四つのことを指摘できる。

①庚申待の座興として、昔話や物真似、浄瑠理が催されている。つまり、この時期の常照寺の庚申待の会場は芸能の場であったといえる。これが芸人だったか素人だったかは不明だが、「浄瑠理興行」とあるので、浄瑠璃の方はプロの芸人だった可能性が高い。ちなみに、『江戸風俗惣まくり』には、甲子大黒天参りとして、神田明神や、妙義坂の大国主、護国院、初春の福陽院、小石川伝通院はおびただしい群衆が集まり、夜中に堂裏で歌舞伎役者の声真似をする者がいて、これを聞こうとして群がることもあったという(『江戸風俗惣まくり』)。

②寺社奉行の判決では、庚申待と唱えて、寺内に人を集めることが問題視されている。とすれば、少なくとも寺社奉行の認識では、集まってくる人々は庚申待を行うために常照寺に参詣しており、また、浄瑠理興行が人を集めるための重要な要素となっている。これを前提とするならば、庚申待を行う人々は、常照寺へ行けば、一夜を楽しく過ごすため、自らあれこれ準備する必要はなかった。そして庚申待をしに常照寺へ参詣すること、それが「庚申参り」ということになるのではないか。

③茂八他一一人は、前々から庚申の夜は、常照寺に集まって庚申待をしていたという。つまり常照寺は、少なくとも高輪北町の人々(もしかすると庚申講)という地縁的な集団の庚申待の開催場所だった可能性が高い。

④浄瑠理興行で参詣者を集め、寺の助成とするという発想は、講などの信仰集団を越えて、不特定多数の参詣者を招き入れることが目的となっている。

ところで、あの柴又帝釈天は、安永八年(一七七九)の春、本堂を修理したところ、棟の上から板本尊が発見され、発見の日が庚申の日だったのでこの日が縁日とし、本尊を帝釈天と定め、版を求めて多くの参詣者が集まるようになり、文化三年(一八〇六)頃には寺も荘厳美々しくなったという(『耳嚢』下)。庚申参りが成立するには、都市の庚申信仰の普及と、寺側の受け入れの姿勢を前提としなくてはそもそも成り立たない。一九世紀初頭の江戸各地の庚申堂への庚申参り流行には、都市の宗教的需要に応える形で行われた、開帳などにも通じる寺院の経営という側面があったということになるだろう。

【参考文献】

小花波平六「庚申のまつり方の地方別諸相」（小花波平六編『民衆宗教史叢書17　庚申信仰』、雄山閣出版、一九八八年）
望月良晃「柴又帝釈天と庚申信仰」（同前）
千々和到「庚申待」（『日本史大事典』三、平凡社、一九九三年）
窪　徳忠『新訂庚申信仰の研究』下（第一書房、一九九六年）
窪　徳忠『新訂庚申信仰の研究　年譜編』（第一書房、一九九六年）
平野　実『庚申信仰』（角川選書、一九六九年）
町田　聡「近世武士の庚申待」（『文京区の石造文化財』、文京区教育委員会教育推進部庶務課、二〇一一年）
村上紀夫『近世京都寺社の文化史』（法藏館、二〇一九年）
三田村鳶魚編『増補江戸年中行事』（中公文庫、一九八一年）
「特集　東京東部庚申塔データ集成」（『文化財の保護』四三、東京都教育委員会、二〇一一年）
『斎藤月岑日記』全一〇巻（大日本古記録、岩波書店、一九九七〜二〇一六年）
『曲亭馬琴日記』新訂増補版　全四巻別巻一（中央公論新社、二〇〇九〜二〇一〇年）
『東都祭事記』全三巻（平凡社東洋文庫、一九七〇〜一九七五年）
『江戸風俗総まくり』（『江戸叢書』八、名著刊行会、一九六四年）
『耳嚢』下（岩波文庫、一九九一年）

# Ⅳ　天下祭と庶民芸能

# 天下祭と江戸社会

## 山王権現と神田明神

現在、東京の祭礼で大規模なものとしては、日枝《ひえ》神社の山王祭《さんのうまつり》と、神田神社の神田祭、それに富岡八幡宮の深川祭、浅草神社の三社祭などが知られている。このうち、山王祭と神田祭は江戸時代、天下人たる将軍の上覧のある別格の祭礼であったことから、近代以降になって「天下祭」と俗称されている。

では両祭礼がなぜ別格の扱いを受けたのか。そこで、まずは両社の由緒について述べておきたい。日枝神社は明治維新後の名称であり、それ以前は山王権現と称していた。創建は文明一〇年（一四七八）のことで、太田道灌が江戸城築城後、城内に川越の無量寿寺（現在の喜多院・中院）の鎮守山王権現から勧請したといわれる。その後、天正一八年（一五九〇）八月に徳川家康が江戸城に入ると、以後は徳川将軍家の産土《うぶすな》神に位置付けられた。神仏習合の状況にあった山王権現は大山咋神《おおやまくいのかみ》を主祭神とながら、相殿として一の宮に国常立尊《くにのとこたちのみこと》（本地仏：薬師如来）、二の宮に足仲彦尊《たらしなかつひこのみこと》（仲哀天皇、本地仏：聖観世音菩薩）、三の宮に伊弉冉尊《いざなみのみこと》（本地仏：十一面観世音菩薩）を祀っていた。江戸時代の山王祭では神輿が三基出されたのは、ここに由来している。

ところで、家康は入国の翌年一一月には神領として江戸城内に五石を寄進し、その息子で二代将軍となった秀忠は元和三年（一六一七）一一月一三日、これと引き換えに麻布郷（代々木村）に一〇〇石を寄進した。しかし、それまでの

図1　旧山王権現山門（茨城県稲敷市逢善寺）

江戸城を拡張するにあたり、江戸城内梅林坂にあったといわれる山王権現は寛永頃（一六二四～四四）までに半蔵門外（貝塚）に移り、その後、明暦の大火で類焼したため、万治二年（一六五九）に外堀南西部に面した現在地に遷座している。これは江戸城の裏鬼門にあたることや、溜池に臨む高台にあって砦の機能をはたしていることからも、徳川将軍家がいかに同社を重視しているかがうかがえよう。

なお、三代家光は寛永一二年（一六三五）六月一七日、堀之内村に一九七石余、阿佐ヶ谷村に一八七石余、天沼村に一一九石余の合計五〇〇石を寄進し、以後同社は明治維新まで合計六〇〇石の神領を安堵されている。家光は家康や秀忠と異なり、江戸城内で誕生していることから、とりわけ産土神である同社に強い思い入れがあり、そのことがこうした寄進や、後述の祭礼の上覧につながったものと考えられる。

神仏習合の山王権現は、別当の観理院と神主の樹下《じゅげ》氏が運営にあたっていた。祭礼には双方が巡行行列に出ていたが、観理院が天台宗寛永寺末寺であったため、実際には寛永寺の影響下にあったといえる。明治維新後、観理院は廃寺となり、境内が神道色に整備され、日枝神社と改称した同社は明治元年（一八六八）一一月、准勅祭社に指定された。その後も同五年に東京府の府社となり、同一五年には官幣中社に列し、大正元年（一九一二）に官幣大社に昇格している。なお、江戸時代の山門は維新後、同じ天台宗の逢善寺に移築されて現存している（図1）。

一方、神田神社は明治維新以前の神田明神の称で現在でも親しまれているが、創建は古く、天平二年(七三〇)に現在の大手町にあたる武蔵国豊島郡芝崎村に大巳貴命《おおなむちのみこと》が祀られたことに由来する。その後、天慶三年(九四〇)に討伐された平将門の霊を祀る塚が同所にできた。これは京都で晒された将門の首がこの地に飛来した伝説にもとづくもので、やがて付近で天変地異が頻発し、地元の人々はそれが将門の神威によるものであると捉え、恐れていた。そこに通りかかったのが時宗《じしゅう》の遊行僧他阿《たあ》真教(一二三七～一三一九)の一行で、真教が念仏により霊を慰め、時宗の芝崎道場(のちの日輪寺)が設けられた。こうして神田明神では延慶二年(一三〇九)に将門を祭神に併せて祀るようになったのである。

江戸城に非常に近い場所にあった神田明神は、徳川家が江戸に入ると、慶長八年(一六〇三)に駿河台に移され、さらに元和二年(一六一六)に現在地に遷座したが、その過程で別当寺の日輪寺は切り離され、浅草へ移転している。しかし、神田祭の折には日輪寺の僧の読経などがおこなわれており、関係性はその後も継続している。維新後の明治元年(一八六八)一一月に神祇官から准勅祭神社とされ、同五年五月に府社となるが、同七年八月にはそれまで祭神だった平将門を別祠に移し、代わりに大洗磯前《いそさき》神社の少彦名命《すくなひこなのみこと》を分霊して祭神とした。これは同年九月一九日に天皇の行幸を迎え入れるにあたって、天皇家にとっての逆臣である平将門を祀ることにたいする配慮であり、以後は祭神の大己貴命はそのままに、以後長らくこの二つの祭神が祀られていたのである。

### 将軍が見物した天下祭

天下祭における上覧所は北桔橋《はねばし》門外の吹上の東端に設けられていたが、上覧の嚆矢は山王祭が三代将軍家光の寛永一二年(一六三五)、神田祭は五代綱吉の元禄元年(一六八八)である。家光は前述のように山王権現に特別な思い入れがあり、産土神の意識ゆえに上覧を熱望したものと考えられる。その点では綱吉は当初将軍継嗣ではなかったために館林藩主として神田に屋敷があり、神田の産土神である神田明神の祭礼の上覧を望んだと考えるのが妥当であろう。綱吉の上覧への思いは、延宝九年（一六八一）に両祭礼は隔年交代でおこなうものと定めたことにも表れている。これによって、以後山王権現は子・寅・辰・午・申・戌年の六月一五日、神田明神は丑・卯・巳・未・酉・亥の九月一五日にそれぞれ隔年で祭礼をおこなうこととなったのである。

上覧への特別な思いは六代将軍となった家宣も同様に抱えていた。すなわち、甲府藩主だった家宣は根津の藩邸で誕生したため、産土神の根津権現の祭礼の上覧を望んだのである。ところが家宣は正徳二年（一七一二）一〇月に病没してしまう。そこで巳年にあたる翌三年の町触で、以後は山王が巳年、根津が午年、神田が未年の三年交代で祭礼をおこなうことと定め、七代家継治世の同四年九月二一日、根津権現の祭礼の上覧がおこなわれたのである。ところが同六年四月に家継が死去したことにより、将軍職を継承した八代吉宗は、祭礼の規模縮小をはかり、以前の山王祭・神田祭の隔年巡行に戻したのである。以後両祭礼のみが上覧所を巡行する別格の祭礼として明治維新まで継承されていった。

江戸時代の両祭礼の特徴は、大規模な巡行行列にある。その行列は大別して、神輿《みこし》・山車《だし》・附祭《つけまつり》、そして御雇《おやとい》祭からなる。神輿は両社が幕府の支援を受けて出すもので、祭神の数にしたがって山王祭は三基、神田祭は二基出された。また山車は同時代史料では「出し」と表記されるように、氏子町が自発的に出した出し物に由来し、①吹貫型、②一本柱の万度型・笠鉾型、③大きな台車を用いた造り物型、④江戸型などがある。元来は長い柄の先に町名などを墨書した箱型行灯を人が捧げ持つ万度（万灯）が主流だった。その後、各氏子町の出し物としてしだいに造り物や人形を用いた大掛かりなものに発展すると、台車に乗せて引くようになり、安政年間（一八五四～六〇）頃から山王祭・神

図2　「蘭陵王」の出車（『江戸名勝図会』霞ヶ関、国立国会図書館所蔵）

田祭ではその進化形として江戸型山車が現れ、山車の主流をなすようになっていったのである。

江戸型山車とは、図2（文久二年の山王祭で二一番田所町・通油町・新大坂町の出した山車「蘭陵王」）に示したように、二輪の台車の上に三層の櫓を設け、四方に幕をめぐらし、一層目に囃子座、最上部に人形を据えたもので櫓構造をもつ。これらは多くの山車が牛によって引かれ、人形が上昇・下降のできる三層せり出し型が特徴だった。幕末期の山車は最大で七～八メートルほどの高さになるが、このままでは約四・五メートルの城門を潜り抜けることは不可能である。そこで上下が折り畳み式の構造を持つようになったと考えられる。ただし、幕末においてもすべての山車が江戸型山車となったわけではないようで、一番の大伝馬町と二番の南伝馬町の山車は吹貫型のままであるし、一本柱の笠鉾型のものなどは、城門をくぐる際に柱を後方に倒して通行していたようである。

こうした山車は氏子町の町人たちから出されるが、氏子町は山王祭が日本橋・京橋・麴町地域を中心に一～四五番、神田祭が内神田・外神田を中心に一～三六番に編成され、各番組ごとに山車を出すが、双方の氏子町にあたる一番大伝馬町と二番南伝馬町は共通だった。両町は江戸最古の町として別格であり、他に獅子頭の巡行にも関わっていた。

次に附祭について述べると、附祭とは当番となる氏子町が臨時で仕立てた余興の出し物をいう。踊り屋台・地走り踊・練り物の三種からなるといわれ、踊り・長唄・三味線・太鼓・小鼓・笛などの芸能が取り入れられ、江戸の人々になじみ深い古典を題材としたり、歌舞伎などの流行物を取り入れ、さまざまな仮装や滑稽な仕草などをして練り歩くのを大きな特徴としている。しかし、寛政・天保の両改革では厳しく取り締まられ、数が制限されたため、氏子町のなかで当番制をとるようになり、当番となった年番町三か町がこれを担当することとなった。

そして御雇祭は両祭礼において幕府が氏子町以外の町に命じて出させる出し物で、当初プロの独楽廻しと太神楽を雇って演じられていたため、この称があった。しかし、やがて大奥の好みに応じるなどして出し物が代わり、氏子町の者たちが自らおこなう部分を豊富に含んだ附祭に類似したものになっていった。

これらの祭礼行列は出し物が多いゆえに非常に長いものとなったが、行列構成の大部分は氏子町による町人主体の出し物であったことがわかる。山王祭の行列は山車行列のあとに神輿三基が続く形式であった。そしてもう一方の神田祭の場合は、当初山王祭同様の形式だったものを、天明三年（一七八三）に神主芝崎氏の願いで山車行列の途中に二基の神輿をはさむ形式に改めている。

なお、天保初年頃（一八三〇頃）の山王祭の巡行ルートは、山下門を出発（未明にここから山王前までは山車・練物のみの巡行）→日比谷門堀端に添って進む→桜田門前を左折→潮見坂を登る→番附坂（茱萸坂）を登る（番附坂に祭礼の番附札あり）→番附坂を右折、山王前を直進（このあたりで、神輿と合流）→永田町を右折、さらに左折して梨木坂を下る→三河田原藩三宅家上屋敷角を右折、堀端を左折→御堀端通り直進→半蔵門→半蔵門から内郭へ堀添に進み上覧所へ→上覧の後、竹橋門から内郭を出て右折→酒井家上屋敷に添い、同屋敷角を左折→酒井家上屋敷・小笠原家上屋敷に添って進む→常盤橋門を出る（山車・練物については、これより退散）→本町一丁目、二丁目、角左折（これよりの順路は、神輿行列のみ）→十軒店、右折、本石町三丁目、四丁目、角を左折→鉄砲町を一回り、元の角を左折→大伝馬町一丁目角を左折、同二丁目先の角を右折→堀留町二丁目角を右折、直進→小舟町角を左折、堀端直進→小舟町一丁目、二丁目、三丁目、小網町一丁目過ぎ↓思案橋を渡り、小網町二丁目、三丁目、箱崎橋、湊橋渡る↓右折、霊岸橋渡り、堀橋を直進、左折↓山王御旅所に入る（奉幣ならびに神饌を献じ、御旅所を出る）↓御旅所前右へ、更に左折、海賊橋を渡る↓青物町、万町を経て左折、大通りに出る↓通一丁目から四丁目、中橋広小路町、南伝馬町一丁目から三丁目↓京橋を渡り、新両替町一丁目から四丁目、尾張町先の角を右折↓南鍋町二丁目、一丁目、山下町から山下門を入る↓日比谷門堀端に添って進む↓桜田門前を左折↓潮見坂を登る↓番附坂（茱萸坂）を登る↓番附坂右折、山王前を左折、帰社というものであった。

一方、神田祭は未明に湯島聖堂西隣の桜の馬場から繰り出し、御茶の水河岸通（昌平坂）を登り本郷竹町の方へ右折（未明）↓東竹町先の角を右折、本郷通を直進↓湯島五丁目から三丁目、明神前を通り同二丁目、一丁目と下る↓神田明神下から旅籠町一、二丁目の間を進み、二丁目先を右折↓神田仲町一、二丁目・神田花房町と加賀原の間を通り、筋違門を入る↓須田町、通新石町、神田鍋町を通り、西へ右折↓鍋町西横町、多町一丁目、横大工町を通り、三河町三丁目を南へ左折↓三河町二丁目、同一丁目を経て堀端に突当り、西へ右折↓神田橋門外を通り、伊勢神戸藩本多家上屋敷角を北へ右折↓一本目を西へ左折、護持院原北側を進み、四番明地沿いから堀端を進む↓俎板《まないた》橋を西へ渡って右折、すぐ左折して中坂を登る↓田安家・清水家両屋敷の間を通り、朝鮮馬場に突当り左折、そのまま竹橋門を出る（朝鮮馬場で曲芸上覧）↓右手へ堀端を進み、平川門外を通り、一橋家屋敷前に出る（この辺が神田明神旧地のため、神輿は屋敷内に入り、奉幣を受ける）↓一橋家から出羽鶴岡藩酒井家上屋敷の角を東に左折、豊前小倉藩小笠原家・越前福井藩松平家両上屋敷にそって進み、常盤橋門を出る（夕方、山車・練り物などは解散）↓本町通を進み、本町一、二丁目を通り、左折、すぐ右折↓本石町、鉄炮町、右折して大伝馬町、堀留町、小網町を通る↓小舟河岸から瀬戸物町、伊勢町河岸、本船町を通る↓小田原河岸から日本橋を渡り、日本橋通一丁目から京橋迄通る↓橋詰めを東へ左折、河岸炭町から北へ左折、本材木町七丁目から一丁目河岸へ進む→四日市から日本橋を渡り、室町一丁目から筋違門南詰に進む→筋違橋八ッ小路から昌平橋を北へ渡る→昌平橋北詰を西へ左折、湯島の河岸、堀端に沿って湯島聖堂脇の坂を登り、帰社というコースだった。

（滝口）

【参考文献】

神田明神史考刊行会編『神田明神史考』（一九九二年）
岸川雅範『江戸の祭礼』（角川選書、二〇一九年）
千代田区教育委員会編『続・江戸型山車のゆくえ―天下祭及び祭礼文化伝播に関する調査・研究報告』（一九九九年）
日枝神社編『日枝神社史』（日枝神社御鎮座五百年奉賛会、一九七九年）

# 天下祭の文化的効果

## 祭礼番附にみる天下祭

山王祭・神田祭では、祭礼行列の順番や、行列への参加者などについて、事前に打ち合わされた取り決めとおりに祭礼がおこなわれているかを確認するための印刷物を作成していた。これは祭礼番附と呼ばれるもので、上覧所に列席する将軍や老中・若年寄・側衆たちが手元用として用いるほか、巡行の際に交通規制にあたる町奉行所の与力・同心、あるいは行列の進行を監督する町名主などは、番附と実際の行列を見比べながら祭礼を取り締まり、山車や附《つけ》祭《まつり》を出す町の方は、番附と相違なくとりおこなうように求められた。

番附は大量に用意する必要があるため、絵双紙問屋に印刷を委託するのが慣例になっていた。嘉永四年(一八五一)に湯島六丁目名主山本六右衛門が書き留めた「御用留」(神田神社所蔵)によれば、祭礼番附の制作にともなう費用は、その年の当番になった氏子町である年番町が負担することになっていた。そしてこの史料の分析によって行列の詳細を収録した①「番附帳」、附祭参加者名簿の②「芸人名前帳」に加え、さらに附祭三か所の各演目で用いられる長唄や浄瑠璃の文句を掲載した③「唄浄瑠璃文句三場所合帳」の三種の番附が作成されていたことが明らかになってきた。嘉永四年の場合は、①と③が太田屋佐吉から納品されており、①を二九五〇冊作成して要した費用は、銀七〇八匁二分四厘(一冊あたり銀二分四厘ほど)、③は同様に一八五冊で銀一六七匁二分八厘(一冊あたり銀九分ほど)だった。また、

②は森屋治兵衛に二九五〇冊発注し、銀七九六匁二分（一冊あたり銀二分七厘ほど）を支払っている。

なお、この年神田祭で配布した祭礼番附は、「番附帳」と「芸人名前帳」各二四〇〇冊で、附祭三か所に各五一一冊ずつ割り当て、残りの各八六五冊については、まず祭礼の取り締まりに関わる南北町奉行所の三廻り同心と祭礼出役の与力・同心、町年寄や目付に配布し、さらに各町奉行所にも配られた。これらはかなりの割合を占めているが、他に町会所や神社側に配布し、同心の個人的な依頼にも応じている。神田明神の神主芝崎氏ら神社関係者への配布が少ないのが意外だが、それだけ天下祭の主体が本来の神社ではなく、幕府側にあったことを物語っているのである。

こうして納められた祭礼番附は、あくまで文字のみで行列を表現した内部資料用のもので、いずれも表紙に「禁売」の印が捺されていたが、この情報をもとに絵草紙問屋が市販用の祭礼番附を売り出していた。これには、かわら版のような絵入りで二〜三枚続きのものや、浄瑠璃や長唄の文句や芸人などのより詳細な附祭の情報を加え、絵本仕立てにした冊子状のものなどがあった。

これらの刊行は特定の絵草紙問屋に限られていたようで、幕末は鍛治町二丁目の太田屋と、馬喰町二丁目の森屋治兵衛が版元を独占していた。彼らはともに絵草紙・錦絵を刊行する版元として知られ、非売品の番附制作を請け負うことにより、この情報をもとに市販用の祭礼番附を売り出した。これが後者の絵入番附で、版元は取材の手間はかからず、日頃から馴染みのある浮世絵師に挿絵を依頼すれば容易に制作できるこうした番附は、毎年一定の収入を得られる利点があったのである。この絵入番附は、参加者・見物者ともに祭礼行列を事前に知り、対照させることができたため、パンフレットのような機能をはたすとともに、江戸土産としても重宝されたようである。そして祭礼の前には、市中に祭礼番附売りが現れて、これらを売り捌いていた。

図3は文久二年（一八六二）の山王祭の市販用番附（部分）だが、版元森屋治兵衛から出されたもので、浮世絵師によ

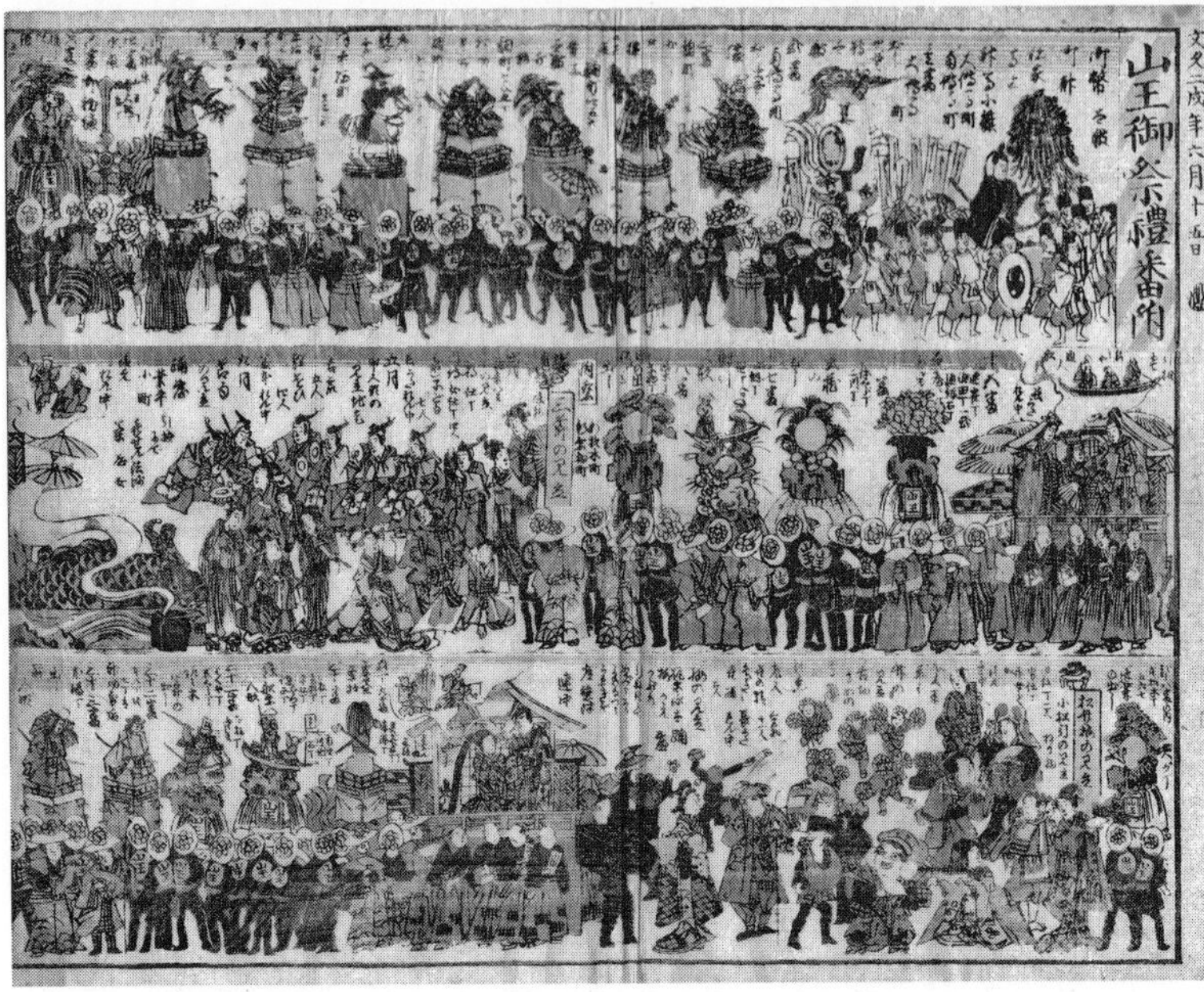

図3 文久2年(1862)の「山王御祭礼番附」(部分、国立国会図書館所蔵)

る簡素な挿絵が随所にみられ、これによって、行列の概要を知ることができる。この年の祭礼行列は、御幣—太鼓—榊—社家騎馬—神馬—小旗—山車一〜一四番—附祭①—山車一五〜一七番—附祭②—山車一八〜二七番—附祭③—山車二八〜四五番—神輿行列—小旗—大旗—長柄槍—太鼓二ツ持ち一一人—柏板二人—田楽二人—獅子頭持人二四人—社家騎馬—飾鉾三本三二人—社家騎馬—神馬—社家騎馬—神馬三疋—御太刀負—社家騎馬三人—神輿一宮—同二宮—同三宮という構成だったことがわかる。なお、この年は三つの附祭のうち、①は小網町一〜三丁目・同横町の「七五三之見立」、②は新材木町・新乗物町の「三節句之見立」、③は大坂町・本材木町五〜七丁目の「松竹梅之見立」であった。

### 祭礼をめぐる三重の構造

両祭礼は寺社の祭礼ではあるが、行列の大部分は氏子町の出し物によって構成されていたため、おのずから大きな費用負担が求められていた。各氏子町の祭礼費用は町の主要構成員である地主・家主（大家・家守）らから徴収し、町名主が段取りから警備・取り締まりまでをおこなうことになっていたのである。そして両祭礼は都市型祭礼の大きな特徴である、①参加者、②取締・監督者、③見物人それぞれが関わる大規模なものだった。

そこでまず、祭礼の参加者についてみると、寺社関係者以外では、氏子町の人々が挙げられる。氏子町の祭礼費用は地主・家主が支払う町入用に含まれる。彼らは裃を着た正装で行列に供奉することが多かった。これに対して奉公人や、裏店層といわれる長屋の住人たちは、町ごとに異なる揃いの半纏を着るなどして行列に参加している。また、火事の折には町火消を務める町内の鳶は、山車の組み立てや神酒所の設営などをおこなうとともに、巡行《じゅんこう》の際には行列の進行を監督していた。そして氏子町の出し物全般を監督する役目を担っていたのが、各氏子町の町名主である。

神田明神の氏子町である雉子町に住み、周辺六か町を支配した町名主斎藤月岑の日記をみると、祭礼の氏子町における準備は三か月ほど前から始められていて、町年寄の指示を適宜あおぎながら、他の町名主らと頻繁に寄合をおこない、祭礼の順路や衣装・踊り・出し物の打ち合わせや見分をおこなっている。ことに衣装改めは祭礼直前までおこなわれ、祭礼当日も取り締まりに出向いていることがわかる。

また、名主のなかには町奉行所から祭礼取扱掛名主に命じられる者もいて、彼らは後述の町奉行所の祭礼出役の与力・同心の補佐をおこなっていた。そして山王祭では半蔵門で、神田祭は田安門で巡行行列が城門をくぐる繰り入れという場面があるが、ここで祭礼取扱掛名主とともに数名の町名主が立ち会いに参加することになっていた。彼ら町名主は、上覧所には時間通りに行列が進行するよう、半蔵門・田安門で監督する役割を担っており、門内を管轄する目付は、あらかじめ町名主たちの名簿を入手して対応していたのである。

斎藤月岑は神田祭が終わると、翌日の御礼参りに他の名主仲間と神田明神へ行き、帰りに両国の料亭梅川で打ち上げの一席を設けているが、これが町名主の基本的な流れだったのだろう。そして事後処理にも町名主は奮闘している。すなわち、月岑の日記をみると、町名主の仕事はこれで終わったわけではなく、祭礼費用の会計処理と不足分の調整などをおこなっており、ようやく一連の仕事が落着したのは一一月八日のことであった。

ところで、巡行行列の参加者は氏子町の面々だけではなかったことは、意外と知られていない。御雇祭は氏子町以外から招待している出し物だが、附祭についても多くの氏子町以外の面々が参加していたのである。すなわち、祭礼番附の記載をみると、附祭の出し物には、仮装する少女や、浄瑠璃・三味線・太鼓・小鼓・笛・長唄などがあるが、それに参加する者には、浅草・下谷・本郷・駒込・赤坂・本所・深川など、氏子町とはまったく関係ないところに住む者が少なくないのである。

両祭礼で取り締まりのために作成された祭礼番附から出演者を詳しくみていくと、各演目ごとに「〇〇之形《なり》」「〇〇之学《まねび》」などと表記される仮装をした女性と、浄瑠璃語・三味線引・笛・太鼓・鼓類などの演者とに分かれる。女性は踊りをともなうことも多く、彼女たちだけは年齢が明記されている。彼女たちはしばしば「踊子供」と表記される一〇代の女性を中心とし、これに「後見」として年長の女性が加わることも多く、姉妹での参加や、後見の女性が母親という場合も多いのが特徴である。また、彼女たちのなかには一部に芸名を持つ女性がいて、附祭で仮装や踊りを披露する女性たちは、師匠について芸事を学ぶ素人か、それに近い女性から選出されていることがうかがえる。一方、他の演者のほうはいずれも男性で芸名を持ち、各流派の姓を名乗っている。彼らには年齢の記載がなく、師弟間・同門間で同居している場合もしばしばみられ、いわばプロの人々が多いと考えられる。

両祭礼の附祭がこのような氏子町以外の地域から参加者を集める背景には、附祭の出し物を請負人に委託する実態があった。請負人は踊りや役者などの経験者や、日頃から三芝居（中村座・市村座・森田座のいわゆる「江戸三座」）に関与している者が多かったと考えられている。そして附祭の芸人・練り子たちは、このような請負人によって選抜されたため、江戸の各地から集められたといえるのである。

このように、御雇《おやとい》祭や附祭をとおして氏子町以外から多くの参加者があるということは、両祭礼が江戸全体を巻き込む江戸最大規模の祭礼であったことを物語っているのである。そして請負人や、請負人に声をかけられた師匠たちを通じて選抜されることがステータスとなり、それゆえに日頃から芸事の精進に勤しむ人々が多かったことを考えると、祭礼は芸事の活性化に大きく寄与しているということができよう。

なお、行列にはごく一部分ではあるが大名も警固として加わっており、嘉永四年(一八五一)の神田祭では、行列の先頭集団の棒突・榊・神馬・長柄・旗を陸奥国下手渡《しもてど》藩主(一万石)立花種恭《たねちか》(一八三六〜一九〇五)・伊予国大洲藩主(六万石)加藤泰幹《やすもと》(一八一三〜五三)が、一〇番と一一番の山車の間に入る神輿行列(長柄・獅子頭・鉾・神馬・長柄・神輿・神轅《ながえ》・殿・突棒と続く)の前後を山城国淀藩主(一〇万二〇〇〇石)稲葉正邦(一八三四〜九八)・陸奥国久保田藩主(二〇万石)佐竹義睦《よしちか》(一八三九〜五七)・出羽国庄内藩主(一四万石余)酒井忠発《ただあき》(一八一二〜七六)・筑後国柳川藩主(一〇万石)立花鑑寛《あきひろ》(一八二九〜一九〇九)・越後国高田藩主(一五万石)榊原政愛《まさちか》(一八一三〜六一)・備中国岡田藩主(一万石余)伊東長裕《ながやす》(一八一六〜六〇)・旗本(八〇〇〇石)杉浦銑之助が固めていたが、あくまで町人が巡行行列の主体であったことには変わりがないのである。

## 取締・監督者と見物人

祭礼に参加する者以外に、これを監督し取り締まる者たちがいた。代表的なのが町奉行所の与力・同心だろう。彼らは両祭礼に関して、まず祭礼衣装や、行列の構成、巡行ルートの確認、各氏子町の出し物の確認、喧嘩・口論などの取り締まりをおこなった。これらは直接与力・同心が出向くこともあるが、多くは町年寄や祭礼取扱掛名主を通じてさまざまな指示を出すもので、通常業務の一環として位置付けられよう。

これに対して、両祭礼当日に行列の江戸市中巡行に際して取り締まりをおこなう祭礼出役という臨時業務があった。彼ら祭礼出役は行列の出社・帰社および江戸城への出入りが遅滞なく番附通りにおこなわれ、あらかじめ取り決められた巡行ルートを円滑に巡行するよう取り締まった。なかでも山王祭では半蔵門、神田祭では田安門が重要なポイントだった。というのは、半蔵門・田安門から入り、上覧所を経て竹橋門を出るまでの間は、町奉行所ではなく目付の管轄であったため、行列の繰り入れには配下の徒目付・小人目付が立ち会うことになっていたのである。それゆえ、衣装や時刻を確認し、隊列を整えた上で徒《かち》目付らに行列を引き渡す任務は緊張をともなうものであり、これがかえって祭礼の参加者に他の祭礼にない高揚感をもたらしたといえるだろう。

一方、江戸城には内堀・外堀それぞれに城門(見附)が設置され、一八世紀以降はそれぞれの門番を大名あるいは数千石クラスの大身旗本が基本的には二家による一〇日交代で担当した。門番を拝命した大名・旗本たちは家臣に命じて城門に詰めさせたが、山王・神田両祭礼などは行列が多くの城門を通過するため、祭礼時の取り締まりが重要な役目となる場合があった。道の整備や行列の円滑な通行と、見物人などの通行規制を入念におこなっていたのである。

ところで、図4は神田祭の附祭の名物「大江山凱陣」の一行が氏子町を巡行する様子を描いている。巡行路にあたる氏子町ではこのように、祭礼当日、表店《だな》は商売を休みにして、桟敷席を設け、贔屓客や親類・知人を呼んで賑やかに見物するのが常だった。こうした見物席では屏風を立てたり掛軸を掛けるなどして飾り立てて飲食をすることが一般的だったようだが、町触では、桟敷席で金屏風を立てることや、前日の宵宮(夜宮)から三味線を弾《ひ》き酒盛りをすることなどを禁じていることから、巡行路の見物席ではハレの場の宴席のような盛り上がりをみせたことがわかる。

江戸城内の上覧所以外にも、大名屋敷の前を通行する際に祭礼見物の場面があった。行列は将軍一族の田安・清水・一橋の御三卿の各屋敷前を通るため、それぞれに上覧所が設けられた。また、一一代家斉の子女はさまざまな大名家に嫁いだが、そのなかで上屋敷が巡行路に当たる家々では、屋敷の一角に物見所を設けた「透見《すきみ》」がおこなわれた。これも上覧に準ずる意味をもったが、他の大名家でも物見所を設けることがあったようである。行列はこうしたところにさしかかると、そのつど所望に応じて芸を披露していたため、行列の進行は遅れがちだったという。また勤番武士などが祭礼見物に出かけることも多く、ほとんどの藩では藩士の祭礼見物には制限を設けていたが、口実を作っては外出し、山王祭・神田祭などの見物をしていた。

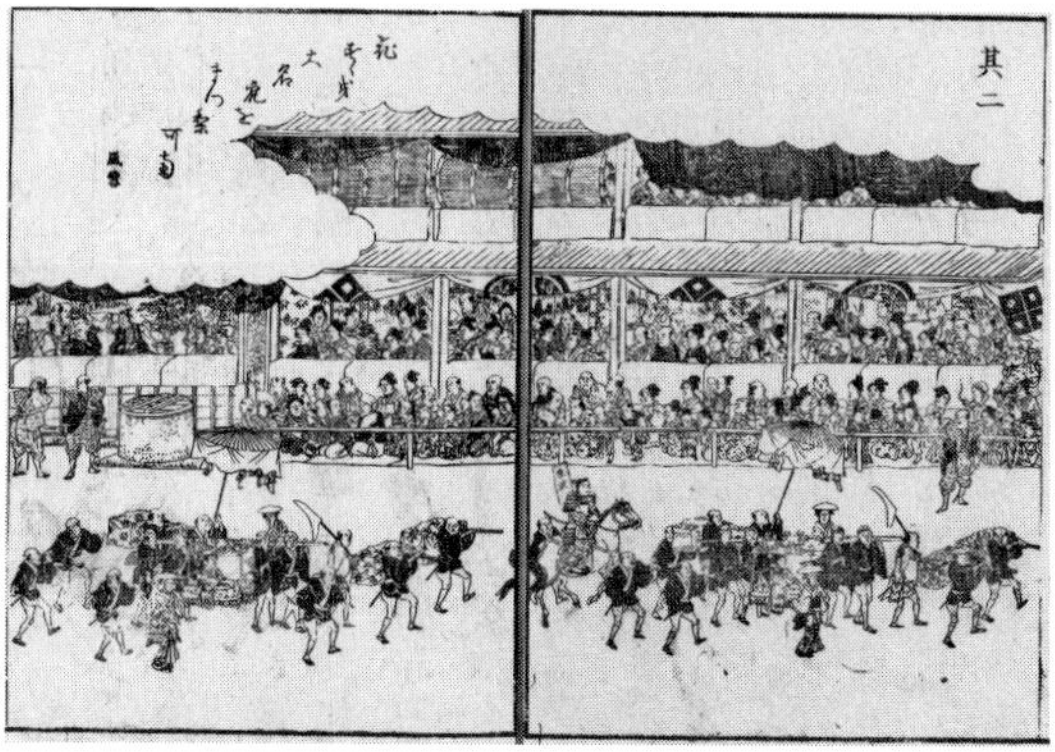

図4　附祭の仮装行列と大店の見物席
（『江戸名所図会』国立国会図書館所蔵）

このように、両祭礼に関して武家は、上覧所の将軍をはじめとする見物を核として、警固―取り締まり―見物という三層構造で直接的・間接的に祭礼と関わっていたといえる。そして旅人や武家を含めた多くの見物人が注目する祭礼において、江戸の町人主体で構成される両祭礼の行列は、見られるという要素が、支配階級である武家に対する町人の経済的・文化的な対抗意識や、洗練された文化・技能を披露する絶好の機会として機能していたことを物語っている。そして祭礼行列の上覧所への巡行こそが、江戸庶民の存在を将軍を含めた武士層に認めさせる最大の場面であったといえよう。

（滝口）

【参考文献】

亀川泰照「祭礼番附と江戸地本問屋森屋治兵衛」（江戸東京近郊地域史研究会編『地域史・江戸東京』岩田書院、二〇〇八年）
岸川雅範『江戸の祭礼』（角川選書、二〇二〇年）
木下直之・福原敏男編『鬼がゆく―江戸の華　神田祭―』（平凡社、二〇〇九年）
滝口正哉「神田祭と江戸町人文化―祭礼に関わる人々―」（『神田明神論集1』神田神社、二〇一七年）
千代田区教育委員会編『続・江戸型山車のゆくえ―天下祭及び祭礼文化伝播に関する調査・研究報告』（一九九九年）
都市と祭礼研究会編『天下祭読本―幕末の神田明神祭礼を読み解く―』（雄山閣、二〇〇七年）
都市と祭礼研究会編『江戸天下祭絵巻の世界―うたいおどりばける―』（岩田書院、二〇一一年）
福原敏男『江戸最盛期の神田祭絵巻―文政六年御雇祭と附祭―』（渡辺出版、二〇一二年）
福原敏男・笹原亮二編『造り物の文化史―歴史・民俗・多様性』（勉誠出版、二〇一四年）
福原敏男『江戸の祭礼屋台と山車絵巻―神田祭と山王祭―』（渡辺出版、二〇一五年）
福原敏男『江戸山王祭礼絵巻―練物・傘鉾・山車・屋台』（岩田書院、二〇一八年）
福原敏男『仮装と俄の祭礼絵巻』（岩田書院、二〇二〇年）

# 大規模化する寺社の祭礼

## 天下祭になり損ねた大型祭礼

山王祭・神田祭を天下祭と位置付けるならば、天下祭になり損ねた祭礼が二つあった。それは根津権現の祭礼と赤坂氷川明神の祭礼である。天下祭とは先述のように、祭礼行列が江戸城内の上覧所まで巡行する点に加えて、幕府の援助のもとに一定の間隔で継続的にそれがおこなわれるところに特徴がある。

一度だけ上覧所に巡行した事例が根津権現(現根津神社)の祭礼である。根津権現は徳川家康の江戸入国以前から千駄木村に創建されていたといわれ、甲府藩主徳川綱豊(一六六二～一七一二)が叔父の五代将軍綱吉(一六四六～一七〇九)の養子となって将軍世嗣に決まり、家宣と改名すると、同社は根津の甲府藩邸で生まれ育った家宣の産土神《うぶすながみ》であることから、宝永三年(一七〇六)、藩邸のあった根津の地に遷座した。なお、このとき綱吉は諸大名を動員して社殿を造営し、五〇〇石の朱印地を与えている。

宝永六年に綱吉が死去し、家宣が六代将軍となると、根津権現の祭礼が天下祭としておこなわれる準備が整えられていき、幕府は正徳四年(一七一四)九月二一日に根津権現の祭礼をおこない、以後は山王が巳年、根津が午年、神田が未年の三年交代で祭礼をおこなうことと定めた。祭礼は氏子町を大幅に広げて盛大におこなわれ、江戸橋広小路に御旅所ができ、三基の神輿と五〇台の山車が出たといわれる。しかし、同六年四月に家継が死去したことにより、根津の祭礼は一般の祭礼に格下げとなり、以後は従来通り山王権現・神田明神が隔年に祭礼をおこなう形式に戻っている。

天下祭に準じる規模と格を誇ったのが、実は赤坂氷川明神(現赤坂氷川神社)の祭礼だった。天下祭が従来通り山王祭と神田祭の隔年形式に戻った背景には、八代将軍となった吉宗の意向があった。紀州藩出身の吉宗は、同藩邸が赤坂にあり、当時世嗣でのちに九代将軍となる家重が赤坂の藩邸で誕生していることから、赤坂氷川明神を産土神と認識していたと考えられる。氷川明神は天暦五年(九五一)に創建されたといわれ、以来、一ツ木村に鎮座していた。これに対し吉宗はまず享保一四年(一七二九)九月二八日に社領二〇〇石および土地四九三〇坪を寄進し、移転を命じた。そして老中水野忠之を総責任者とする社殿の造営がおこなわれ、翌年四月二六日に遷座がおこなわれたのである。根津権現と同様の論理でいえば、この氷川明神の祭礼も上覧をおこない天下祭となる可能性があったが、享保の改革の一環として祭礼の簡素化を打ち立てている吉宗は、旧例に戻す方針を貫いたのである。

同社の祭礼は氏子域が外堀をはさんで山王権現と隣接する赤坂地域に広がっていることもあって、山王祭と隔年の六月一五日におこなわれていた。こちらの祭礼は二基の神輿と、二一の氏子町が出す山車一六番、それに附祭からなり、一木町の旧地を御旅所とし、行列の主な構成は、榊—神馬—猿田彦—獅子頭(二体)—山車(一~一六番)—幟(二本)—四神鉾—神輿(二基)—神主騎馬—社家(二人)—別当乗輿—毛槍(二〇筋)というものだった。そして祭礼当日には町奉行所の与力・同心が祭礼出役として交通規制にあたっていた。祭礼出役が出動するのは山王・神田の両祭礼とこの赤坂だけであり、一四代家茂までの歴代将軍が吉宗の血統であることを合わせて考えれば、赤坂氷川の祭礼が上覧所まで巡行することがないものの、隔年で継続しておこなわれており、幕府として「第三の祭礼」として位置付けられていたことが明らかである。これは当時の認識としてもうかがえるものであり、先述の斎藤月岑も、自身が編纂した『東都歳事記』のなかで「山王権現、神田明神に続し大祭祀なり」と述べているほどである。

## さまざまな大型祭礼

天保九年(一八三八)に刊行された前述の『東都歳事記』をみてみると、氏子を番組編成し、山車や附祭をともなう祭礼や、神輿の巡行ばかりでも御旅所まで盛大な行列となる祭礼が少なくない。そこで御旅所に巡行がある場合や、氏子番組を仕立てて山車や附祭を出す大規模祭礼として取り上げられているものを中心にまとめたのが表1である(天下祭および根津権現・赤坂氷川明神の祭礼を除く)。

現在では深川祭や三社祭が都内の大規模祭礼として評価されることが多いが、当時は隔年でコンスタントにおこなわれていたわけではなく、江戸時代後期に数回だけ大規模な祭礼をおこなったのみというものがほとんどである。

深川祭は富岡八幡宮の祭礼で、寛永二〇年(一六四三)以来八月一五日におこなわれ、三基の神輿(応神天皇・天照皇大神宮・飛来八幡)と深川から一三番、霊岸島から九番の山車、および数か所の附祭が出された。しかし、文化四年(一八〇七)八月一九日、深川富岡八幡宮の一二年ぶりの祭礼がおこなわれた際に、深川と霊岸島を結ぶ永代橋が詰め掛けた見物の群衆の重みに耐え切れず、深川側から六、七間のところで橋桁が折れてしまい、一四〇〇人を超える死者・行方不明者が出たといわれている(大田南畝「夢の憂橋」)。これ以後、山車などの巡行はなくなり、多くの見物客を集めたものの表門外の仮屋に三基の神輿を飾るばかりであった。

三社祭は浅草三社権現(現浅草神社)の祭礼で、同社は推古天皇三六年(六二八)三月一八日に宮戸川(のちの隅田川)で観音像を発見した檜前浜成《ひのくまのはまなり》・竹成兄弟と土師中知《はじのなかとも》の三人を祭神として祀り、隔年三月一八日におこなわれる祭礼では三基の神輿が出て、それぞれの子孫にあたる斎頭坊・常音坊・専堂坊が供奉し、氏子町三一か町が一〜二〇番に編

表1 『東都歳事記』にみる江戸の大型祭礼

| 祭礼日 | 祭礼寺社 | 氏子番組数 | 備考 |
|---|---|---|---|
| 2月二の午 | 下谷茅町境稲荷 | 11番(九町) | 宝暦11年までは隔年に神輿を渡し、11番の練物を出していたが、同13年は神輿ばかりとなり、安永3年からは神輿も出なくなった。 |
| 2月10日 | 湯島天満宮 | | 以前は正月10日だったが、宝永6年から2月に変更。 |
| 3月11日 | 下谷稲荷社 | 16番(二〇町) | |
| 3月17・18日 | 浅草三社権現 | 20番(三一町) | 隔年(丑・卯・巳・未・酉・亥)におこなう。 |
| 6月5日 | 神田社地天王二の宮(神田神社摂社大伝馬町八雲神社) | 大伝馬町他三五町ほど | 大伝馬町二丁目の御旅所に神幸し、8日に帰輿。 |
| 6月5日 | 浅草第六天 | 9番(一三町) | 隔年。昔は2月9日におこなっていた。山車は近年中絶し、天保4年から神輿渡御が復活。 |
| 6月7日 | 神田社地天王一の宮(神田神社摂社江戸神社) | 南伝馬町他六七町 | 南伝馬町二丁目の御旅所に神幸し、14日に帰輿。山王祭の年は14日早朝に帰輿。 |
| 6月8日 | 浅草蔵前牛頭天王 | | 神輿のみ。6日より神輿を社前の仮屋に移す。 |
| 6月9日 | 浅草鳥越明神 | 17番(二三町) | かつては11日だった。寛政8年までは毎年山車を出していたが中絶し、神輿のみ隔年巡行となる。 |
| 6月10日 | 神田社地天王三の宮(神田神社摂社江戸神社) | 小舟町他七四町 | 小舟町一丁目に御旅所あり。13日帰輿。 |
| 6月15日 | 永田馬場日吉山王権現社 | 45番(一六〇町余) | 隔年(子・寅・辰・午・申・戌)におこなう。 |
| 6月15日 | 赤坂氷川明神 | 16番(二一町) | 隔年(丑・卯・巳・未・酉・亥)におこなう。 |
| 6月15日 | 山谷熱田明神 | 6番(五町・助一町) | 宝暦13年までは山車を出していたが、神輿のみとなる。 |
| 6月18日 | 四谷牛頭天王 | ※18番(二一町) | 以前は隔年だったが、近年(文政以降)は毎年おこなう。※寛政11年の祭礼番附あり。それによれば、天明元年より毎年おこなっているとある。 |

| | | | |
|---|---|---|---|
| 8月15日 | 富岡八幡宮 | 深川13番・霊岸島9番（合計三五町） | 祭礼は寛永20年より始まり、文化4年までは隔年で御旅所に神輿の巡行（神幸）があった。 |
| 8月15日 | 三田八幡宮 | 12番（一三町） | |
| 8月15日 | 西久保八幡宮 | 番組数不明（二〇町） | 隔年（丑・卯・巳・未・酉・亥）におこなう。氏子の詳細は「神輿渡御の道筋並に産子の町名は後輯に詳にすべし」とあって記載なし。 |
| 8月15日 | 市谷八幡宮 | 21番（二一町） | 安永3年までは隔年に神輿・山車の巡行があったが、中絶。 |
| 8月15日 | 高田穴八幡宮 | 31番（三三町） | 宝暦9年までは隔年で神楽坂の御旅所に神幸があったが、中絶。 |
| 8月17日 | 麻布一本松氷川明神 | 8番（一〇町） | 隔年。天明年間に祭礼日を9月17日からこの日に移した。 |
| 8月24日 | 亀戸天満宮 | 23番（三九町） | 隔年（子・寅・辰・午・申・戌）におこなう。寛文3年8月以来巡行あり。御旅所への神幸は近年中絶。 |
| 9月10日 | 小石川氷川明神 | 21番（三五町） | 隔年（丑・卯・巳・未・酉・亥）におこなうが、近年巡行は中絶。 |
| 9月15日 | 神田明神 | 36番（六〇町） | 隔年（丑・卯・巳・未・酉・亥）におこなう。 |
| 9月15日 | 牛ノ御前王子権現 | 24番（三一町三村） | 山車などは安永8年より出なくなった。 |
| 9月19日 | 牛込赤城明神 | 26番（二八町） | 隔年（子・寅・辰・午・申・戌）におこなっていたが、近年は年を置いて出している。 |
| 9月21日 | 小石川白山権現 | ※26番（四二町） | 安永3年までは隔年（子・寅・辰・午・申・戌）に神輿・山車の巡行があったが、中絶。<br>※享和2年の祭礼番附あり。 |
| 9月21日 | 根津権現 | | ※正徳4年のみ天下祭としておこなわれ、以後は山車・附祭はなし。 |
| 9月21日 | 青山原宿町熊野権現 | 13番（一一町） | 年によって山車などを出す。 |

註：『東都歳事記』（天保9年刊）より作成。※は祭礼番附による。

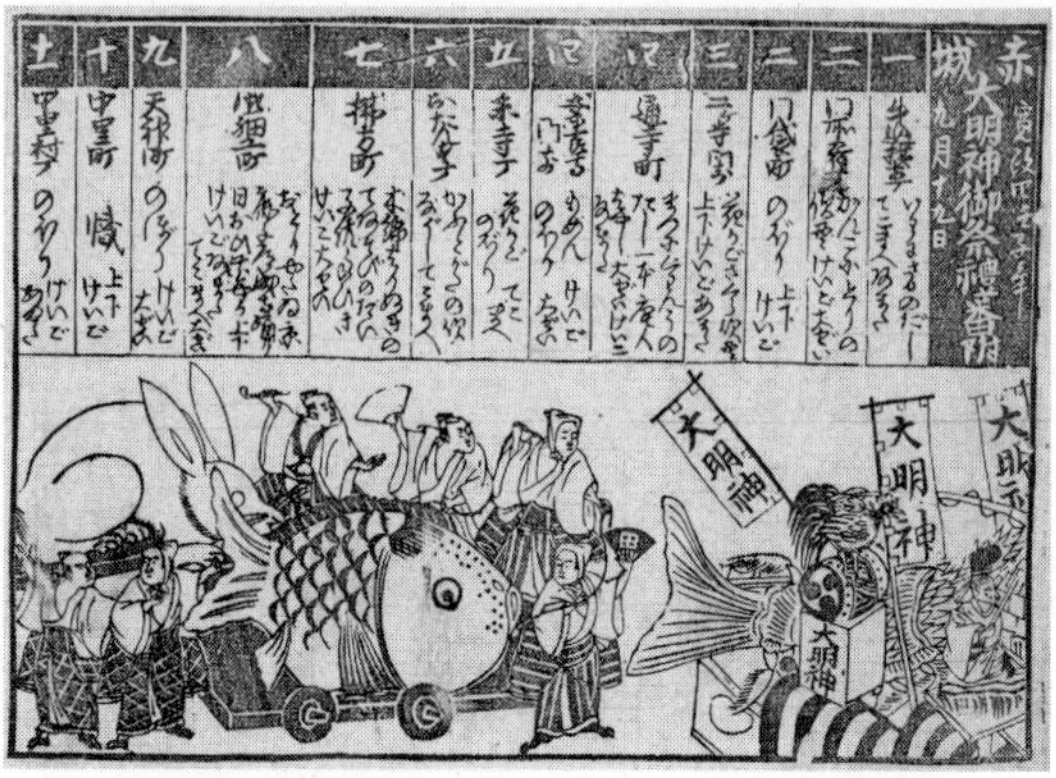

図５　寛政４年(1792)の「赤城大明神御祭礼番附」
（国立国会図書館所蔵）

成されて山車や附祭が出された。前日には浅草寺の僧による法要や田楽・ビンザサラなどの神事があり、当日は三基の神輿が大通りを浅草橋門まで進んだあと船に移し、隅田川を北上して花川戸と山の宿町の間から陸に上がって、随身門をとおり帰輿する船渡御が有名であった。

図５は寛政四年（一七九二）九月一九日におこなわれた赤城明神（現赤城神社）の祭礼番附である。大規模祭礼のなかには、このように祭礼番附が出されるほど前評判の高かったものも散見されるが、全体的な特徴としては、六月に牛頭《ごず》天王、八月に八幡神を祭神とする寺社の祭礼が多い。牛頭天王は疫病などを流行らせる疫神と考えられ、人口密度が高く病の伝染に敏感な都市部では、特にこれを鎮め退散させるために祭礼をおこなうという意図があった。また、八幡神は武神であるとともに、清和源氏の氏神であり、徳川将軍家が系譜的にその流れをくむことを自称していたこともあって、八幡神を祀る寺社では、鳥獣や魚などを放つ放生会とともに祭礼が盛大におこなわれたと考えられる。

このように江戸の祭礼が大型化していることがわかるとともに、そのほとんどが日頃から参詣客の多い、いわば名所化・観光地化された集客力のある寺社であることに気付かされる。そしてそこには、都市の大型祭礼特有の「見られる祭礼」の要素が表れている。江戸の各寺社では、氏子の経済的な負担というリスクを背負ってまでも祭礼に「ハレ」の非日常性を求め、盛大な祭礼にしていく傾向があって、単発でも資金の集まったときには山車や附祭の巡行をともなった大型祭礼をおこなったわけである。その場合のモデルとなったのが、山王祭・神田祭だったわけである。その意味で、天下祭は他の江戸の祭礼にも大きな影響力を与えていたといえるだろう。

## 都市型祭礼の意義

祭りとは、そもそも神霊を招き迎え、供物や歌舞を捧げて歓待・饗応し、祈願や感謝をして慰撫することを意味する。そして祭りの本質は集団による共同祈願にあり、国家・地域・講・氏子など、関連する集団の性格や状況が大きく影響する特徴がある。祭りは奉仕する者が物忌・精進・潔斎することによって日常生活からの離脱を明確にし、異様な服装や化粧で変身することで「ハレ」の非日常的世界に没入し、芸能や舞踊などで熱狂に導いていく。そして祭りが終わると再び日常生活である「ケ」の世界に立ち戻るという循環型サイクルがあることは、民俗学で説かれるところである。そして祭りは一見浪費や無用の遊興にみえながらも、日常生活を円滑に進める上で不可欠の要素であるとともに、歴史学では封建社会における被支配者たちのガス抜きとして機能していたと解釈されてきた。

江戸時代の祭礼の特徴は、三都をはじめ各地に都市が誕生し、地域の共同体を中心とした小規模な祭りから、山車や附祭をともなった大規模な祭礼へと発展をみせるものが現れた点である。都市においては、寺社と氏子との関係を軸にしながらも、信仰をともにしない見物人が多数発生し、見る者と見られる者、見物人・観客と参加者とに分離して、信仰の共同性が失われる。そして都市の祭礼は華やかで娯楽的要素の多いものとなり、新しい意匠を競い合い、年々目先を変えていく出し物が特徴となっていった。つまり、都市の大規模な祭礼では、山車・屋台・鉾・神輿・鳳輦・笠・傘・山・人形など多彩な造り物や演出が登場したのである。平成二八年(二〇一六)一一月にユネスコの無形文化遺産に登録された「山・鉾・屋台行事」は、まさにこのような都市型祭礼の象徴が受け継がれたものといえる。

そして行列参加者の衣服・持ち物に華美な装飾が施され、造り物も大型・華美になっていった。

江戸の祭礼の大型化の背景には、江戸時代的な封建社会の存在のあったことを忘れてはならない。町人を主体とする祭礼が社会的な不安や不満を解消する効果を持つばかりでなく、人口の上では武家と町人がほぼ半数を占めるという住民構成上の特徴が江戸にあったことも重要である。つまり、成熟した町人社会の文化が武家社会に対抗しうるものに成長した姿を表現する格好の場として、祭りの場が機能したのである。そして、その機能が江戸の日常のさまざまな文化水準を引き上げていく効果をもたらしたのである。それと同時に、江戸のような都市では町人社会において、大店のような富者が蓄積した富を社会に再配分するメカニズムが存在していた点も大きな特徴といえよう。

なお、明治維新後、山王・神田の両祭礼を含めたこれらの大規模祭礼では、山車・附祭をともなわなくなり、巡行ルートも大きく変更していく傾向にあった。特に両祭礼では山車の地方流出がよく知られている。文久二年(一八六二)に制作され、同年の山王祭で二一番田所町・通油町・新大坂町の山車として出された蘭陵王(第一節図2参照)が明治一六年(一八八三)に加須本町に売却され、現在でも三年に一度の祭礼で巡行されているのはその一例である。維新後の政情の変化、市街の整備によって氏子町や住民が変化したことにより、山車を保持する各氏子町の経済的な負担が深刻化し、将軍の上覧や江戸城の城門をくぐるという特権を失うと、修復や新調が減少せざるをえなかったのである。そして極めつけなのが、高さ九メートルの電柱、高さ四メートルの電線の設置が全長六メートル以上になる山車の進路を阻んだことだった。こうして東京の街に居場所を失った山車は、あるものは関東周辺の小都市に売却され、またあるものは町内の倉庫に永く眠る道をたどっていったわけである。

両祭礼では、大正から戦前にかけて、それまでの山車に代わるものとして町神輿が登場し、現代に至っている。江戸東京の大規模祭礼においては、このような大幅な変化があることを知らなければならないだろう。

(滝口)

【参考文献】

斎藤月岑編、朝倉治彦校注『東都歳事記』1～3（平凡社東洋文庫、一九七〇～七二年）
滝口正哉編『赤坂氷川神社の歴史と文化』（都市出版、二〇一六年）
千代田区教育委員会編『続・江戸型山車のゆくえ―天下祭及び祭礼文化伝播に関する調査・研究報告』（一九九九年）

## コラム1 幕末の芝居見物

『名ごりの夢―蘭医桂川家に生れて』という書籍が刊行されている。著者は今泉みねという女性。安政二年(一八五五)江戸築地に生まれ、昭和一二年(一九三七)八三歳で亡くなっている。安政二年から明治元年(一八六八)まで一三年。みねは幕末の江戸で少女時代を過ごしたのである。

この本は八一歳になったみねが、その幼い頃を回想、口述したものであるが、その思い出の色鮮やかなこと。書名そのまま、まるで美しい夢をみているように眼前に立ちあらわれる名著である。

みねの父は幕末の奥医師であった桂川甫周。奥医師とは将軍の医師であり、奥医師の生活や、みねが父から聞いた江戸城での話なども語られ興味深い。

桂川家は蘭学の家でもあり、甫周も蘭和辞書を編纂するなどの業績を残しているが、その学識と人柄を慕って多くの若者が築地にあった桂川の屋敷に通っていた。そのなかに福沢諭吉もいて、同書にも登場する。みねは諭吉に背負われたことを懐かしみ、その背中の広かったことを語っている。みねは蘭学の講義を受けている諭吉の足袋の穴をみつけて、松葉で突っつくなどのいたずらもしていたらしい。いかにも「おちゃっぴい」な江戸の娘ぶりである。

こうした維新前後の人々や、のちに名をなす若者たちの横顔が生き生きと描かれているのも、同書の大きな魅力であるのだが、本コラムではちょっと違う個所を紹介しよう。

桂川家の人々は芝居好きで、みねも幼い頃から親しんでいた。その思い出が「あのころの芝居見物」として一章にまとめられている。以下、同書の記述をもとに、幕末の芝居見物を追体験してみることにしよう。

さて、みねの芝居見物の回想は、前夜から始まっている。

床に入っても寝られないみねは、そうっと化粧部屋に忍んでろうそくを着け化粧に余念がない。「七へんも十ぺんもふいてはまたつけ、ふいてはまたつけ大へんです」という状況になる。そして夜明け前に家人を起こし、髪や衣裳を整えると、「いよいよ屋根ぶねで浅草へ参ります。大勢の時は屋形ぶねでございます」と、夜も明けきらないうちから舟を仕立てて芝居に向かう。築地の桂川家には船着き場があったという。一家が向かうのは、浅草の猿若町。

江戸の芝居小屋は天保の改革で郊外の浅草への移転を命じられた。立地は悪かったが、芝居小屋三座のほかに操りの小屋などが集まった猿若町は一大芝居町となり、明治初年まで隆盛を誇った。みねたちが訪れていたのはちょうどその賑わいを極めた猿若町である。

船着き場には、馴染みの芝居茶屋の者が手に手に提灯を持ち出迎えてくれ、一行はまず茶屋に繰り込む。芝居茶屋とは、席の手配から食事まで観劇の事一切を取り仕切る店で、費用もかかるが上客は皆、茶屋を通したものだという。

猿若町一丁目から三丁目まで、それぞれに芝居小屋があり、座付の芝居茶屋が並んでいた。通りの両側に並ぶ芝居茶屋ののれんや提灯の火を眺めながら、すっかり観劇気分はたかまる。いわば町中が芝居のアミューズメントパークだったのである。

「この町を行くあたりのたのしさと申しましたらもう足も地につかないほどでした」という感想は、芝居町に行くこと自体が楽しみの一つだったことがよくわかる。猿若町に足を踏み入れること自体が、非日常で楽しい体験の始まりだったのである。

茶屋での小休止のあと、いよいよ芝居見物が始まる。客席へは若い衆が案内してくれる。「客は幾組か知れませんのに一向混雑もなく、きれいに静かにゆくところのたくみさ。茶屋の焼印のあるはきものも、身をかがめてはかせるほどにして気をつけてくれるそのあつかい振り、何から何までほんとに気持ちようございます」。そうして桟敷の客となる。周囲は着飾った客ばかり。やがて芝居が始まる。

「オヤと思って上見たりハアッと思うて横見たり、何が何やら気を呑まれてしまうばかりです」。みねの感想は、眼前に繰り広げられる芝居の世界に引き込まれ、我を忘れたことのある人なら共感できるだろう。江戸の少女も現代のわれわれも、芝居を見る楽しみという点ではまったく変わっていないのだ。芝居に魅了された者の陶酔が的確に語られている。

さて、幕間になると、皆は芝居茶屋に引き揚げ、女性たちは思い思いに着替えをする。「通常な身なりから粋な芸者風になったり、御殿女中のようになったり、人のきづかないうちにすっかり別人のように早変りしてすましたものです」。ただ着飾るだけでなく、観客も変身を楽しんでいる。今でいうコスプレや、テーマパークでキャラクターゆかりの扮装をしたり、飾りをつけたりするそれと同じ気分でもあろうか。観客もまた芝居のテーマパークの一員として参加しているのだ。

芝居は、見に行くだけでなく、見られに行く場でもあり、参加する場でもあったのだ。

そして観劇の楽しみは芝居だけではない。これは今も変わらない。桟敷には寿司や菓子をはじめ、果物（水菓子）などさまざまな食べ物が運ばれた。もちろん飲める人は盃を手にしながらの観劇である。「上気して喉がかわいた時の水菓子のおいしさは今もおぼえています」。味覚すらも芝居の思い出と結びついている。みねにとって、いや江戸の人々にとって、芝居に行くとは、ただ観劇するだけではなく、五感すべてを総動員し、時に参加するものであったことがわかるだろう。

客席も時に大仕掛けで二つに分かれ、なかから赤い橋がせり上がってきたり、観客の頭上で斬りあいが始まったりしたらしい。こうしたスペクタクル性も、今に変わらない歌舞伎の特性である。

これらはみねの回想のほんの一部である。ご興味のある向きは、ぜひ本文に触れることをおすすめしたい。このほかにも、幕末の人気役者で、脱疽で足を切除したことでも知られる三世澤村田之助のエピソード、明治になって團菊と並び称される九世市川團十郎と五世尾上菊五郎のさまざまなこと、大芝翫《しかん》と呼ばれる四世中村芝翫の踊りの見事さなどが語られている。

ところで、本書には次のようなエピソードも語られている。

御殿女中たちが集まって芝居や役者の噂をしていると、その役者が通りかかった。役者は女中たちに声を掛け、たばこの火を借りた。ちょっとしたファンサービスといったところである。するとその女中が、「いきなり草履をぬいでその裏にぽーんと火をたたきつけて、無言で差し出した」という。華やかな芝居の世界の陰にあった、厳しい身分制度を伺わせる話である。

（窪寺）

【参考文献】

今泉みね「名ごりの夢―蘭医桂川家に生れて」（平凡社、一九六三年）

## コラム2　江戸歌舞伎の裏方と表方

歌舞伎には「裏」と「表」とがある。幕一枚を境に、楽屋側を裏とし、客席側を表とする。「裏方」という言葉がある。小道具・大道具・衣裳・かつらなど、公演を支えているスタッフのことである。「裏方」の反対語は「表方」。この言葉は裏方ほど知られていないが、劇場のスタッフをさす。さらに狭く、劇場外の整理や、場外での接客などを主にする従業員をさすこともあるが、本来の意味では、幕より客席側で働いている人々は表方である。

さて、『戯場訓蒙図彙《しばいきんもうずい》』という書物がある。江戸時代の享和三年（一八〇三）に発刊された書物で、筆者は『浮世床』などの滑稽本で知られる式亭三馬である。当時の挿絵入り百科事典『訓蒙図彙』のパロディーで、当時の芝居のさまざまを百科事典のような体裁で紹介した書物である。劇場のスタッフも紹介されていて、「端番《はなばん》」「仕切場《しきりば》」「留場《とめば》」「楽屋番《がくやばん》」「火縄売《ひなわうり》」「半畳売《はんじょううり》」「中売《なかうり》」「高場《たかば》」「桟敷番《さじきばん》」「呼込《よびこみ》」などの名がみえる。

この人たちは現在でいうところの劇場勤務者、表方である。楽屋番は厳密には表の仕事ではないが、現在でも劇場付きの係員である。名前が大きく変わっているし、現在では全く見られない仕事もあるが、三馬の説明に従いながら江戸の歌舞伎を支えたスタッフとその仕事を紹介しよう。

芝居町に近づくと、町のはずれから男たちが並んで人々に声を掛けている。これが「呼込」の男たちで、合羽を着ている人には「合羽」、羽織の人には「羽織」と声を掛け、客引きをしていたという。

その声に誘われ、芝居でもちょっと見ようか、という気になると、「仕切り場」で札を買う。上等の桟敷などは芝居茶屋を通すのが常道。ここでは切落という、大衆席の切符を売っていた。切符を買うと、正面の鼠木戸という小さい木戸から腰をかがめて場内に入る。鼠木戸の脇には「端番」がいる。つまり今でいうところのモギリであろう。

こうして劇場に入る。二階の桟敷上がり口に陣取っているのが「桟敷番」。たまに「留場」や「高場」の若い衆が無銭で入りこんだ客をつまみ出すのにあうかもしれない。切符(札)を買って、チェックを受けて場内に入る、というシステムは今と変わらないのだ。

切落しは現代のような指定席ではない。自由席で大入りともなれば大変な混雑だったらしい。そこでは、「半畳売」が敷物を貸してくれる。損料は一〇文。煙草を吸う客は「火縄売」から火縄を買う。火縄は二〇文。こうした値段まで三馬は記録している。

また、場内には「中売」がさまざまなものを売り歩く。売っているものは、「弁当　茶　おこし　松風　饅頭　狂言番附　上るり　鸚鵡石、その他蜜柑・九年母など」。「鸚鵡石《おうむせき》」というのは、今でいうところの名セリフ集で、声色をする際の必携書。「九年母《くねんぼ》」というのは蜜柑の一種だという。この売り声が独特で、三馬が特に記録している。さらに、「おこし松風まぢゆよしかな」、「アヽべとよしかな。弁当《べと》よしか」、「新狂言絵本番附よしかな」、「この幕の出語り上るり、絵本、鸚鵡石よしかな」(前掲書)など、場内の賑わいが伝わってくるような一文である。

他にも三馬は、「窓番」「蠟燭方」「穴番」「声番」というスタッフを紹介している。「窓番」というのは、客席左右上方にある窓を開閉する係。換気が目的ではない。怪談などの際、明り取りの窓を閉めて場内をうす暗くするのが彼らの役目。現代でいえば照明係といったところだろうか。「蠟燭方」も照明の一種であろう。登場した役者を明るく照らし出す蠟燭の番をするのがその役目。

「穴番」はセリや回り舞台を回す人たち。今は基本的に電動だが、当時は当然人力であった。舞台下の、まさに縁の下の力持ちたちである。「声番」というのは、火縄売りのなかから出て、演者の出入りに声をかけたという。どのように声をかけたのか三馬は記録していない。大向こうのような役割を果たしていたのだろうか。

もちろん、同書には裏方も列挙されている。俳優以外でいうと、「囃子」「衣裳」「道具（大道具・小道具）」「床山」「居風呂番《すへふろ》」「馬役」、また「口上」「狂言方」「物書」「幕引」「ツケ拍子」などといった名がみえる。

囃子、衣裳、道具（大道具・小道具）、床山などは今も変わらない。もちろん、現代と大きく違っている点もある。当時役者は楽屋入りしてまげを結い直していたので、その結い直しも床山の役であった。ゆえに、床山の説明には「髪を結ふ役」とかなりざっくりと説明してある。ちなみに現在の床山は、かつらの髪は結うが、俳優のヘアメイクはしていない。

また、今は言葉としてないのが、「居風呂番」である。化粧を落とす楽屋風呂は現代でもあるが、この係りは風呂のみならず、湯水を世話する役らしく、今のように蛇口をひねればお湯が出るという時代とは違うのである。

また、現在と違うのは馬役。三馬は馬役は俳優からは出ない、と書いてあるが、現在では俳優が出演している。

「狂言方」は、現在でいうと、東京で「狂言作者」といい、関西では「狂言作者」「狂言方」と別れている職掌であるが、舞台の進行をつかさどる役目である。「物書」はその見習い。

「幕引」はご存知のとおりで、現在では大道具に所属している。「附拍子」は現在でツケ、という効果音だが、同書には、「ツケといふ。カゲともいふ。多くは幕引きより兼ね役なり。役者の出入り、または立ちまわりある時、拍子木にて板の間を叩き、足拍子を合わするなり。号てツケ拍子といふ」とある。今はツケ木といわれる棒を、専用の板に打ち付けるが、当時は拍子木で直接舞台を打っていたようだ。東京では現在でも幕引きとともに大道具方の役目になっている。

ちなみに同書には、囃子の名称、衣裳、大道具の用語、かつらの形など、さまざま紹介されているが、なかには現代の歌舞伎でもそのまま通用する事項も多い。式亭三馬が二〇〇年以上前に記した江戸の歌舞伎を支えたスタッフたち、その技術は今にも脈々と流れているのだ。

（窪寺）

【参考文献】

服部幸雄編『改訂新版　戯場訓蒙図彙』（歌舞伎の文献3、日本芸術文化振興会、二〇〇一年）

## コラム3 江戸庶民の音曲芸能

今日「邦楽」と称される対象は、古来から伝承されてきた「伝統邦楽」、そして琴や三味線などの音階を現代風にアレンジしている「現代邦楽」に大きく分類される。ここでは前者の「伝統邦楽」のうち、江戸時代に庶民階層が馴染んだ音曲芸能として、浄瑠璃・唄《うた》・俗曲について略述することとしたい。浄瑠璃・唄・俗曲と一口にいっても、馴染みのない人は聴き分けることがむずかしいかも知れない。これらを文字の説明のみで理解して貰えるように記述することは〈至難のわざ〉といわざるを得ないが、ここでは歴史的事象などを中心に記すこととしたい。

### 音曲芸能の略分類

現代に伝わる音曲芸能は、浄瑠璃・唄・俗曲の三分野に分類できる。まず第一に「浄瑠璃」とは、義太夫と豊後系浄瑠璃（常磐津・新内・清元節など）を指し、歴史的には「浄瑠璃」という言葉は、大阪四天王寺の庭園が「浄瑠璃の庭」と称されてきたように、仏教末法思想から出た阿弥陀如来の導く極楽浄土を意味している。第二には、長唄と称される「唄」分野があり、第三は、都々逸《どどいつ》に代表される「俗曲」分野がある。

江戸時代における「浄瑠璃」は、歌舞伎芝居の劇進行と深く関わる「出語り」として演じられてきた。江戸中期の初代歌川豊国の浮世絵「芝居大繁盛の図」にみるように、役者が演じる舞台の後方壇上で、三味線方の伴奏で浄瑠璃方が物語の筋を語っていた。このように芝居の筋の展開は浄瑠璃方が大筋を担い、役者は所作を担っていたが、これは今日でも見られる「文楽」での床と義太夫語りの関係に擬《なぞら》えることができる。歌舞伎は浄瑠璃語りと役者、文楽は義太夫語りと人形、という対比になる。

「唄」の代表は長唄である。浄瑠璃が歌舞伎芝居と連立したのに対して、長唄は舞踊と連立してきた。長唄が浄瑠璃と異なる点は、連立する相手が踊り手であるため、踊り手の流暢な動作に反するような音曲調は基本的に組み立て得ないことである。言ってみれば、音律が一定であるように作曲され、演奏陣もそれを堅守している。小唄も、舞踊曲として使われる場合は同様である。これに対して歌舞伎などの観客は、浄瑠璃で芝居の筋の展開を聴き、それを役者の所作が補う形なので、音律は一定である必要はなかった。

「俗曲」は、短かくて軽い曲、都々逸・かっぽれ・小唄・端歌《はうた》などの俗謡をさしていう。なお、演奏が単独でおこなわれる形式を「素語り」や「素うたい」などと呼ぶが、この場合の音調や曲調には自由度が大きいので、短かい曲である小唄や俗曲は素人にも受け入れやすく、宴席での添え物ともなってきた。

**音曲芸能の特長**

日本の音曲芸能は「声の音楽」を基本とし、「楽器の音楽」が基本の西洋音楽とは異なる生い立ちがある。浄瑠璃はまさに「声の音楽」の代表格である。江戸初期に「三味線」を浄瑠璃に取り入れて出来上がったのが「語り物音曲」であった。そして江戸中期末以降、町人階級への三味線の普及もあって「唄い物音曲」と呼ばれるものが成立した。

このような音の世界に対して、日本語の世界は、言葉を「遊びの文化」の道具とし、表現力に重点を置く言語体系を作り上げ、文芸の世界のみならず、声の音楽を柱とした「語り物」や「唄い物」音曲を成長させてきた。言葉の持つ精神的働きを「言霊《ことだま》」と称し、その言葉(歌詞)を正確に伝えるため、音楽の曲調は緩やかなものが求められた。それが極楽浄土へ導く霊力を有し、聴く人をうっとりさせる語りの声と曲調と融合し「浄瑠璃」が成立した。

なお平安初期に成立した天台声明《しょうみょう》も、後世の謡曲や浄瑠璃などに大きな影響を与えてきた。天台声明は、延暦寺円仁慈覚大師と融通念仏の祖行人《ぎょうにん》が、洛北大原の地でその形を完成させたもので、三千院近くの勝林院と来迎院とがその道場となってきた。声明音律は「呂・中・律」から成る。大原には東から西へ高野川に注ぐ律川と呂川が流れ下り、律川の流れ音は高音の「律音階」に、呂川は低音の「呂音階」にあてはめられ、天台僧は若い頃から発声稽古し、テンポの速い「律」、ゆったりした「呂」との歌い分けをしてきた。「呂律が不得手」は「呂律がまわらない」の語源ともなり、信徒をうっとりさせるほどの読経力を会得してきたのである。

さて「浄瑠璃」の発達史には近松門左衛門の存在が欠かせない。明暦三年(一六五七)の大火後の都市再開発時期に京都では浄瑠璃芝居が人気で、歌舞伎の坂田藤十郎が活躍していた。その頃、浄瑠璃芝居の作家かつ語り手に宇治加賀掾なる人物が居て、朝廷公家の式楽「雅楽」、武家の式楽「能楽」と同様に、浄瑠璃を庶民の「式楽」に高めるべく活動していた。その加賀掾門下に入った近松だったが、しだいに役者所作本位の歌舞伎浄瑠璃芝居に疑問を抱き始めていった。

近松は、秀吉の都市改造で生まれた京都中京の南北通り名を詠み込んだ浄瑠璃『堀川波鼓』を最後に、宝永の大火で破壊された京の町を離れて大坂へ移住した。当時大坂の竹本義太夫が新しく「当流」浄瑠璃を立ち上げ、道頓堀に設けた操り芝居「竹本座」に活路を求め、出世作となった義太夫『出世景清』を世に出している。これが〈人物の語り分け〉と〈義理人情〉を盛り込んだ、今日に至る義太夫表現の出発点ともなったのである。

## 江戸中期～後期への変遷

大坂での義太夫全盛の頃、江戸では「半太夫節《ぶし》」が、京都では「一中《いっちゅう》節」が座敷芸として浸透していた。この一中節門下に義太夫出身の都《みやこ》国太夫なる人物が居り、初世都一中の跡を継いだ享保八年（一七二三）、近松道行物を題材に歌謡本位で情緒的曲調の「豊後浄瑠璃」を創始した。京都での成功をバックに、享保一五年、宮古路《みやこじ》豊後掾と名改めして江戸入り、大ブームを起こし庶民のみならず武家階層にまで浸透した。折しも近松の「世話物」浄瑠璃に影響されたとする「心中《しんぢゅう》」風潮が江戸へも入り込んで来たため、元文四年（一七三九）に町奉行所から「豊後節停止令」が出される事態に至っている。

その後、豊後掾は京に戻ったが、寛延期（一七四八～）になると、江戸に残った豊後掾の弟子たちが「富士松《ふじまつ》節」「常磐津《ときわず》節」「富本《とみもと》節」を立ち上げ、芝居の出語り活動を再開していった。富士松節からは「新内《しんない》節」が延享二年（一七四五）に分派して御座敷演奏に移行、さらに文化一一年（一八一四）には「清元節」が富本節から分派し、今日に至っている。

図6　浄瑠璃体系

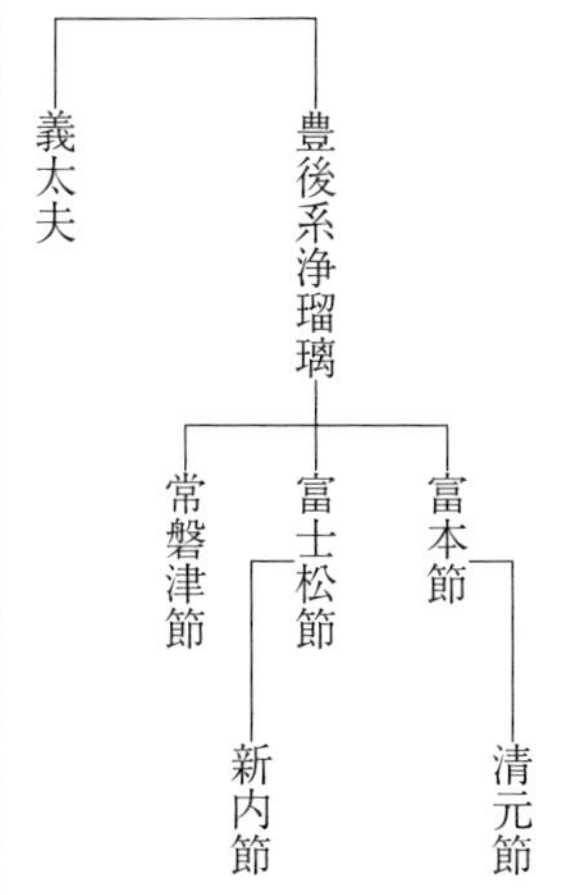


新内節や清元節が江戸庶民にまで受け入れられた大きな原因は、御座敷や演奏小屋で、高音域を曲の随所に盛り込んだ生《なま》の唄い声と三味線の音色に包み込まれ、その場限りで聴いて楽しむ対象となったからだとみられる。さらには、大坂から繰り込んだ「娘義太夫」が愛嬌と色気、首を振りふり熱演する姿に「どうしたどうした、それからどうした」などと合の手を入れ、

庶民に大受けした時期もあったが、老中水野忠邦の「天保の改革」で取り締まり対象になり廃れていった。

（富士松）

【参考文献】

吉川英史『日本音楽の歴史』（創元社、一九六五年）
京都学研究会編『京都を学ぶ 文化資源を発掘する 洛北編』（ナカニシヤ出版、二〇一六年）
竹内道敬『続 近世邦楽考』（南窓社、二〇一二年）
田辺尚雄『三味線音楽史』（創思社、一九六三年）

## コラム4　時代劇の嘘

時代劇の嘘と題したこのコラムは、テレビなどで放映される時代劇では、しばしば江戸の庶民生活とは違ったものがみられる。本当はどうだったのだろうか。

**武家屋敷の表札**　まずは武家屋敷だが、時代劇に出てくる苗字表記の「表札」や、奉行所などお役所の「看板」は、門柱にいっさい掛かってはいなかった。それら屋敷の日々の生活材は、出入り商人・職人など特定の人が納品していたので、今日のような住居表示や表札など必要なかった。

しかし番町の旗本屋敷では各屋敷とも外観が似ていて、川柳に「番町の魚の下がるほど尋ね」(新鮮な魚も傷むほど尋ね歩く)があるのも、不案内・不便さの事情もあったようで、江戸中期の宝暦五年(一七五五)、特に旗本屋敷地「番町」を対象とした絵図が出版され、幕末になってやっと江戸全図で出版されたのが「江戸切絵図」である。商人店の場合も、町名さえ判れば店名額や暖簾が頼りになるし、庶民の住まいも町名と長屋の名がわかればすぐ当たりがついたようである。

**居酒屋の客席**　江戸時代の居酒屋は、総菜などを売る「煮売り屋」が酒を置くように変容した業態で、縄のれん・煮売り酒屋・尻掛酒屋などと呼ばれていた。総菜屋が前身なので早朝から店を開けたりしていた。もちろん、食事だけの客もいて、現代のような繁華街にみられる居酒屋業態とは、かなり異なっていた。

店内の様子を描いた絵図がたくさん残されていて、典型的には二例ある。一つは、土間に置かれた「長い縁台」に腰掛け、その脇に銚釐《ちろり》（酒を湯燗する手提げ容器）、つまみ類を置いて酒を呑んでいるもので、もう一つは、畳敷きまたは板の間の「小上がり」に履物を脱いで座り込み、脇や前に銚釐とつまみ類などをおいて酒を呑んでいるものである。店の表示としての暖簾や行灯、「酒・御取肴」表記の看板はみられるが、二階にまで客席のある煮売り屋はなかったらしい。

**女性長襦袢の色**　時代劇画面に映る女性姿のなかには、衿《えり》（襟《えり》）や袖《そで》先が鮮やかな水色（空）の襦袢《じゅばん》姿で登場する場面が多い。江戸女性の襦袢の素地や色はもちろん変化があったとはいえ、「水色」は鳥追い女が着るもので堅気の女性にはあり得なかった。襦袢の衿には色や模様違いの半衿を縫い付ける掛け衿が一般的で、現代も同様である。また、半襦袢の袖口や闕腋《けってき》（縫い合わせのない脇袖、八つ口という）にも半衿と同じ布を縫い付けていた。襦袢は木綿地であるが、人目につく衿や袖口には幅三寸ほどの縮緬を縫い付け、絹の縮緬《ちりめん》襦袢もどきにみせて、女らしい、おしゃれを強調していたとされる。

ところで、表衣は黒繻子《じゅす》衿、縮緬襦袢は必ず袷《あわせ》仕立てだが、木綿襦袢の多くは単衣《ひとえ》の半襦袢だった。外出着と普段着に区分すると、普段着の場合は木綿が一般的で、前述のような衿や袖口装飾が生まれた。しかしいずれの場合も、白色や緋色、紫絞り模様などで、幼女や嫁入り前の娘は緋色がもっぱらだったし、身分のある家や裕福な家の婦女子は白色の絹物を身に付け、色物は使わないのが一般的だった。

江戸時代には「江戸太夫《たゆう》」とか「鳥追い」と呼ばれ、三味線を弾きながら門付《かどつ》けし、なにがしかの銭を乞うというような身分が極めて低い稼業の女がいた。江戸太夫は路地にまで入って門付け浄瑠璃を語り、鳥追い女は正月には編み笠を被って門《かど》々を廻っていた。露天で何かの芸を見せ、定まりのない金銭を受ける人間とその行為を「乞食《こつじき》」と呼び、木綿の半襦袢に半襟衿け、袖口や八つ口などにも色物縮緬を縫い付けていたので、「乞食仕立」

と俗称されていた。

**女性の呼名に付く接頭語「お」**　江戸文化文政期の戯作者為永春水著『春告鳥』には若い娘「民」が登場し、式亭三馬著『浮世風呂』には湯に来る三十路の新造「はね」や「かこ」など、多くの女性が登場する。それぞれに「お民さん」とか、「おはねさん」「おかこさん」などと名前に「お」を付けて呼んでいた。

このように「お」を付けるのは、①相手に尊敬の気持ちを表す、②自分事であるが謙譲の気持ちを表す、③物いいを丁寧にする、などの接頭語で、ここでの場合は③に該当する。

しかし時代劇などでまま見受けられるのは、名前を問われた女性が自分の名に「お」を付けて「お民です」「お民と申します」などと答えていることである。現代でも自分の名に「お」を付けて答えたらおかしいであろう。

なぜこうなるのだろうか。江戸時代は(戦後までそうであったが)表記は平仮名が主体で、読みが二文字である名が多数を占めていた。

たとえば、江戸時代に離縁を求めて群馬県の満徳寺に駆け込んだ女性のうち、最も多かった名は「たき」、次いで「きよ」「なか」「ふみ」「まさ」「まつ」などであり、当時は「子」の付いた例はなかった。なお下に「子」を付ける名前は、公家や上級武士社会の子女にのみ用いられたもので、それが庶民社会に及んだのは明治以降のことで、近年まで「〇〇子」という名前は多かった。とはいえ、昭和初期に至ってもいまだ二文字の名付けは一般的で、戸籍上は、「ふみ」や「きよ」であっても、親は「ふみ子」「きよ子」と三文字で呼び、兄弟や近所の人たちは「おふみさん」「おきよちゃん」などと呼び合っていたものである。そのようなこともあって、自分のことを「お民です」「お民と申します」という場面をみても違和感がないのかもしれない。

(富士松)

【参考文献】

小木新造編『江戸東京学事典』新装版(三省堂、二〇〇三年)
竹内誠監修『ビジュアル・ワイド江戸時代館』第二版(小学館、二〇一三年)
棚橋正博編『絵でよむ江戸のくらし風俗大事典』(柏書房、二〇〇四年)

# V　年中行事と庶民生活

# 江戸の年中行事と行事食

## 年中行事の意義

年中行事とは、一年ごとに、同じ日(もしくは同じ暦によって決められた日)に、同じ様式の習慣的な営みが繰り返される一連の行事をいい、個人的に繰り返す行事というよりは、家族や村落・町内・地域など集団ごとのしきたりとして、共通に営まれるものを意味している。身分や職種によって一年の過ごし方が異なり、内容にも差異がでてくるが、行事を実行・参加することによって、共通の目的や祈願を実現するという意義をもっている。

ところで、年中行事の起源には、宮廷と民間の二つの潮流が存在する。宮廷の年中行事は中国に倣った儀礼や式典が多く、宮廷では日本における暦の採用と同時期から年中行事が定められ、そこに仏教や神道に関わる行事が取り入れられていき、さらに武家社会がこれを取り入れていった。また民間では、公の暦が普及する以前から、月の満ち欠けや季節の移ろい、作物の生育などにあわせて行事が展開されてきた。また、年中行事には、寺社の果たした役割が大きいことも忘れてはならない。寺社の年中行事は、仏教や神道の教義や宗教上の立場、縁起などにもとづいて独自の行事や祭りなどをおこなっており、江戸時代には特に多彩を極めた。そしてそれを庶民が生活のなかに取り入れていったため、江戸の町人文化には欠かせない要素となったのである。

一方、江戸の町は第一次産業(農・林・漁)従事者が少数で、それ以外の産業従事者を多く抱えた都市であり、農業を中心とした生活リズムとは異なり、比較的早い段階から都市特有の年中行事が成立していた。その特徴のひとつとしては、人々の生活に必要な行事のほかに、信仰やそれに関わるイベント要素の強い行事が通年的におこなわれており、商売繁昌や学業・技芸の上達祈願の他、人口過密で病への関心が高いこともあって、病気回復や厄除けなどを願う要素が強いのが特徴である。

江戸庶民の間でおこなわれていた年中行事は斎藤月岑編纂の『東都歳事記』に紹介されているが、総じて年末から年始にかけて多くの重要な行事がおこなわれてきた。また、同書には花見・月見・紅葉狩りや、春の鶯、秋の虫などの鳴く時期が記載されており、江戸の都市生活者が自然に触れることも年中行事の一部にもなっていたのである。

（滝口）

## 代表的な年中行事

江戸の年中行事については、前掲『東都歳事記』に詳しいが、代表的なものを表1に示しておく。

なかでも五節句は特徴的で、江戸では正月七日の人日《じんじつ》には七草粥、三月三日の上巳《じょうし》には潮干狩りで獲れた蛤、五月五日の端午《たんご》には柏餅や粽、七月七日の七夕《たなばた》には素麺、九月九日の重陽《ちょうよう》には菊酒が行事食として用いられていた。

また、雛飾りや五月飾りは室内に飾られるようになり、豪華な装飾と極小美が凝らされるようになっていった。雛人形や雛道具を売る雛屋は、当初葛籠《つづら》に入れた両掛の振り売りが主流であったが、享保期（一七一六～三六）から雛市が盛んになり、明和・安永期（一七六四～八一）に振り売りが衰退していった。雛市は十軒店・尾張町が中心で、安永七年（一七七八）の店数は、十軒店二四軒（定宅九軒・仮宅一五軒）、尾張町一四軒（定宅四軒・仮宅一〇軒）だった。なお、五月人形や五月飾りを売る兜市も同様に、十軒店・尾張町などでおこなわれ、大いに賑わったという。

表1 江戸の代表的な年中行事

| 月日 | 名称 | 内容・備考 |
|---|---|---|
| 正月 | 元旦 | 日の出礼拝。深川・洲崎・芝高輪の海浜にて、日の出を礼拝。若水汲み。元旦の朝に始めて汲む水。これを飲めば、一年の邪気を祓うという。 |
| 正月 | 初登城 | 御三家・譜代大名・御役人は卯半刻に新しい装束で江戸城に拝賀。国主・城主・諸役人は二日の卯半刻、その後、江戸御用達町人が拝賀。三日目以降は、諸大名の嫡子方などと順番が決められていた。 |
| 正月1～3日 | 箒《ほうき》休め | 元旦のみ、あるいは三が日には、家屋の掃除をしないという風習。新しい陽気を祓わないように、との意識があるという。 |
| 正月2日 | 初荷 | 新年の商初めに、飾り立てた車や牛などに商品を積み、取引先へ送り届ける習慣。 |
| 正月1～7日 | 松の内 | 正月の松飾りがある間は「松の内」という。上方ではおおむね15日まで、江戸では7日までを「松の内」といっていた。 |
| 正月7日 | 人日の節句<br>七草粥 | 五節句のひとつ。七草粥を食べるのは、各地で見られることだが、七種は共通ではなく、時代や地域によって異なる。「唐土の鳥が日本の土地へ渡らぬさきになつな七種」などの「七草囃し」を歌いながら調理した。 |
| 正月11日 | 鏡開き | 元は正月20日におこなわれていたが、三代将軍家光の命日と重なってしまったことから、11日に改められたと伝えられている。鏡餅は刃物を使うことは忌まれ、手でくずすのが作法とされた。 |
| 正月14日 | 道祖神祭 | 氏子の子どもたちが「菱垣造り」にした宝船に、五彩の幣帛や松竹、幟などで飾り付けて歌を歌いながら練り歩いた。『江戸名所図会』『東都歳事記』に記載あり。 |

| | | |
|---|---|---|
| 正月16日 | 閻魔参 | 1月と7月の16日は閻魔の縁日とされ、閻魔像や十王像を安置する寺院や堂へ参詣に出かける行事。閻魔信仰の上では毎月6日を閻魔の縁日としているが、特に正月16日を「初閻魔」、7月16日を「閻魔の大斎日」といった。 |
| 正月16日 | 藪入り | 奉公人の休日。正月の小正月と7月の盆時期。「藪入り」と「閻魔参」が重なって、寺院は多くの人々で賑わった。俗にこの日は「地獄の釜のふたがあいて、亡者も責め苦を免れる」といわれることから、奉公人の休日となったという説もある。 |
| 24日 | 鷽《うそ》替え | 嘘を変えるという意にちなんで災いを善事に変えるなどということから、太宰府天満宮、大坂天満宮、亀戸天満宮などでおこなわれた。亀戸では文政3年（一八二〇）から始められた。現在では、取り替えはしない。 |
| 2月 | 節分 | 本来は立春の前日。一定ではなく、旧暦では12月に来ることもあった。元々は鬼を払う行事として、平安時代頃からおこなわれた「追儺」。豆撒き自体は、室町時代に中国から伝わった風習で、年男が豆を撒いた。また、鰯の頭や柊の枝を戸口に挿して、強い臭気で邪霊悪鬼の侵入を防ごうとする風習もある。 |
| 2月 | 初午 | 2月の最初の午の日に稲荷神の祭礼をおこなう。 |
| 2月末 | 六阿弥陀詣 | 春秋の彼岸には、行楽を兼ねて六か所の阿弥陀様に詣でた。①上豊島村の元木西福寺、②下沼田の延命寺、③西ヶ原の無量寺、④田端の与楽寺、⑤広小路の常楽院、⑥亀戸の常光寺。全行程六里二三丁（約二五キロメートル）。⑤④③②①⑥と巡るか、これを逆に回るのが一般的。六阿弥陀にかけて、六ツに出かけて、六ツに帰るのが通例。特に老婆と嫁のペアが多かったという。 |
| 春分 | 彼岸 | 現在では3月の彼岸が一般的であるが、春・秋分の中日前後3日も彼岸とした。寺院では「彼岸会」などの仏事が催され、六阿弥陀参・三十三観音札所参などがおこなわれた。 |

| | | |
|---|---|---|
| 3月3日 | 上巳《じょうし》の節句 | 「桃の節句」とも呼ばれる。五節句のひとつで「上巳」といった。旧暦3月の初巳の日に神に供物を供えて、災厄を祓うという意味とともに、人形に自身の穢れを移して水辺に流すという中国の風習に習ったもの。 |
| 3月3日 | 汐干狩り | 江戸時代、一年中のうちで最も大潮といわれ、芝・品川・洲崎あたりでの汐干狩りに最適な日とされた。当時は、この日からおおよそ一か月間ほど汐干狩りを楽しんだ。 |
| 3月15日 | 梅若忌 | 隅田川沿いの木母寺でおこなわれる大念仏。この日は、梅若の命日とされ、大変賑わったという。『東都歳事記』にその様子がくわしい。 |
| 3月17～18日 | 浅草三社祭 | 丑・卯・巳・未・酉・亥が本祭で、正和元年（一三一二）から三社の神話にもとづき船祭が始められたと伝えられる。明治5年（一八七二）から5月に執行。 |
| 4月朔日 | 衣更え | 4月朔日の衣更えから足袋は着用しないことになっている。 |
| 4月8日 | 灌仏会 | 釈迦の誕生日に寺でおこなわれる仏事。「花祭り」ともいう。花御堂に盆をおいて、仏に甘茶をかける。 |
| 5月5日 | 端午の節句 | 五節句のひとつ。病気厄災を祓う行事。邪気を祓うとされる菖蒲や蓬を身に付けたり、家屋に掛けたりした。菖蒲は「尚武」に通じるとされ、男の子の節句と考えられるようになり、最初は武家色が濃かったが、しだいに庶民の行事として定着していった。 |
| 5月28日 | 川開き | 「両国の川開き」と称され、この日から8月28日まで大川（隅田川）に涼み舟（屋形船、屋根船）の遊山が許可される。初日には、花火が打ち上げられ、その技が競われた。玉屋は両国橋上流、鍵屋はその下流で打ち上げ、多くの見物客が出た。 |
| 6月朔日 | 氷室開き | 寒中に貯えておいた氷の室を開く日。江戸では本郷の金沢藩前田家が上屋敷内で氷室を所有しており、将軍家へ献上する儀礼があった。 |

| | | |
|---|---|---|
| 6月朔日 | 富士祭(富士参り) | 江戸市中で結成された富士講の人々が富士山に登拝する。登拝しない人は、江戸の各所に造った人口富士に参拝する。なかでも有名だったのは、駒込浅間富士社。ここで売られる「麦藁の蛇」は、疫病を除くといわれた。 |
| 6月14日・15日 | 香取神社例祭 | 江戸期には、6月14・15日、明治期には9月1・2日、その後は8月15日、6月10日と変遷し、現在は8月10日前後におこなわれている。 |
| 6月15日 | 天下祭(山王祭) | 神田祭と隔年。将軍家は吹上御覧所で見物。 |
| 6月16日 | 嘉定《かじょう》(嘉祥) | 将軍が大名たちに菓子を与える儀礼。元は宮中の行事として、一六品の菓子を神に供えた後に食することで、厄災を祓うという行事であった。しかし、庶民にはあまり普及しなかった。 |
| 6月24日 | 愛宕祭<br>愛宕権現千日参 | 芝愛宕山の将軍地蔵の縁日。「愛宕の四万六千日」ともいわれ、この日に参詣すれば、四万六千日分の参詣に相当するといわれた。ここで売られたほおずきは、癪や小児の虫薬に効果があるとされた。 |
| 6月25日~ | 大山詣 | 相模国の大山の頂上にある阿夫利神社に参拝すること(大山石尊詣でともいう)。日本橋から大山まで一八里、片道二日がかりの旅。 |
| 6月 | 土用 | 「土用」は年に四回。特に夏の土用は習わしが多く、「土用鰻」「土用干し」「土用掃き」などがある。 |
| 6月晦日 | 夏越祓い<br>(茅の輪くぐり) | 各神社では茅の輪を設置して、参詣者に潜らせて祓い清める。夏を迎えるにあたり、庶民は疫病や厄災を祓うため、この行事を重視していた。 |
| 6~7月 | 井戸替え<br>(井戸浚い) | 夏至の日あるいは7月7日に井戸を浚い、水を改めるという行事。疫病を防ぐための行事であるが、女性たちは、普段に落とした櫛や簪が手元に戻ってくるかもしれないと待ちわびた。 |

| | | |
|---|---|---|
| 7月朔日～ | 施餓鬼 | 朔日から晦日まで各寺院でおこなわれ、特に25・26日は庶民が多く参詣する。隅田川には「施餓鬼船」(屋形船)を出し、鉦などを鳴らして念仏を唱和して供養をおこなった。施餓鬼船は、贅沢禁止令により江戸末期廃れるが、江東区の記録では、近年も中川や堅川、隅田川などでおこなわれたという。 |
| 7月7日 | 七夕(乞功奠) | 五節句のひとつで、宮中では素麺を食べていたという。諸大名は白帷子を着用して将軍家へ祝賀の謁見をおこなった。江戸庶民は、青竹に短冊や色紙を付けて高く掲げた。また、この前日に硯や机をきれいに洗うという習わしがあった。 |
| 7月9～10日 | 四万六千日 | この日に観音堂に参詣すれば、四万六千日分に相当するといわれた。特に江戸では、浅草寺の観音や魚藍観音などが賑わった。 |
| 7月12～13日 | 草市(盆市) | 盂蘭盆会に用いる品々を売る市が立つ。江戸では、深川・小石川伝通院前・本所一つ目・根津など。後には両国広小路・上野広小路・雷門前などでおこなわれた。早朝から開かれるため、朝食前に行かないと、売り切れてしまう場合があった。 |
| 7月13～16日 | 盂《う》蘭《ら》盆会 | 13日の夜、迎え火、16日には送り火を焚く。江戸では各家で「霊棚(たまだな)」が設置され、霊魂を迎えた。江東区では、川のところまで提灯を持って迎えにいくという家もある。 |
| 7月16日 | 閻魔参 | 1月と7月の16日は閻魔の縁日とされ、閻魔像や十王像を安置する寺院や堂へ参詣に出かける行事。閻魔信仰の上では毎月6日を閻魔の縁日としているが、特に正月16日を「初閻魔」、7月16日を「閻魔の大斎日」といった。 |
| 7月16日 | 藪入り | 奉公人の休日。正月の小正月と7月の盆時期。「藪入り」と「閻魔参」が重なって、寺院は多くの人々で賑わった。俗にこの日は「地獄の釜のふたがあいて、亡者も責め苦を免れる」といわれることから、奉公人の休日となったという説もある。 |

| | | |
|---|---|---|
| 8月朔日 | 八朔 | この日は家康が江戸入りした日として、将軍家の祝賀がおこなわれた。宮中ならびに江戸城では白帷子を着用し、祝意を表した。また、古来「田の実節句」と称して新穀の実りを祝ったことから、「たのみ祝い」といわれ、特に武家で品物を贈り合う習わしがあった。 |
| 8月15日 | 仲秋の名月 | 当時の習慣として、栗・柿・枝豆などと、米の粉で作った団子を供える。おおよそ団子の大きさは、三寸五分から二寸余りと決まっていたようである。 |
| 8月15日 | 八幡祭 | 各所の八幡宮の祭日。特に、富賀岡八幡宮は俗に「幟祭」と称されたほど、氏子町内に大幟が立てられた。 |
| 8月15日 | 放生会 | 亀や鳩などの生物を解き放って自然に返すという行事。死者の冥福を祈って後生を願う意味があり、江戸では各所の八幡宮でおこなわれた。「放し亀」「放し鳥」「放し鰻」などともいい、この時期、境内には放すための生物を売る露店や行商が現れた。 |
| 8月22～25日 | 亀戸天神例大祭 | 江戸時代より、おおむね8月25日を中心としておこなわれる。江戸時代は北松代町四丁目に御旅所があった。 |
| 9月朔日 | 衣更え | 冬支度。10日からは足袋着用（4月朔日の衣更えから足袋は着用しないことになっている）。 |
| 9月9日 | 重陽の節句 | 五節句のひとつ。大名たちは小袖を着用して登城し、菊酒を飲む。庶民は、習い事の師匠の元に出向き、祝賀を述べる。ただし、浅草寺でおこなわれる「菊供養」は明治期に始まったものである。京都・嵯峨野の法輪寺でおこなわれていたものを写したという。 |
| 9月11日～ | 芝神明祭 | 11日～21日。江戸時代はその祭り期間の長さから、「だらだら祭」と称されていた。生姜や「千木箱」が名物。 |
| 9月12日 | 御難の餅 | 文永8年（一二七一）9月12日に日蓮上人が鎌倉龍ノ口で首をはねられようとした御難の日にちなむ。法華宗では、この日に胡麻あんの餅を供える習わしがある。 |

| | | |
|---|---|---|
| 9月13日 | 月見 | 江戸では団子・芋・栗・柿・枝豆やススキを供えた。8月と9月のどちらかのみの月見は「片月見」といって忌まれた。幕府では大奥で「月見の宴」が催された。 |
| 秋分 | 秋の彼岸 | 現在では3月の彼岸が一般的であるが、秋分の中日前後三日も彼岸とした。寺院では「彼岸会」などの仏事が催され、また六阿弥陀参・三十三観音札所参などがおこなわれた。 |
| 9月15日 | 天下祭（神田祭） | 山王祭と隔年。将軍家は吹上御覧所で見物（現在では5月に執行）。 |
| 10月6日～ | お十夜 | 15日まで毎夜念仏の法会を営む、浄土宗の行事。寺院では参詣者に「十夜粥」をふるまった。 |
| 10月上亥の日 | 玄猪・亥の子餅 | 「玄猪の祝儀」ともいう。大名たちは登城して将軍から白赤の餅を賜る。庶民は、「ぼた餅」を亥の日亥の刻に食べると、万病を除くといわれていた。また、江戸ではこの日から炬燵を用意した。 |
| 10月19日 | べったら市 | 大伝馬町一帯の路上で翌日の夷祭に用いる物品を売る市。古くは「腐れ市」と呼んだ。のちにここで売る「べったら漬け」が評判となり、市の名称になったという。 |
| 10月20日 | 夷講（恵比寿講） | 正月と10月の20日は夷講として、特に商家は恵比寿像を祀って祝宴を催す。 |
| 11月朔日 | 顔見世狂言 | 11月1日は、来年の10月まで各劇場と契約した役者が勢揃いして、その顔ぶれを披露したことから、「顔見世狂言」が演じられた。この日が新しい顔ぶれによる初興行であることから、「芝居の正月」とも呼ばれた。 |
| 11月丑の日 | 寒中丑紅 | 夏の土用同様に、鰻を食べる習慣があった。またこの日に紅をさすと薬となるから女性たちは紅を買い求めたということが、『東都歳事記』に記されている。 |
| 11月8日 | ふいご祭 | 「ふいご」を使う金物関係の職人が祝う祭り。特に鍛冶屋や稲荷社でおこなわれる。江戸の町でも、職人たちは仕事を休んで賑やかに祝い、みかんを撒く習慣があった。京阪では「御火焚」ともいわれる。 |

| | | |
|---|---|---|
| 11月15日 | （七五三） | 江戸時代、「七五三」という名称はなかったが、子供が三歳・五歳・七歳を迎えると、氏神にお参りに行く習慣はあった。三歳は髪置で、男女児共通。五歳は「袴着」、七歳の「帯解」といっていた。もとは武家の習慣であったが、江戸中期に庶民へと広がった。 |
| 11月酉の日 | 酉の市 | 11月の酉の日に東京周辺の鷲（大鷲・大鳥）神社などで開運招福・商売繁盛を願う祭りがおこなわれ、境内や門前に熊手の市が立つ。 |
| 12月13日 | 煤払い<br>煤掃き | 江戸城の「御煤納め」が13日におこなわれることから、江戸の町でもこの日におこなわれることが多かった。掃除の最後には、「ご祝儀」といって、胴上げをして締める慣わしがあった。 |
| 12月20日～ | 餅つき | 江戸では、20日を過ぎると正月用の餅を搗き始め、だいたい27日までに搗き終える。29日には「苦餅」といって忌む風習がある。武家や裕福な商人は自家で奉公人などに餅を搗かせたが、庶民は「賃餅」という街頭の餅搗屋に依頼して搗いてもらっていた。 |
| 12月22日頃 | 冬至 | 二十四節気のひとつ。この日から小寒（1月5日頃）までの期間。冬至の日には、ゆず湯に入り、かぼちゃ・こんにゃくを食べると風邪をひかないなどといわれている。 |
| 12月14～26日 | 歳の市 | 正月用品などを売る市。注連縄・三方・裏白・橙・鯛・海老など。お飾りから食品、台所用品などがそろう。14・15日は深川八幡宮境内、17・18日は浅草観音、20・21日は神田明神、22・23日は芝神明、24日は芝愛宕下、25・26日は平河天神社で市が立った。 |
| 12月晦日 | 王子の狐火 | 「狐火会」といって、関八州の狐たちが装束を身にまとって、王子稲荷神社官位を乞うため参詣に来るといわれていた。 |
| 12月晦日 | 掛取り | 店賃や掛売代金を取立てに来る。大晦日は一年の総勘定で夜を徹して取立てがある。支払い、あるいは逃げたりしているうちに、除夜の鐘が鳴ることもあった。 |

江戸では年中行事が年末・正月以外では夏季に多いが、多くは疫病除けの意が込められている。また、年末は浅草寺の年の市が著名だが、一九世紀になると年の市をおこなう場所や日取りが固定化していき、一二月一四・一五日は深川八幡宮境内、一七・一八日は浅草観音、二〇・二一日は神田明神、二二・二三日は芝神明、二四日は芝愛宕下、二五・二六日は平河天神で市がたった。

ところで、これまで江戸の人々に信仰と娯楽的要素を提供してきた年中行事も明治になると変化に迫られることとなった。神仏分離政策による寺社の急激な変化がこうした行事に影響を及ぼしていることはむろんだが、明治五年(一八七二)一二月二日をもって太陰太陽暦(旧暦)が廃止され、この翌日を明治六年一月一日として太陽暦(新暦)が採用されるようになったことや、曜日を基準として日常生活が営まれるようになったことも大きい。

すなわち、東京においては、それに準じて多くの行事が新暦に合わせて移行していったが、「旧正月」「旧盆」などという概念も誕生している。たとえば冬至の日には、冬至祭がおこなわれたり、ゆず湯につかったりする風習が伝えられているが、旧暦では一一月二二日前後に訪れていたものが、新暦採用後はおおむね一二月二二日前後となった。さらに、旧暦では元日が立春の前後におかれ、節分の豆撒きは立春の前夜におこなわれていたが、旧暦ではその年によって日程が異なり、場合によっては旧年中に立春・節分がきてしまうこともあった。ところが新暦採用以降は、節分を二月三日と定めて現在に至っている。

その一方で、明治維新を迎えると江戸時代にはなかった行事が多く生まれた。特に、宮中行事や陸軍始《はじめ》観兵式(一月八日)や軍旗祭《さい》、除隊式や入営式などの軍事に関する行事が増え、それらが無理なく東京市民の生活に組み込まれていった様子がうかがえるのである。

(滝口)

## 和食文化の発展

米飯を主菜に、魚介類と野菜など副菜を組み合わせた和食の初歩的形式は、奈良・平安時代に始まったが、鎌倉時代後半に大陸から「精進料理」が移入され、その後、安土桃山時代には南蛮料理が紹介され、日本独自の料理への第一歩が刻まれた。そして、武家社会の「本膳料理」、仏教僧社会の「懐石料理」が創出され、配膳方法や食事作法も整えられ、わが国の和食料理文化の基礎が築かれている。

## 精進料理と和食文化

鎌倉時代初期に大陸宋国へ渡った栄西や道元など禅宗僧は、禅宗寺院で経験した「精進料理」や「喫茶」を帰朝後に紹介した。「精進料理」では仏教の戒律を厳格に守りながら、穀類・豆類・野菜類を旨く味付けしていることを知り、その調理法と食材を取り入れた日本独自の料理誕生へと導いた。

殺生を禁じ戒律を守る「精進料理」では、魚や鳥の肉の食味に近い「もどき料理」を作り出し、「雁もどき」などがその典型例である。大豆蛋白の豊富な豆腐や湯葉などを油で揚げ、野菜を出汁《だし》で美味しく煮る、擂りゴマ・クルミ・味噌・豆腐・酢味噌での和《あ》え物、酢の物などが多用されている。豆乳・豆腐・湯葉などの大豆加工品、小麦粉材料の生麩・焼麩、そして胡麻油は「精進料理」のみならず日本料理にも不可欠の食材である。生麩や豆腐などを胡麻油で揚げたものは「精進料理」の代表格であり、南蛮船がもたらした天麩羅は揚げ物の多様化を実現した。

寺子屋教材『庭訓往来』は精進料理にも言及、「汁もの」の具に豆腐・おから・自然薯《じねんじょ》・筍と山葵《わさび》、「煮物」に牛蒡や蕗の煮染め、昆布・あらめ・蕪・筍煮、「酢の物」に蕪や茗荷酢漬・茄子酢和え・胡瓜甘漬・酢若布、「煎り物」に煎り豆・松茸・平茸・雁煎り、さらに「菓子」には生栗・蜜柑・串柿・慈姑《くわい》・瓜、「点心」に饂飩・饅頭・素麵などを挙げている。

## 年中行事と食文化

「一汁三菜」の組合せが日常的になった文化文政期、庶民階級にまで及んだのが、濃口醤油や味醂《みりん》の普及で、今日に伝わる「日本食（和食）」の調理技術や食し方、加えて魚介類や野菜類などの食材流通、さらには料理書の出版（『豆腐百珍』『大根料理秘伝抄』ほか）が盛んにおこなわれた。ちなみに、和菓子もこの時代までに出回り、その多くは米を主材料とした餅や煎餅、米粉・白玉粉・葛粉を材料とした饅頭類があり、茶の湯とともに発達した高級な京菓子が江戸に進出し、上等菓子として江戸人を楽しませた。

江戸時代のもう一つの特徴が外食文化の発達で、屋台での蕎麦や鮨売りを始め、一膳飯屋や煮売屋・料理屋など、いろいろな販売方法で江戸人の嗜好に応えていた。江戸後期には簡易な造りの床店が大多数を占め、江戸市中に六〇〇〇軒超の外食屋があった。江戸の町の繁栄を描いた『熈代勝覧』（文化二年〈一八〇五〉）には、魚河岸や青物市場のあった日本橋から神田今川橋に至る繁華街「通町」（現三越前室町通り）の約七六〇メートルに居並ぶ店々、食材を並べる露天、カゴや飯台を担ぐ振売りなどが見て取れる。

年中行事と関連する食文化については、『東都歳事記』（斎藤月岑、天保期）などを中心とし、要点のみのまとめとした。しかし、今日に継承される年中行事が、明治の改暦で約一か月の季節ズレを生じ、旧暦の季節感を実感していた江戸時代の「年中行事と食文化」もズレを生じている。江戸人は季節感を大切にし、いわゆる「初もの」を好んだとされるが、魚にしても、野菜類にしても、栽培・採取、保存方法が現代と異なり、その旬・節にならないと出回らなかったからである。江戸人の「初もの」では鰹がよく話題にのぼるが、待ちに待っていた心情が読み取れるのである。

先に表1で年中行事を載せたが、以下に各月ごとの年中行事と伝統の食文化を掲げた。

一月　大正月・三が日、松の内、寒の入り

一日（「若水」を汲み）若水での「雑煮」と「福茶」、七日（七日正月・若菜摘み）「七草粥」、一一日（鏡開き）「雑煮」「磯辺巻き焼餅」「汁粉」、一五日（小正月）「小豆粥」。

旬の食材　魚介類　鮟鱇・鯛・鱒・鱈・鱚・鰆・針魚、赤貝・馬刀貝・田螺など。

　　　　　野菜類　生若布・枸杞実・土筆・浅葱・蕪・蕗・独活・生椎茸・干大根など。

二月　節分・立春・初午

三日頃（節分の前日）「煎り大豆」、節分（恵方詣り）、一五日（涅槃会）「乾燥餅」。

旬の食材　魚介類　子持鮒・石鰈・鰤・白魚・素魚、鮑・蜆・浅蜊など。

　　　　　野菜類　小松菜・蓼・蕨・木の芽・若紫蘇・鶯菜・金柑など。

三月　上巳の節句・彼岸・春分

三日（ひな祭）「蛤と菜花のすまし汁」「白酒」、下旬（観桜）「さくら餅」。

旬の食材　魚介類　小鯛・平目・鰆・石持・桜海老・鯉。蛤・常節・帆立貝など。

　　　　　野菜類　浅葱・分葱・隠元豆・蓼・山葵・筍・独活など。

四月　灌仏会・十三詣

八日（花まつり・灌仏会）甘茶。

旬の食材　魚介類　初鰹・ボラ・鱚・鰺・海老・蛍烏賊・鰯・目張・鮑など。

　　　　　野菜類　三つ葉・初茄子・蕪・豆類・新牛蒡・筍・たらの芽など。

五月　八十八夜・端午の節句・潮干狩り

月初め（八十八夜）「新茶」、五日（端午の節句）「柏餅・粽」「菖蒲酒」。中旬（三社祭）二八日まで（川開き・両国花火）。

旬の食材　魚介類　鯛・鰈・小鯵・かさご・鱚・車海老・鰻、蜆・赤貝など。
　野菜類　白瓜・胡瓜・茄子・裏白椎茸など。

六月　衣替え・稽古始め・田植え・入梅
一六日（嘉祥）、三〇日（夏越の祓、茅の輪潜り）。
旬の食材　魚介類　鱸・鯵・ハゼ・芝海老など。
　野菜類　糸瓜・慈姑・ささげ・西瓜・りんごなど。

七月　七夕・お盆・祇園祭
七日（七夕祭り）「冷し素麵」、一三日（お盆の入り・迎え火）、一五日（中元）「荷飯・〆鯖」、一七日（祇園前祭り）「鱧料理」、月末（土用の丑の日）「鰻蒲焼き」。
旬の食材　魚介類　鰹・車海老・いなだ・赤貝など。
　野菜類　里芋・蓮根・長茄子・色山椒・しめじ茸など。

八月　八朔・立秋・旧盆・二百十日
一六日（五山の送り火）「鱧料理」。
旬の食材　魚介類　子持鮎・鰈・しらす・いなだ・栄螺など。
　野菜類　秋茄子・冬瓜・独活・芹・しめじ・葡萄・柿など。

九月　二百二十日・彼岸・秋の七草
九日（重陽の節句）「菊花酒」「菊葉精進揚げ」、中旬（仲秋の名月・芋名月）団子・衣被ぎ・栗・柿・枝豆。
旬の食材　魚介類　縞鯵・川鱚・小鰈・甘鯛・子持ち鮎・ハゼ・鮑など。

野菜類　摘み菜・紫蘇実・八つ頭・里芋・梨・胡桃・無花果・柿など。

一〇月　えびす講・時代祭・鞍馬火祭り

中旬（十三夜）栗・豆、二〇日（えびす講）べったら漬け。

旬の食材　魚介類　甘鯛・ほっけ・平目・鰤・秋刀魚・とらふぐ・柳葉魚など。

野菜類　蓮根・根芹・里芋・山芋・銀杏・しめじ茸・栗・とんぶり。

一一月　新嘗祭

初亥日（こたつ開き）「亥の子餅」、一五日（宮参り・七五三）千歳飴、酉の日（酉の市・熊手）「八つ頭」「黄金餅」。

旬の食材　魚介類　鮟鱇・鱈・平目・毛蟹・甲烏賊・皮剥など。

野菜類　さつま芋・蕪・青海苔・小豆・温州蜜柑・ほうれん草・林檎など。

一二月　事始め

二〇日過（冬至・ゆず湯、風邪除け）「南瓜・蒟蒻」、二五日（餅つき）、晦日（大祓い・除夜の鐘）「つごもり蕎麦」。

旬の食材　魚介類　かます・ぼら・鰤・鮭・伊勢海老・牡蠣など。

野菜類　白菜・大根・春菊・水菜・生海苔・生若布・葱・南瓜・柚子など。

（富士松）

【参考文献】

斎藤月岑編、朝倉治彦校注『東都歳事記』1〜3（平凡社東洋文庫、一九七〇〜七二年）

長沢利明『江戸東京の年中行事』（三弥井書店、一九九九年）

宮田　登『宮田登　日本を語る5　暮らしと年中行事』（吉川弘文館、二〇〇六年）

# 町屋の居住空間

## 町屋のくらし

江戸の町人地は、通りを挟んだ両側に町が形成され、表通りに店舗を構える表店層《おもてだな》と、店舗の脇の路地奥に立ち並ぶ長屋に住む裏店層《うらだな》とで大きな社会的格差があった。前者は地主や家主《いえぬし》といわれる人たちで、地主には不在地主が多いが、居付地主である場合は、家持と呼ばれた。また、家主は家守《やもり》・大家《おおや》とも呼ばれ、地主から長屋の実質的な管理運営を任された者をいう。彼らは町の正規の構成員として把握され、五人組を構成しそのなかから一か月交代で月行事《がちぎょうじ》を選んで町名主《なぬし》の補佐役として町政にあたったのである。町の運営費である町入用《いりよう》も彼らが負担をするほか、屋敷の間口《まぐち》に応じて公役金などの租税を負担するのも彼らだけであった。

一方、後者にあたる長屋居住の店借《たながり》が町人人口の大部分を占めており、江戸の庶民層を構成していた。彼らの多くは間口九尺(約二・七メートル)、奥行き二間(約三・六メートル)という四畳半一間《ひとま》に台所を加えた程度の狭い長屋に住み、職人のほか、小さな店で商売を営む者や、天秤棒に一日に売るだけの商品を担いで町なかを売り歩く棒手振《ぼてふり》という人々がほとんどであった。長屋では雪隠《せっちん》・芥溜《ごみため》・井戸が共同であり、現存する人別帳をみる限り、彼らは数年ほどで他の町に引っ越すことが多かったと考えられる。

文政年間(一八一八〜三〇)の江戸庶民の生活実態を記した『文政年間漫録』によれば、棒手振は朝に銭六〇〇〜七〇〇文で野菜を仕入れ、重い籠を両肩の天秤棒に掛けながら市中を声をあげて売り歩く。夕暮れ時に家に帰ると、まず明日の仕入れの元手分を取り除き、家賃用にいくらかの銭を竹筒に入れておく。そして子供を抱えた妻に米代として二〇〇文、味噌・醤油代に五〇文、子どもの小遣いに一二～一三文を渡せば、残金は一〇〇～二〇〇文ほどになる。これで酒でも飲んでしまえばなくなってしまうため、風雨で稼ぎに出られない日の貯えとして残しておかねばならないのが実態である、というのである。

このように江戸庶民の多くは、病気をすればたちまち借金をせねばならない状況にあり、物価の高騰が生活を厳しく圧迫するギリギリの生活水準にあることを示している。それゆえ、幕府は常に庶民への対策を重要な政治課題としており、享保・寛政・天保の各改革では、彼らの生活環境を改善することが最優先に掲げられていたのである。

**表2　神田佐久間町四丁目元地・裏町にみる職業(安政4年(1857) 4月)**

| | 職業名 | 世帯 |
|---|---|---|
| 商人 | 玄米渡世 | 1 |
| | 米渡世 | 2 |
| | 舂米渡世 | 4 |
| | 炭渡世 | 1 |
| | 炭薪渡世 | 1 |
| | 船宿渡世 | 1 |
| | 蒲鉾屋 | 1 |
| | 釣竿渡世 | 1 |
| | 蠟燭屋 | 1 |
| | 升酒渡世 | 2 |
| | 豆腐屋 | 1 |
| | 青物売 | 1 |
| | 時之者売 | 2 |
| | 魚屋 | 1 |
| | 古着渡世 | 1 |
| | 紙渡世 | 1 |
| | 合　計 | 22 |
| 職人 | 仕立職 | 4 |
| | 墨師職 | 1 |
| | 傘職 | 1 |
| | 石工職 | 1 |
| | 髪結職 | 1 |
| | 印判職 | 1 |
| | 袋物職 | 1 |
| | 鋳掛職 | 1 |
| | 大工職 | 2 |
| | 合　計 | 13 |
| その他 | 名主 | 1 |
| | 家主 | 5 |
| | 日雇渡世 | 9 |
| | 日雇稼 | 1 |
| | 柳原土手請負人 | 1 |
| | 柳原土手請負人抱番人 | 1 |
| | 柳原断髪結床番人 | 2 |
| | 車持 | 1 |
| | 船乗 | 4 |
| | 駕籠屋渡世 | 2 |
| | 髪結床番人 | 1 |
| | 講談師 | 1 |
| | 柳原土手見守番人 | 4 |
| | 按摩 | 1 |
| | 賃仕事 | 1 |
| | 合　計 | 35 |

また、各町の入口には木戸が設けられ、「番太郎」とか「番太」と呼ばれる番人が住み込みで夜警を務めたほか、現代の交番に類似した機能をもつ自身番が設置されていた。この自身番には「三つ道具」と呼ばれる突棒・刺又《さすまた》・袖搦《からみ》や、火消が使用する纏《まとい》・提灯・鳶口などが常備されていたほか、屋根には火災時のために火の見梯子《はしご》や半鐘が備えられており、防犯・防災の拠点であるとともに、家主や書記役を務める書役《かきやく》らが詰める町内の事務所的な役割もはたしていたのである。

（滝口）

## 家屋と床の間座敷

この項では、次項「〈たて花〉から〈いけばな〉飾りへ」への導入部ともなるよう、江戸時代庶民（市民）の住生活環境としての家屋構造に触れてみたいと思う。なぜなら、この節「町屋の居住空間」に関して、江戸時代、生活に潤いを与える住環境飾り、すなわち「座敷飾り」を、江戸時代の人々はどう扱っていたのかを考えてみる必要が生じたからである。

### 江戸町民の住環境

すぐに思いつくのは、飾り花（〈たて花〉という）や、美術品でもある掛け軸・陶器・漆塗り箱（篋）などを住居内の何処に置いて（飾って）いたのかという疑問である。江戸後期、天保九年（一八三八）刊行の『東都歳事記』は、江戸庶民の生活を描いたもので、挿絵も多く、実態を見るには判りやすく、納得もしやすいといわれている書である。

ここに掲載されている絵のうち、「端午市井図《しせい》」は、通りに面した商家の店先に冑をはじめ武者人形が並べられ、軒先には菖蒲が吊り下げられ、往来には幟・長刀《ちょうとう》・吹き流し・旗指物などが並べられている。このような光景を評して、「武家は更なり。町家に至る迄、七歳以上の男子ある家には、戸外に幟を立、冑人形飾る。又坐敷のぼりと号して屋中にかざるは、近世の簡易なり」とある。

端午の節句は尚武の気風を尊ぶとして、江戸時代も武家階層に重んじられ、五節句の一つとして重要視されていたという。ここで着目したいのは「坐敷のぼりと号して」の部分で、「坐敷のぼり」という表現があり、「座敷かざり」概念が、大店の商家にはあったということである。さらには「屋中にかざるは、近世の簡易なり」ともあり、「座敷かざり」概念の定着は江戸後期以降とも受けとれるのである。

江戸の庶民・町人といっても、表通りの裕福な商家の町人もいれば、通称「裏店」と呼ばれた棟割り裏長屋の住人も大多数存在した。長屋は「九尺二間」と称され、間口九尺のことなので、幅一間半・奥行き二間、すなわち幅三尺長さ一間半の土間と四畳半一間を意味している。このような狭い生活区間に「座敷かざり」が存在できないことは、自明の事柄であろう。

したがって、「座敷かざり」空間が存在した町人家屋とは、江戸のどこにあったかを探すことなしに、次項「〈たて花〉から〈いけばな〉飾りへ」へと論をつなげることができない。

### 「座敷かざり」空間とは

簡単にいえば「床の間《とこのま》」の存在である。「床の間」は書院造りのある家屋に付属した空間、すなわち武家の屋敷を意味する。武家は特に階級社会意識が強かったこともあり、上役や幕府役人が用向きなどで訪れた際に案内する座敷すなわち「書院」が、規模は別として付属していた。

この点は寺院でも同様で、住職の住空間である「方丈」、檀家等を招き入れる「書院」があり、大寺院になると「方丈」が別棟になり、修行僧のための「法堂」や「僧坊」が存在した。

このように「書院」はいわゆる「客間」であり、江戸でも武家屋敷や寺院に存在した。ただし、主人の日常空間

「座間」と「居住書院」が別か、一体かは、身分差によった。

武家屋敷や寺院以外で「書院」があった事例が『ビジュアル・ワイド江戸時代館』（小学館）に掲載されている（二〇七頁）。それは現松山市内にあった豪農・大庄屋の館で、幕府諸役人や松山藩御用を承っており、その「書院」は将軍の代替わりに派遣された幕府巡検使を迎えたという。「座敷飾り」として掛け軸と床置物の「床の間」が、その右側に天袋付「違い棚」、花頭窓のある「付書院」が描かれている。

**江戸商家の町屋(町家)造**

さてそれでは、「座敷かざり」空間のあった町人住居とは、どのようなものだったのか。江戸幕府は江戸の町づくりをしてゆく過程で、家康の地元である駿府や尾張などの各地から、商人や職人を集め、職種ごとに町割りをしている。のちの明暦三年（一六五七）の大火後の町再整備に際しても、基本的にはこの江戸初期の町割りを踏襲しているとされている。

この場合の町人住居の基本形式は、駿府や尾張の町人住居が「京町家（町屋）」形式だったので、江戸町人の住居形式も「京町家」を基本に考えれば良いことになる。江戸の町並みを描いたものには、『江戸図屛風』『熈代勝覧』『今世江戸市井之図』等々多数あるが、いずれも通りから俯瞰的に、現代流に言えばドローンで撮影したように描いたものであり、家屋の内部や間取りを詳しく表しているものではない。

江戸町人が採用していたとされる京町家の構造を見てみよう。通りに面した江戸の町家は、町運営や維持に必要な経費「町入用」を負担したが、基本的には表の間口一間を単位として割当（小間割）られた。このため、いわゆる「うなぎの寝床」と称される間口が狭く奥行きが深い構造となっているとともに、当然に地所利用効率から二階建てとなっていた。しかし二階は住居空間というよりも、商品その他の物置場となり、あるいは部分的に奉公人の寝起きの場にあてられていたという。

典型的な「表家造り」、すなわち商家の見世部分が通りに面して造られ、その奥側に住まい部分がある間取りを眺めてみると、すでに触れたような「床の間」は存在しない。しかしその代わりに「吊り床」が設えられている。棚を想像した方がわかりやすいが、畳の敷いてある座敷の壁側に棚を吊って「床の間」代わりとしたものである。日常生活のなかでは座敷として使っているが、飾りの必要な際には吊り床の下に「置き床」を据え、置物や花などを生けて飾るスタイルで、効率的な空間利用として考案されたものである。さほど広くない借家にも設えられた例が伝えられている。明治以降は「見下ろす」からとの理由で二階を住居部分としない制約がなくなったため、一階での「吊り床」を廃止し、二階に「床の間」を設える例が増えている。

### 「床の間いけばな」の歴史

最後に「床の間いけばな」の歴史を述べ、次項「〈たて花〉から〈いけばな〉飾りへ」の円滑な導入部としたいが、「いけばな」にまつわる江戸時代の環境も単純ではない。「いけばな」を飾る場所が町人の住空間のなかになかっただけではないのである。次項で述べるように、江戸に移入された「いけばな」は、どのような形態だったのか、誰が移入役を請け負ったのかが説明されなければならない。

「いけばな」江戸ストーリーだが、形態としては京都の池坊《いけのぼう》流が、元禄期の江戸に大住院以真という人によって移入された。ただし、能楽と同様に江戸の武家階層が相手であった。その理由は単純で、京都における「いけばな」が、武安土桃山時代の織田信長や豊臣秀吉などの武家棟梁、正親町天皇や後水尾天皇などの禁裏関係者から支持を得て、武家統領屋敷の「大書院」、御所の紫宸殿や清涼殿など、大広間で「座敷飾り」の一環として披露されるようになったからである。そしてこうした芸術性のある「いけばな」手法を開発したのが、京都の六角堂頂法寺の室町中期の初代住職専慶だった。

ここに至る以前には、仏前に供える「供華」、宮中における貴族の「花合せ」、寺院の書院における「瓶花」などの花を飾る諸要素が根底にあり、加えて室町幕府代々の将軍家に仕えた同朋衆と呼ばれる座敷飾りの専門職の存在が、こうした芸術性深化への支えとなっていった。

こうした体系を「いけばな論」として昇華させていったのが、前述の池坊専慶に続いた専応、初代専好、二代目専好で、代々住職・家元を務めている。初代専好は秀吉の席・豪華客殿で大瓶「立華」を披露、二代目専好は後水尾天皇の禁裏花会で活躍した。

前述の大住院以真は二代目池坊専好の高弟で、本能寺塔頭高俊院の四世住職だったが、乞われて江戸へ出て幕府役人諸旗本家や大名家で「いけばな」指導をしたほか、池坊家元の代替わりの際には幕府への挨拶回りを差配していた。京都へいったん帰るが、ほどなく江戸へ戻り武家階層への指導を続けた。

こうした過程で武家屋敷の行儀見習いで上がった町人子女が以真から直に教授を受け、または以真の江戸弟子が教えた町人子女が宿下がりして、町人社会に「いけばな」を持ち込んだとも考えられる。

最後に「床の間」付き日本間「書院」の略史に触れておきたい。原型は鎌倉時代に生まれ、特に室町幕府八代将軍の足利義政が京都東山に建立した東山山荘「慈照寺銀閣」境内の持仏堂「東求堂」のなかにある「同仁斎」の書院と違い棚が、「座敷飾り」として現存最古の遺構例となっており、これらを含む形式手法が後の時代に定着した「書院造」である。同仁斎は東求堂の北側にあり、四畳半で違い棚と地袋を備え、正面に障子窓のある付書院が備わっている。

いわゆる「書院造」の主要な座敷構えは、まずは「床の間」、(面取りした)角床柱を挟んだ隣に天袋や地袋のある「(違い)棚」、そして床の間の採光のための「書院窓」が主要な構成要素である。やがて書院造りは「客間」へと変容

図１　たて花（富士松松栄太夫画）

図２　たて花
（富士松松栄太夫画）

し、来客に見せるための「座敷飾り」のメイン会場にも変容していった。ここに掛け軸などの書画と骨董、あるいは「いけばな」などの「床の間飾り」、そして骨董品などの「棚飾り」という「座敷飾り」が書院造を引き立てる役割を果たしたのである。

（富士松）

## 〈たて花〉から〈いけばな〉飾りへ

この項では、前項で取り上げた「座敷飾り」の主たる構成要素となった生花形式を〈たて花・立花〉と表現することとし、すでに述べたように、江戸町人の居住では〈たて花・立花〉を飾る空間準備が容易でなかったことも再認識したい。

### 〈たて花〉への道程

室町時代の〈たて花〉では、代々「立阿弥」を名乗った「座敷飾り」の専門家同朋衆二人が存在し、その阿弥号も〈たて花〉技能に長じた者が受け継ぎ、襲名していった。

室町幕府将軍家では公式の殿舎とは別に、生活空間だった「書院」の床の間空間に「座敷飾り」が持ち込まれ、床の間と違い棚、掛け軸と「いけ花飾り」への発展、後世の日本人の美学形成に影響を与えていった歴史がある。

「座敷飾り」その他の床の間置物の並べ方を記した一〇メートル超の巻物『君台観左右帳記』が、京都相国寺「承天閣美術館」に保存されている。この巻物には、室町幕府八代将軍義政の四畳半書斎「同仁斎」における「座敷飾り」、付書院に座って書き物をした際の筆や硯など文具の並べ方、そのほか茶器などについて厳格に定められていたことが記され、「同朋衆秘伝書」として残されている。

現代感覚からすると、一見して「同仁斎」は特別な四畳半には見えない。しかしこの時代までは、貴人にあっても座る所だけに畳が敷かれている板の間が常識だった。四畳半とはいえ「同仁斎」には畳が敷詰められていて、「日本初の畳敷き四畳半」と定義され、今日、床の間と付書院がある畳の和室は「同仁斎」から始まったと解説されるほど著名な建築様式となっている。

ところで、〈たて花〉の世界では、応仁の乱後に活躍した綉谷庵《とうこくあん》文阿弥《ぶんあみ》や弟子の宣阿弥・正阿弥がいた。彼らは時衆僧ではあったが、同朋衆ではなかった。相阿弥から「座敷飾り」に関する書を譲られた文阿弥は《花》の一派を立て、『文阿弥花伝書』を著した。二世文阿弥は「粋に花立つる文阿弥、当世の人の心に叶うなるべし」と謳われ、南北朝時代の弥阿弥や蓮阿弥なる僧が〈たて花〉に関わっていたことが判明しており、阿弥号を持つ者による〈たて花〉の歴史の古さを示している。室町時代の〈たて花〉は、生け花の世界でいう「真」に喩えられているが、その後さらに「行」と「草」が組み合わされ、さまざまな芸術的意匠が工夫・加味され、安土桃山時代の発展へとつながっている。「装花」として大きな発展を遂げ、書院や大座敷に飾られ、義政以来のいわゆる「東山文化」の美意識を深化させ、伝統芸術として昇華していったことが『文阿弥花伝書』からわかるのである。

**江戸時代への継承**

加えて「唐物」が愛好されて茶の湯の世界に取り入れられ、さらには〈たて花〉を生かした「装花」が抹茶湯の世界と同居するようになった。ただし、この時代の茶の湯は、現代人の多くが知っているような茶室での作法ではなく、足長呈茶台による書院大広間での喫茶だったので、併せて「座敷飾り」がともなっていた。

村田珠光・武野紹鷗、そして千利休へと受け継がれた抹茶・茶の湯は江戸時代初期に「茶道」に、座敷飾り装花は「華道」と呼ばれるようになった。五節句の一つ菖蒲の節句が「尚武」に通じるとして端午の節句が武家階級に浸透するとともに、町人社会の一部にも溶け込んでいった。

〈たて花〉は「七夕花合《はなあわせ》」にも関連が深く、応仁・文明の乱とその後（後土御門天皇期、一五世紀後半）の混乱期ではあったが、立阿弥・葉阿弥などと並んで京都六角堂頂法寺仏殿供華から発展した「池坊」などの存在があった。装飾的発展の「いけばな」が生まれ、同寺の住僧・池坊が〈たて花〉を発展させ、「いけばな」の基礎を築いたことはすでに述べたとおりである。

「いけばな」の創始二流の一つが「池坊」であるが、他に京都嵯峨大覚寺を本拠とし、平安初期の嵯峨天皇が創始したとされる「嵯峨御流」がある。仏への供華の要素が色濃く残り、たとえば大沢の池での中秋の名月「観月の夕べ」には池のなかに仏祭壇を設置し、供華を奉じている。「何々古流」と名付けられ今日に伝わる流派も生んでいるが、江戸社会への影響としては言及するほどではない。

### 「いけばな」の池坊

「池坊」は、京都の六角堂（烏丸六角通東入ル）の池の傍に住坊があった由縁から、そう呼ばれるようになった。室町幕府の衰退で混乱した時代だったが、京都における「いけばな」の宗家として、独占的な地位を築いていった。安土桃山時代になると、「座敷飾り」の一要素だった〈たて花〉は、単独・単体でも鑑賞される、独立した芸術文化として形成され始めた。そこに使われる花材の種類とその数も増えて大型化し、城郭や大名屋敷内の大書院空間を飾るのに相応しい、雄大で豪華絢爛で装飾的いけばな〈立花《りっか》〉の誕生をみるなど、大きな発展を遂げたのである。前項で述べた池坊専慶・専応の存在である。

専応の跡を継いだ初代池坊専好が没した後、二代目専好はさらに本格的な活躍の幅を広げ、後水尾天皇（慶長一一年〜寛永六年）の支持を得た「宮中立花の会」が何度も開かれている。その会は初代専好の〈たて花〉を体系的に学び、そして改良し、芸術作品としての勝負を競うものだったとされる。自然と芸術が一体となった雄大な新様式の〈たて花〉、すなわち新たな形式としての〈立花〉を完成したのである。

いけばなが町人社会に普及し始めたのは、江戸時代中期後半以降のことである。新しい文化の担い手となった町人にも受け入れられるよう、複雑で難解な〈立花〉に代わり、「天・地・人」を見立てた三本の枝で構成される、簡潔でシンプルな〈生花《しょうか》〉が一般化していった。枝の形・位置・方向・長さなど細かな規則を定め、平易な表現に努めたことにより、初心者にも学び易く、結果として〈生花〉の普及に拍車がかかった。要は、型通りに生ければ、それなりに美しく花を生けられる方法論が打ち立てられたのである。江戸の町にも前項で述べた大住院以真の流れを汲む後継者たちが普及に携わったのである。

それとともに、「家元制度」がこの時代におけるもう一つの普及の引き金となったといっても過言ではない。池坊は江戸時代初期から「門弟帳」ルールを確立し、名取り制度を基盤とした階層的構造を組み立てていたように、江戸後期になるとほとんどの芸能世界に「家元制度」が成立し、技術継承した歴史がある。江戸時代の明和〜安永の頃（田沼時代）になると、池坊に加え、千家古流・遠州流・庸軒《ようけん》流・入江流・源氏流・正風《しょうふう》流・千家我流・唯ノ古流など、さまざまな生花流派が創流され、後世に引き継がれている。

近代の〈いけばな〉

この節の最後に、近代の〈いけばな〉にも若干触れることとしたい。

すでに述べたように、芸術文化〈いけばな〉の大衆化を阻害していた重石、江戸幕府の都市江戸・武家社会が消滅した。文明開化は、西洋の園芸植物を次々と日本にもたらし、また栽培も始められるようになった。それ迄の〈生花〉は花材の中心を「枝物」とし、長く屈曲した枝に適した型が生み出されてきた。他方、西洋の園芸植物は丈が短いものが多く、真っ直ぐで単調な形であるため、平らな皿状の〈水盤〉に、低く盛るようにいける「盛花」方式が創案され、さらに「剣山《けんざん》」という道具が使われるようになった。明治中期からは女学校の正課に〈いけばな〉が採用され、こうした〈いけばな〉開放が小原雲心《おはらうんしん》による明治三〇年（一八九七）の小原流の創始となっている。

大正デモクラシーと呼応するかのように、創作的〈いけばな〉である「自由花」が提唱され始めた。〈たて花〉や〈生花〉のような型からくる規制を設けず、生け手の個性が重視されるようになり、各流派独自のデザイン理論が確立されていった。大正時代末期になると、美術界における前衛運動は、いけばな界をも巻き込んでいった。古典の型に囚われ過ぎては独創性を欠くとし、京都の作庭家であり自由生花を提唱した重森三玲、華道未生《みしょう》流の中山文甫、そして昭和二年（一九二七）に草月流を創流した勅使河原蒼風らによって「新興いけばな宣言」が出されるに至った。日常生活のなかでの〈いけばな〉を、造形芸術へと飛躍させようとする取り組みだった。

こうした流れにある現在においても、〈いけばな〉の主流は花材と花器とを主役とした室内装飾としての性格をもち続けている事実に変わりはない。

（平塚）

【参考文献】
『文政年間漫録』（『未刊随筆百種』第一巻、中央公論社、一九七六年）
小沢詠美子『お江戸の経済事情』（東京堂出版、二〇〇二年）
熊倉功夫『茶の湯といけばなの歴史―日本の生活文化』（左右社、二〇〇九年）
笹岡隆甫『いけばな―知性で愛でる日本の美』（新潮新書、二〇一一年）
竹内誠監修『江戸庶民の衣食住』（学研、二〇〇三年）
東京都江戸東京博物館特別展示図録『いけばな―歴史を彩る日本の美―』（二〇〇九年）

## きものと喪服

日本の伝統服飾である「きもの」は、江戸時代後期までに、現在まで続いている「小袖」長着と帯を締める形態が定着しており、今日においてもわが国伝統の「服飾文化」形成につながっていることは論をまたない。

### 「きもの」の基本形「小袖」と変容

男女とも、江戸時代までには「小袖」と総称される衣服形式に収斂されている。肩から足先までを覆い、筒袖と袂《たもと》、二幅の身頃《みごろ》がある一体型を基本とし、左の身頃を前合わせにして帯で固定する着付け方である。庶民の最も単純な形式が今日もみられる「浴衣《ゆかた》」で、縞や絵柄地があっても、男女共に藍染めが一般的だった。未婚の若い女性が晴着とする振り袖や、帷子《かたびら》（裏地のない単衣）も、「小袖」に分類されている。

江戸時代までに、「小袖」長着が表《おもて》着としての地位を確立し、男女共通の服飾形式として普及してきたが、男性物が女性物に比べて単調であったことは、現在も変わらない。男女を区別していたのが絵柄紋様で、染めや織り工芸の発達とも相俟って、女性衣裳では多種多彩な紋様が試みられ、細身で長い裾など、優美さを第一義とした仕立てが優先され、町人の妻や娘が、未婚・既婚で服装の区別を表現してきた。そしてその変化が顕著になったのが、江戸中期以降で、その様相は菱川師宣や鈴木春信らの浮世絵を見れば一目瞭然である。

「裾を引いて着る」ことが流行すると、裾模様柄の「きもの」が登場し、裾から衿にまで模様がある「江戸褄」の流行が始まった。「裾を引く」引き摺り着方では、裾裏に裾回しという別布を縫い付けていたし、外出時には「褄」を右手で取って歩き、長時間外出の際は裾を持ち上げて腰の上に端折り、太めの腰紐などで固定して歩いていた。

江戸時代中期の享保期になってから、女性のきものに「お端折《はしょ》り」が登場したとされている。それまでは「対丈《ついたけ》」、すなわち襟から裾先までの長さが身長に合わせて仕立てられていたが、現代女性の「きもの表着」にみられるような「お端折り」が付いて、身丈が長くなっている。いうまでもなく、男物は常に「対丈」仕立てであり、この点は今日においても変わりはない。さらには、身幅と袖幅がほぼ同じに仕立てられるようにもなった。つまり、両袖先幅の衣《え》紋掛《もんか》けに通して衣桁《いこう》に広げたとき、身頃幅が袖幅の約二倍幅となった。

八代将軍吉宗の享保の改革での緊縮政策の影響で、元禄風だった「きもの」も、淡めの藍色（縹色）や鳶茶色に変化し、さらに文化文政～天保期には、細かな縞柄、鼠色・茶色が好まれ、「いき・粋」として定着していった。女性の帯も模様が織り込まれた幅広の板状になり、結び目も大きくなっていったが、柄は格子や小紋など幾何学的で単純なもの、色は渋い鼠・茶・萌葱《もえぎ》や納戸（灰色紺）など派手な柄でないものが好まれ、茶や鼠色でも「四十八茶百鼠《しじゅうはっちゃひゃくねずみ》」というほど種類は多かった。

中下層庶民にとって仕立下《おろ》し着用は贅沢とされ、古着利用が一般的だった。享保八年（一七二三）の記録で、古着屋・古着仕立屋・古着買・古着仲買が三〇〇〇軒を超し、一つの産業を形成していたほどで、天秤棒に吊しての売り歩き、神田柳原堤（神田須田町～東神田）の床見世（露天商）などが有名だった。「きもの洗い」も自家でおこなうのが当たり前で、浴衣や木綿・麻布などは張り板を使い、縮緬《ちりめん》・お召し・羽二重《はぶたえ》・紗《しゃ》などの絹物や染め物も、ふのりと伸子《しんし》針での洗い張りは日常茶飯事だった。現在七〇歳後半の人なら、祖母や母親がふのり液の入った洗面器・伸子針・張り板の三点セットを揃え、庭先などで「きもの洗い張り」をしていたのを記憶していると思う。

裁縫道具一式の入った針箱を前にして、家族の衣服を手縫いする江戸風の暮らしぶりは、昭和三〇年代になっても、特に下町では色濃く残っていた。それまでの日本の服飾事情が今と異なる点は、裁縫や仕立てのできる人たちの多さにあり、女性なら浴衣や普段着程度のものは日常的に縫っていた。一三代将軍家定御台所となった天璋院篤姫も裁縫は上手だったそうで、身分が高い女性であっても簡易な衣服は自分で仕立てる術を身につけていたのである。高級品や柄合わせの難しいものは、本職の仕立て職人に頼んでいたし、男の仕立て職人もかなりいて、「男仕立て」と称されていた。

もう一つ、「羽織」がある。もともと男の防寒着から発展した経緯があり、「女は羽織を着ない」という社会慣習が定着した。江戸後期に深川の辰巳《たつみ》芸者が羽織姿だったことが話題としてよく取り上げられるが、荒っぽい漁業の町育ちで男っぽい姿をし、源氏名も男名で売り込んだ芸者だったということである。

「きもの」常用の江戸人は男女共に〝ゆったり着る〟風俗習慣だった。昔はゆったり着たから、外出し帰宅してからも「きもの」で過ごすことができた。現代は外出・礼装用のみならず、女性の場合は特に浴衣ですら着付けと称して着用具を多く使い、足袋・襦袢を含めて一二種類前後におよぶようである。帯をきつく締める方式が当たり前となって、これでは帰宅して脱いだらホッとする気分になる。「きもの」常用の江戸人が男女共ゆったり着る習慣だったように、緩やか着の習慣を身につけないと、「きもの」を着る習慣が復活しないともいわれている。男の「兵児《へこ》帯」、女の薄手「半幅帯」の効用を考えれば頷けるのではなかろうか。江戸時代以来の「きもの文化」を引き継ぐには、普段着きもの着用の生活習慣化が有用と考えている。

### 季節ときもの・更衣

平安時代の宮中行事では、「衣替え（更衣）」は四月一日と一〇月一日におこなわれていた。室町時代を経て江戸時代になると年四回となり、それらは「袷《あわせ》」（四月一日〜五月四日）、「帷子・単衣《ひとえ》」（五月五日〜八月三一日）、「袷」（九月一日〜同八日）、そして「綿入れ」（九月九日〜三月三一日）に代表される。裏付きが「袷」、裏なしが「麻帷子」と「単衣」、袷の表地と裏地の間に真綿などの薄綿を入れたものが「綿入れ」で、冬になると綿入れの「褞袍《どてら》」を羽織って、炬燵に入る姿が昭和の末期頃までみられたものである。

こうした「衣替え」は、江戸時代には「おしゃれ」の対象と捉えられ、年四回の「衣替え」時季に合わせて衣服を仕立てることが流行《はや》りだしている。衣替えの時節に合う文様の生地を使い、期間の長短にかかわらず豪華に仕立て、「通」であることを見せびらかしたりする人たちもいたという。

なお、起きてから寝るまでに着る「襦袢」についても記す必要があるが、ここでは省略したい。

### 喪服の変容

現代の葬儀では、男性は黒のスーツとネクタイ、女性は黒のワンピースまたはツーピースが主流で、西洋起源の黒喪服の着用が西洋以上に徹底しているが、少なくとも江戸後期の代表的な喪服は、男性は「白裃」、女性は「白無垢」だった。

江戸時代の平民学者の屋代弘賢と石原正明が文政期におこなった全国調査「風俗問状《といじょう》」が残っていて、北海道を除く一六藩の回答を集約して掲載した『諸国風俗問状答』があり、喪服姿に関して概略次のように記されている。

男性用　正式：白裃、白・鼠・浅黄色の着物。

略式：通常着に白布を肩掛け。
換式：一般礼服を喪服に代用、黒羽織と茶の袴、茶の裃。
女性用　正式：白無垢、白の着物。
略式：通常着に白布を肩掛け、白布を被る。

白の喪服は麻など粗末な布地でもよく、染色不要で最も安直だったようで、都市や地方で差異があったが、鼠色や浅黄色（灰色）も用いられた。幕末の安政二年（一八五五）に描かれた図には、先頭の二人が棺をかつぎ、その後を白い服を着た親族全員が歩いている様子が描かれている。

このような江戸時代の「白喪服」が現代では着用されなくなったが、その発端について付言しておきたい。明治初期に維新政府が文官礼服として西洋流の大礼服と燕尾服を定め、政府要人の葬儀から適用された。具体的には、明治一六年（一八八三）の岩倉具視国葬、同一四年の三条実美と有栖川宮熾仁親王の国葬で、加えて同三六年英照皇太后（明治天皇の母）の大喪（国中喪）があって、会葬者の階層別・和洋別・男女別標準が作成され、これが現在に至る一般社会の喪服標準例となったのである。

（富士松）

【参考文献】
刑部芳則『洋服・散髪・脱刀―服制の明治維新』（講談社選書メチエ、二〇一〇年）
風見　明『明治新政府の喪服改革』（雄山閣、二〇一一年）
丸山伸彦編『江戸のきものと衣生活』（小学館、二〇〇七年）
屋代弘賢編「諸国風俗問状答」（『日本庶民生活史料集成』第九巻、三一書房、一九六九年）

## コラム1　江戸の調味料

### 江戸前の鰻

江戸前の「食」では、うなぎ・鮨・てんぷらの三つが群を抜いて人気があった。今日においてもその傾向は変わらず、下町その他、江戸時代からの町並みとなってきた地域には、今もって看板にこの三者が掲げられた飲食店を探すのは難しいことではない。そしてその共通点は、「江戸前」で獲れた魚介類が食材になっていたことにある。

「江戸前」とは、地理的には、品川沖や芝沖など江戸湾とその周辺の海、および江戸湾に流れ込む河口をさすが、「江戸前漁場で獲れる魚介類」のことを略して「江戸前」とも呼んでいた。なお特に隅田川の下流や小名木《おなぎ》川・神田川など「鰻」の獲れる産地を指す場合もある（三田村鳶魚による説）。したがって「江戸前の鰻」を食すことが江戸っ子の粋だったようで、江戸前以外の地域から持ち込まれた鰻は区別され、「江戸うしろ」とか「旅うなぎ」と呼ばれていた。

鰻といえば「蒲焼き」だが、そもそも鰻の醤油焼きが最初に開発されたのは元禄期の京都だった。醤油原産地域の京都で、調味料として醤油を使った鰻料理が生まれたのは極く自然なことと思われるが、蒲焼きは、食欲をかき立てる香りが魅力ではあっても高級料理ではなかった。その後、宝暦～明和期には大坂道頓堀でも「割売《さき》」と称し、調理用道具をかついで歩き、注文があるとその場で割《さ》いて焼く鰻が売られていた。

こうした鰻の食べ方が大坂から江戸へ伝わった。夏土用の丑の日に鰻を食べる社会慣習は、宝暦～明和期頃に高松から江戸へ出た平賀源内が広めたという俗説があるが、いったん白焼きしてから蒸しを入れ、さらにタレをつけながら焼き上げる江戸風蒲焼き調理法が確立したのは、江戸後期の文政期だとされている。つまり、大坂調理方式に「蒸し」工程を加えて脂を抜いて軟らかくし、さらに味醂と濃口《こいくち》醬油を主材料とした「タレ」が生み出され、江戸風調理法になったのである。江戸の濃口醬油は野田や銚子で醸造され、九代将軍家重時代の宝暦期頃から江戸の町へ参入し始め、文政期には江戸入荷量醬油の九八％超に達し、江戸風蒲焼きの調理確立に強い影響を与えている。

江戸中期の深川八幡前に「めいぶつ大かばやき」の看板絵が『江戸名所百人一首』にあり、「深川鰻名産也、八幡宮門前町にて多く売る」（『江戸惣鹿子《そうかのこ》名所大全』）とある。ただし、現在のような「うな丼・うな重」のような形態になったのは幕末の安政期からで、高級な食べ物という評価もなく、高級料理屋のメニューにはなかった。米飯と蒲焼きとを一体として売るようになったことについて、芝居小屋で働いていた大久保今助が多忙さから考えついたという話が残っている。

**濃口醬油・みりん酒・塩**

**濃口醬油**　醬油の起源は、興国寺（和歌山県由良町）の僧覚心が鎌倉前期に宋から径山寺味噌を伝え、桶の底の溜汁の利用から始まり、室町時代に上方地方で「醬油」生産が始まっている。その後、大豆・小麦を原料とする製法の一般化が進み、当初は濃厚な旨味をもつ一方で色も濃かったが、工夫と改良が積み重ねられ、長い年月を経て「日本の醬油」はでき上がってきた。

享保期頃までは江戸入荷醬油の約七五％は上方からの「下り物」だったが、江戸中期宝暦期頃から野田と銚子の醬油が江戸に参入、約六〇年後の文政期には、入荷の九八％を関東産の濃口醬油が占め、幕末には銚子のヤマサ・ヒゲタ・ジガミサ・山十、野田のキハク・キッコーマン・ジョウジュウの七銘柄が「最上品」に認定されるまでに至った。二大産地「銚子」と「野田」は、家康の江戸入り四年後から約六〇年かけて完成した「利根川〜（関宿）〜江戸川〜中川〜小名木川〜日本橋川」の舟運ルートによる大消費地江戸への流通の便と、霞ヶ浦周辺の大豆生産地を擁していたことが背景にあった。

醬油の主原料は大豆・小麦・塩だが、小麦は蛋白質が多く香りや色に優れ、その濃口醬油を調味料に使った鰻蒲焼きや蕎麦が江戸人の好みに合ったのである。味付け調味料として濃口醬油を使う江戸・東京と比較して、現代でも関西地方は薄口醬油が主流だが、琵琶湖の子鮎煮や瀬戸内海のくぎ煮、あるいは京都の山椒ジャコその他の佃煮系は別として、大雑把にいって醬油の使い方は昆布と鰹味への「風味づけ」としてであり、その違いが江戸東京とは際立っている。

**みりん（味醂）と酒**　味醂はアルコール度数が一三〜一四度であるので、現在では「酒類販売」の許可を得た店でないと売られていないいわゆる「酒類」の一種であるが、照りを与え、ほのかに甘味を加えることができるため、煮物には欠かせない調味料である。たとえば煮魚料理の場合には、煮込みながら玉杓子《ひしゃく》などで繰り返し煮汁を掛けることで照りを出し、加えて煮汁にとろみを出すこともできる貴重な調味料である。日本酒は煮物調味料としては味醂の下位のようだが、煮魚などの場合は身を堅くしてしまう味醂よりも上位にあるといえる。

味醂の原型が日本にもたらされたのは、戦国時代末期の文禄期に大陸からとされている。「味醂酎《ちゅう》」なる呼び方で、滴る濃厚酒を意味したので、まさに濃度が高く粘りけのある酒ということになる。

味醂は江戸初期には広く醸造されていなかったこともあって高価で、当時の日本酒の二倍前後の値段であったが、江戸中期になると生産量も増え、焼酎《しょうちゅう》と混ぜた呑み方が一般的になり、女性にも愛飲されるようになったという。調味料として使われるようになったのは、やはり江戸中期以降で、料理本で紹介され、煮物や蒸し物に使われた。蒲焼きタレは、味醂と濃口醤油とがまさに出合調味料だったことを物語っている。

**塩**　塩単体として、また醤油・味噌製造に使われる「塩」は、江戸初期は人口も少なく消費量も少なかったこともあり、下総行徳《ぎょうとく》の塩が主に小名木川舟運で運ばれていた。遠浅でないため生産量に限界があり、やがて「瀬戸の十州塩《じっしゅうえん》」に依存し、野田・銚子の醤油製造にも使われるようになった。醤油のみならず味噌製造、漬物・塩干物、その他、加工食品に大量の塩が必要となり、元禄期までに赤穂に代表される大規模な入浜塩田が、播磨から長門にいたる山陽・四国の両岸に展開した。これら十州塩はいったん大坂に運ばれ、全国の塩の九〇％超を供給し続けた。江戸へは二代将軍秀忠の元和期に塩を専門に扱う廻船が大坂～江戸間を往復していたとされ、八代将軍吉宗の享保期には十州塩の約五〇％が江戸へ供給されていた。

（松田）

**【参考文献】**
原田信男『江戸の食文化―和食の発展とその背景』（小学館、二〇一四年）
吉田　元『醤油』（ものと人間の文化史、法政大学出版局、二〇一八年）

## コラム2　精進料理の理想と肉食の現実

江戸時代は、菜食料理の水準の向上に貢献してきた精進料理が、禅院内のものから市井《しせい》に広まり、文人や大衆に受け入れられた時期であった。また、「生類憐みの令」により肉食忌避の度合いが高まり、「日本人は肉を食べない」という総意も出来上がった時期でもあった。であるなら、江戸の庶民は、精進料理を理想とし菜食を目指し、かつまた、肉食を避ける方向に進んでいったのだろうか?

### 精進料理

精進料理とは、仏教の「不殺生戒」による肉食禁止と、「不許入葷酒山門(くんしゅさんもんにいるをゆるさず)」の五葷(ニンニク・ネギ・ニラ・玉葱・ラッキョウ)をさけた、野菜・豆類・穀物・果実・海藻など植物性の食材を調理した料理である。調理法は、生食はまれで、加熱、あく抜き、水煮など、手間暇をかけ創意と工夫を凝らすので、料理の水準向上に貢献してきたといわれている。

仏教発祥のインドでは、僧は「不殺生戒」から狩猟・漁労をせず、ものへの執着や所有欲を絶つため一切の労働行為をおこなわず、調理もしなかった。食事は「托鉢《たくはつ》」で、民家からいただいた物を一日に二食とっていた。

その後、仏教が中国に伝わるなか、教典主義でなく座禅中心の実践主義であった達磨大師の禅宗は大衆に受け入れられ、深山幽谷に寺院が建てられ、一山に八〇〇人から一〇〇〇人の僧が修行するようになった。周囲に民家がほとんどなかったため、托鉢に限界が生じ、食事を準備する必要に迫られ、インドでは認められていなかった僧侶自からが労働・調理をするようになった。「不殺生戒」と「所有と蓄財」の抵触に注意を払い、農作業、調理、掃除、洗濯など肉体労働すべてを修行として「作務《さむ》」に位置付けた。また、食についても、野菜・豆類・穀物など食材を厳格に制限した菜食主義の体系が出来た。唐の時代になると、移入された石臼と水車で穀類や豆類を粉食にし、穀醬《こくしょう》やゴマ油を使って、動物性食品に模すといった高度な調理方法が発達した。南宋の時代には、禅院での調理・食事作法の規範である『禅苑清規《ぜんえんしんぎ》』も整い、菜食主義の完成度も高まって精進料理が出来上がった。

一方、日本には、もともと「穢れ」の概念があり、肉食を避けて身と心を清らかにするという「潔斎」の習慣があった。平安時代には、仏僧はいうまでもなく貴族の間においても、動物性の食材をとらない「斎日《さいじつ》」が定められていた。清少納言の『枕草子』に「さうじもののいとあしきをうちくい」とあるように、精進物《さうじもの》が登場した。

鎌倉時代には、中国僧と寝食を共にし、喫茶の習慣になじんだ留学僧が、粉食技術と禅院の調理による精進料理を日本に伝え、食材も、豆腐・凍り豆腐・こんにゃく・浜納豆・ヒジキなどが整い、味噌や煮しめなど濃い味付けが体を使う武士や庶民に受け入れられた。また、臨済宗の栄西は、茶を持ち帰り、『喫茶養生記』を著した。精進料理を茶の子というように、茶と精進料理とは、密接な関係をもちながら禅院で発展していったのである。

一方、曹洞宗の道元は、南宋の阿育王山の老典座との出会いから、「平常心是れ道」を学び、帰国後、自力本願を旨として厳しい座禅の修行に打ち込み、『禅苑清規』を下敷きに、『典座教訓《てんぞきょうくん》』で食事を調理する典座の心得を、『赴粥飯法《ふしゅくはんぽう》』で食事をする修行僧の心得を説き、「威儀即仏法、作法是宗旨」を教えた。永平寺流の精進料理は、調理・配膳も食事作法も重要な修行であり、庫院責任者の典座は重役でもあるという立場をとり、室町時代の本膳料理に通じていった。

室町時代になると、喫茶習慣の展開のなかから、村田珠光・武野紹鷗・千利休による本格的な茶の湯が確立した。そのなかで、濃茶《こいちゃ》を喫する前の腹ごしらえが、「一汁三菜」の懐石料理であり、贅を戒めた質素で季節感あふれる精進料理であった。また、素麵が中国から伝わると、饂飩《うどん》もつくられ「点心」として食事と食事の間に食べられるようになった。そして、和食一般の「包丁師」のほかに、精進料理専門調理人である「調菜人《ちょうさいにん》」も登場した。

江戸時代になると、黄檗宗の隠元が普茶《ふちゃ》料理をもたらした。これは、「普く衆人に茶を施す」というように、煎茶とのつながりが深く、長方形の座卓を囲み、大皿料理を分けあう、動物性食材を用いない卓袱《しっぽく》料理のことである。テーブルクロス・ワイングラスの導入や、巻繊《けんちん》・油糍《ゆじ》・雲片《うんぺん》・素菜《そさい》など、炒め物・揚げ物のための油利用など、異国風の色彩を持ったので大いに受け入れられた。その後、精進料理は、内において伝承されてきたものから、禅院からのご用達で特定の料理店がつくるもの、さらに、仏教とは関係なく一般の料理店がつくるものへと展開していき、文化人から庶民にいたるまで、菜食の華として、大いに愛好されるようになったのである。

**肉食忌避の実態**

菜食の対極にある肉食は、どのような歴史をたどってきたのか。縄文時代には、鳥類や、サケ・マスなど魚介類のほか、狩猟獣として鹿・猪がカノシシ・イノシシとして食べられていた。そして、縄文晩期や弥生時代に家畜が加わり、肉食比率は高くなっていった。古墳時代には、王権にとって狩猟が重要な儀礼であり、薬猟の名で、鹿・猪狩りがおこなわれ、その肉が食べられていた。

その後、天武天皇四年(六七五)に肉食禁止令が出された。禁止期間が農耕時期だけであることと、対象動物が農耕用の牛馬と家畜の犬鶏、猿に限定されていることから、当時常食の鹿・猪は食べられていたが、肉食が農耕への障害となる認識が芽生えたといえよう。天平勝宝四年(七五二)の東大寺大仏開眼供養にみられるように、仏教は国家鎮護の宗教となり、国をあげて広く人々に「不殺生戒」や「放生」を呼びかけたので、狩猟・漁労による肉食忌避の方向に進んでいった。

中世になると、道元の食哲学、精進料理、禅思想は、武士の間で共感を呼び起こしたが、その食生活に変化はみられなかったようだ。当時の『庭訓往来』に鹿・猪・兎・熊・猿などが堂々と載っているように、主食は穀類、副食は肉食というのが、普通のことであった。一方、肉を食べることが稲作の障害になるという農耕障害論と、仏教の不殺生の観念が結び付くことにより、肉食に対する穢れの観念が生じてきたため、肉食は祭りや葬儀という非日常の場から排除され、徐々に穢れた食材として意識されるようになっていった。ただし、魚介類は二足や四足の鳥獣にたいして無足であるため、穢れが少ないものとされた。

穢れの観念や肉食不浄論が日常の場まで広まってくると、狩猟・漁労に従事する人々は仏教的な罪悪感に苦しまされたと思われる。浄土真宗の親鸞は、末法思想の流行のなかで、他力本願を旨とし、誰でも念仏さえ唱えれば極楽往生できると説き、不見・不聞・不疑の「三種の浄肉」は食してよいといった。さらに、「善人なおもて往生をとぐ、いはんや悪人をや」という悪人正機説の悪人とは、心の善悪ではなく、社会的な立場によって決定されるという認識から、悪が往生の障害になるはずがないと考え、狩猟・漁労民など下層民の救済を第一義とした。

将軍綱吉の死後、生類憐みの令が廃止されると、肉食はすぐに広まっていった。外交の賓客である朝鮮通信使に対して猪肉を定期的に調達したり、長崎出島でオランダ人や中国人による養豚も盛んにおこなわれた。彦根藩では将軍や御三家へ牛肉の味噌漬の献上もしていた。文化文政期になると、蘭学者から栄養面での肉食の効用が提唱され、江戸に猪や鹿をたべさせる「ももんじ屋」が現れ、猪を牡丹、鹿を紅葉と称して、これを薬食いといった。後年明治四年(一八七一)に肉食禁止令が解かれたが、それ以前から肉食は途切れなく続いていたというのが実態であった。

精進料理は、典座《てんぞ》といわれる祖師たちの慣れの蓄積である。慣れには力みがない。吐いて吸う息と同じで、それでいて、いつの間にか深呼吸している息と同じである。さらに、手間暇をかけて調理する過程で、食材となる動植物に対する感謝の念を起こさせる。また肉食を断つことが、「只管打坐《しかんたざ》」の修行に通じるものもある。なお、肉食禁止令が建前に過ぎなかったことは、親鸞の肉食妻帯をも思い起こさせてくれる。このような日本人の心性に加えて、昨今では、訪日外国人をはじめ世界の人々からも注目を浴びて、「和食」が世界遺産にまでなった。その理由の一つが、精進料理も肉食料理も大きく取り入れてきた和食の包容力であると思われる。

(佐藤)

【参考文献】
秋月龍珉『道元禅師の『典座教訓』を読む』(ちくま学芸文庫、二〇一五年)
鈴木大拙『禅と日本文化』(岩波文庫、一九八六年)
鳥居本幸代『精進料理と日本人』(春秋社、二〇〇六年)
原田信男『歴史のなかの米と肉―食物と天皇・差別』(平凡社選書、一九九三年)
原田信男『和食と日本文化―日本料理の社会史』(小学館、二〇〇五年)
原田信男『江戸の食生活』(岩波現代文庫、二〇〇九年)
藤井宋哲『道元「典座教訓」―禅の食事と心』(角川ソフィア文庫、二〇〇九年)
南　直人『宗教と食』(食の文化フォーラム、ドメス出版、二〇一四年)
森枝卓士『アジア菜食紀行』(講談社現代新書、一九九八年)

## コラム3　江戸の藍染め

日本人の暮らしに深く根づいてきた藍染めの着物や浴衣と手拭い、あるいは作業着の袢纏《はんてん》や作務衣、また風呂敷や幟旗などには、江戸時代以来の布染めの歴史が詰まっている。歌川広重画「名所江戸百景」シリーズの「神田紺屋町」（図3）や「馬喰町初音の馬場」にみるごとく、幾条もの染め生地が櫓《やぐら》から垂れ下がり、鯉幟《こいのぼり》の吹き流しのごとくたなびいている光景は「江戸の風物詩」の一つだった。昭和三〇年代まで染め生地が櫓から棚引く風物詩が、都内下町各所でみられた。

図3　「名所江戸百景 神田紺屋町」（国立国会図書館所蔵）

その歴史を辿ると、藍染め衣服の着用は飛鳥時代の宮廷人以来とされ、平安期の『延喜式』には、藍染めに関する最古の記録が残されている。明治初期にお雇い教師として来日したイギリスの科学者R・W・アトキンソンは、日本人の多くが藍染め姿なのに驚き、「ジャパンブルー」なる言葉を残している。

「藍」は〈藍四十八色〉というほど、多数の微妙な濃淡によって色合いを変化させる。それらは、甕覗き〈甕のなかの水を覗いた時の極めて薄い水色〉から始まり、水色・浅葱《あさぎ》・空色・納戸・縹《はなだ》・花紺・褐色と濃度が進み、限りなく黒に近い紺「留め紺」までである。飛鳥〜平安時代には華やかに澄んだ〈縹〉色が好まれたといわれ、鎌倉・室町期には褐色の「カチ」が「勝ち」に通ずるため、武士は濃く染めた藍色を好んだ。また藍の有する止血・殺菌効果も着目され、鎧の下に藍染め衣類を着用していた。

特に木綿との相性が良くきれいに染まることから、庶民の衣服としての木綿が普及するにつれ、藍染めが急速に浸透していった。布地の耐久性を増すことも藍染めの優れた特性に挙げられ、虫や蛇を寄せ付けない成分が含まれているとして、山や畑での野良仕事着にも使われた。藍は良く染まるうえ、歳月を経るほどに定着が進んで赤味が徐々に抑えられ、二〇年も経つと赤味が失せて深い紺色に変化し、使い込むほど深い青みを出す。

藍は蓼《たで》科の一年草木で、原産地はインドシナ半島北部。多くの種類があり、染料として古くから世界各地で使われてきた。わが国では徳島藩が特産品として奨励したこともあって、阿波の特産品として藩財政を潤してきた。

藍染料は「スクモ（蒅）」と呼ばれる藍の葉の腐葉土が原料である。収穫後の秋から天日乾燥させ、約一〇〇日間水打ちしながら七〇℃で攪拌し、筵掛けして発酵させる。それを水甕に入れ染料液になったあとも発酵は続き、「藍の華」といわれるアブクが出続け、深みのある色として定着してゆく。まさに生きている藍が生み出す日本の色〈ジャパンブルー〉なのである。

江戸時代には藍染めも「晴着」だった。絞り糸染め、型染めの紺屋がいて、着物地は中小紋様、男物下着や半襦袢は小紋柄、女・子供用の着物や半襦袢、帯・腰巻き・前掛けも小紋柄だった。浴衣を例にとると、色と柄の組合せに隠し文字をさりげなく入れ、洒落心・遊び心を入れ込むものもあり、「判じ物」を染め込んだもの、袖口や襟元からチラっと覗く模様が〈粋き〉だとされた。婚礼祝いの風呂敷にも藍染めが使われ、番《つがい》の鶴（嘴を開いた姿と閉じた姿）を描き、夫婦仲睦まじい意を込めたものなどがある。また子どもを背負う帯などには親の思いを託した絵柄なども作られてきた。

明治になっても、阿波藍は衰えることなく繁栄を続けたが、明治後期に安価な化学染料がドイツから輸入され始め、その需要が一気に落ち込んでいる。栽培農家も減少し、藍職人も廃業の止むなきに至り、加えて大正から昭和に入って戦時体制となり、食料増産が優先されたことなどから、藍栽培それ自体が禁止された。こうしたなかでも伝統を守り通したのが徳島の佐藤平助氏だった。阿波藍の最上級品種「白花《しろばな》小上粉《こじょうこ》」を絶やさぬよう種採取を続け、昔からの藍栽培の教えを受け継いでくれたお陰で、今日に伝承されている。

（富士松）

【参考文献】

福岡市博物館企画展図録『藍染の美―筒描』（二〇一一年）
松岡未紗・岐阜市歴史博物館編『JAPAN BLUE―藍染の美』（岐阜新聞社、二〇〇五年）

# コラム4　江戸の花見

## 江戸の花名所

日本人は古くから四季折々の自然の変化を楽しみ、その趣や想いを和歌や俳句・大和絵などで表現してきた。これらは日本の伝統文化のひとつとして現在に受け継がれている。四季の移ろいのなかでも植物と日本人の関わりは密接である。「観梅」「観桜」「花見」「観菊」「紅葉狩り」という文言に象徴されるように、ある植物が見頃の状態になったところへ出向いて観賞することで充足感を味わい、また癒しとすることは、現代人にとっても通ずるものがある。

ことに桜の開花は、現代人に春の訪れを告げる最もわかりやすい出来事といえるだろう。毎年三月はじめの開花予測に始まり、三月後半から四月後半にかけては日本各地の開花情報が連日飛び交う。報道番組の冒頭で取り上げられることも珍しくなくなっており、むしろその過熱ぶりには驚かされる。

日本人の花見の風習は、奈良時代の「観梅」に始まり、それが平安時代に「観桜」に変わったとのことだが、いずれもその担い手は貴族や為政者だったようである。それでは、広く庶民が桜はもちろん四季折々の自然の変化を楽しむようになったのは、果たしていつ頃からなのであろうか。ここでは、江戸および江戸近隣居住者の花見遊覧事情の変遷に迫ってみよう。

享保二〇年（一七三五）に成立した江戸の名所案内記である菊岡沾涼著『続江戸砂子』に所収されている「四時

遊覧」に示される花名所は、亀戸梅屋敷の梅や、上野寛永寺・飛鳥山の桜など、全部で三〇地点である。おもな特徴として、①日本橋を中心として二里以内にほぼおさまること（エリアを外れるのは「虫聞」の武蔵野〈現埼玉県入間郡〉と「紅葉」の真間山弘法寺〈現千葉県市川市〉の二か所のみ）、②江戸城の北側に点在すること、③桜の名所が四地点に過ぎないことなどを指摘できる。

『続江戸砂子』の成立から約九〇年後の文政一〇年（一八二七）に成立した岡山鳥著『江戸名所花暦』で取り上げられている花名所は一四五地点である。『続江戸砂子』と比較すると、①分布のエリアがひと回り外側に広がり、日本橋から二里以内を外れるのは二か所から一三か所に増加すること、②江戸城の北側でも浅草を中心とする隅田川沿いや上野付近に集中し、江戸城の南側の海岸線に沿っても点在するようになること、③桜の名所が四か所から三一か所へ増加することなどが指摘できる。

『続江戸砂子』『江戸名所花暦』から読みとれる花名所の変化は、一八世紀半ば以降江戸居住者の行動範囲が広がり、花名所の数、および花見遊覧を楽しむ人が増え、一九世紀前半には春に桜花を見ることが広く定着したことを意味している。

さて、江戸の花見（観桜）を考える際、八代将軍徳川吉宗が果たした役割はきわめて大きい。吉宗はそれまで上野寛永寺境内に限られていた花見場所を、庶民が利用するレクリエーションポイントの創出という観点から、幕府による植樹政策の一環として増やしたのである。それが飛鳥山・品川御殿山・隅田川堤・小金井（玉川上水）堤への桜の植樹であり、これらはのちに庶民の花見場所として開放され名所となったのである。他に中野桃園へは桃が、神田川柳原土手へは柳が植樹された。

図4 「東京名所四十八景 飛鳥やま」昇斎一景画
（国立国会図書館所蔵）

## 飛鳥山の桜とソメイヨシノ

これらのなかでも飛鳥山は江戸郊外で一番の花名所となった。文政一一年（一八二八）幕府により編集された武蔵国の地誌『新編武蔵風土記稿』には、享保五年（一七二〇）に二七〇本の桜が植樹され、翌年には一〇〇〇本が追加、元文二年（一七三七）には、（碑文の内容が難解で有名な）飛鳥山碑も造立されたことが記されている。また、天保年間（一八三〇～四四）に刊行された江戸および江戸周辺の地誌『江戸名所図会』には、元文年間（一七三六～四一）に吉宗の指示で桜樹数千本を植えたところ、年数を経て「花木林《かぼくはやし》」となり、桜が見ごろの時期には「桜花爛漫として尋常の観にあらず」としている。その後も、明治一三年（一八八〇）、同二一年と桜の木が補植されているように、近代以降現在に至るまで飛鳥山は花名所としての地位を保ち続けている。なお、享保五年に植樹された桜二七〇本のうち七〇本は「赤芽桜」であったことが判明している。「赤芽桜」とは赤芽のヤマザクラのことをさしており、飛鳥山には数種類の桜が植樹されたようである。

さて、図4の錦絵は明治四年に板行された昇斎一景《しょうさいいっけい》による「東京名所四十八景 飛鳥やま」（豊島区立郷土資料館所蔵）である。絵の右側に描かれる桜はヤマザクラ、あるいはオオシマザクラの類ではないかと思われる。それは花（弁）と葉両方が描かれているためである。現在日本全国に分布する桜の八〇％以上を占めるとされるソメイヨシノは、葉が出る前に開花し、花が散ってから葉が出るという性質を持つ。それに対して、ヤマザクラ・オオシマザクラの類は、葉が出た後に葉がある状態で開花する性質を持つため、このような推測ができるのである。

そもそもソメイヨシノ(染井吉野)は、「ヨシノザクラ」あるいは「ヨシノ」と呼ばれ、エドヒガンとオオシマザクラが交雑《こうざつ》したものとされ、近代以降のインフラ整備にともない全国に広まった品種である。おそらく一八世紀後半に出現したと考えられ、管見の限りでは、狂歌師・随筆家として知られる大田南畝による寛政四年(一七九二)『花見のにき(日記)』閏二月二三日の記述「海嘗山来福寺品川鮫洲御林町(中略)一、吉野桜　白桜なり」の部分を初見としている。その後、植物学者の藤野寄命が明治三三年(一九〇〇)に桜に関する報告書のなかで「そめいよしの」を初めて用い、翌年、植物学者の松村任三によって学名が与えられ、以降徐々にソメイヨシノという和名が浸透していくのである。著名な植物学者の牧野富太郎による『牧野日本植物図鑑』(北隆社、一九四〇年)所収「そめゐよしの」の項目にある「本種ハ明治維新直前頃ニ始メテ東都ニ出生セシ者ニテ、畢竟江戸ノ桜ニハ非ザリシナリ」という記述からも、江戸時代の江戸にはまだあまり見られなかった樹種であったと思われる。

ソメイヨシノの開花から花が散るまでおよそ二週間、いわば短期集中型となった現在の東京地方の花見とは異なり、先に飛鳥山で複数の品種の桜が植樹されていたことを確認したように、開花時期の異なる数種の桜花を時間差で長期間にわたり楽しむ(いわば長期分散型)のが、江戸の花見の実像だったようである。

(秋山)

【参考文献】

『大田南畝全集』第八巻(岩波書店、一九八六年)
秋山伸一「ソメイヨシノをめぐる言説とその実像」(荒野泰典編『近世日本の国際関係と言説』溪水社、二〇一七年)
秋山伸一「染井の植木屋たちとソメイヨシノ」(西木浩一他編『みる・よむ・あるく東京の歴史7』吉川弘文館、二〇一九年)

## コラム5　「馬琴日記」にみる江戸の人生儀礼

### 日記にみる都市生活

『椿説弓張月』『南総里見八犬伝』などの著作で知られる曲亭馬琴（瀧澤興邦。一七六七〜一八四九）は、江戸深川（現江東区平野）の旗本松平家に仕える瀧澤運兵衛興義・もん夫妻の五男として生まれた。一四歳の時に実家を飛び出し、江戸市中で転居を繰り返すものの、寛政五年（一七九三）、結婚を機に元飯田町中坂下（現千代田区九段北）に落ち着き、同年に上梓した『御茶漬十二因縁』で初めて「曲亭馬琴」と署名する。

その後、職業作家としての生活をスタートさせ、文政七年（一八二四）には神田明神下の同朋町（現千代田区外神田三丁目）へ移り、嘉永元年（一八四八）に四谷信濃坂（現新宿区霞ヶ丘町）にて、八二歳で没した。まさに江戸で生まれ、江戸で暮らし、江戸で永眠した生涯であった。

そのような都市生活者であった馬琴は、生前、長年にわたって日記をつけていた。その多くは関東大震災などの被害により失われたものの、数冊が現存しており、大都市江戸に暮らしたある一家の日常を垣間見ることができる。

馬琴の日記には、几帳面な彼の性格がよく表れており、日々の出来事のほかに、家での行事、家族の動向、来客、版元などとのやりとり、書翰の発着などが綴られた。特に、息子や娘たちの婚礼、あるいは孫たちの誕生から初節句、七五三などは喜びをにじませながら詳細に記している。本コラムでは、日記に記された人生儀礼を通して、着物や身に付けるものに注目してみたい。

**瀧澤家の産育儀礼**

ここでは馬琴の孫である太郎の産育儀礼に関わる記録を取り上げる。文政一〇年(一八二七)一〇月一五日の項には、馬琴の息子である宗伯の妻・路《みち》の妊娠にあたって「鎮帯《ちんたい》」の祝儀の記録がみえる。この日は、妊娠五か月目前後に安産を願って、妊婦の腹に木綿の布、すなわち腹帯(岩田帯)を巻く日であった。

当日、瀧澤家には馬琴の娘夫婦や、馬琴の妹たちが手伝いに駆けつけていた。それ以外にも路の実家から両親、その他知り合いの者たち、迎えにきた使いの者なども含めると総勢一〇人以上が入れ替わり立ち替わり来宅し、そのたびにそれぞれに本膳や酒を振る舞って馬琴や娘たちが対応した。たいへん豪勢な祝宴であったことがうかがえ、この日、瀧澤家の人々が就寝したのは九ツ(午前〇時頃)であったと記されている。

またこの儀には、「子安ばば」も招かれている。「子安ばば」とは、出産介助人のことである。「子安ばば」は午後に瀧澤家に到着して膳を振る舞われた後、路に帯を付けて七ツ(午後四時頃)には帰宅している。

瀧澤家にきていた「子安ばば」は、日記中で「安野」という名や「穏婆《おんば》」などとも記され、太郎が生まれる文政一一年二月二二日まで月に一度、臨月には月に二度の頻度で路の按腹《あんぷく》(お腹のマッサージ)に訪れていた。民俗学の分野では、このような出産介助人を民俗語彙として「トリアゲババ」と呼ぶ。トリアゲババは、取り上げた子にとって特別な存在となり、その子の成長における儀礼などに招待されたり、家族や親戚と同様の扱いを受けたりするツキアイが続くことも少なくなかった。実際に太郎の「子安ばば」も、誕生から三日目におこなう三つ目祝儀や、名前を付ける七夜《しちや》祝いに招待され、初節句には馬琴が祝儀の柏餅などを届けさせている。

太郎は四ツ半(午前一〇時頃)に生まれた。「四時過、穏婆呼寄セ」、「殊之他軽産」であったという。その直後であろうか、「昼夜早々、明キ之方未申之間、玄関砂利之下深ク掘之、胞並初湯を徳リ弐ツニ入、同埋之畢」とある。これは、産育儀礼のひとつである「胞衣納《えな》め」をおこなったということである。日記中の「胞」とは、胞衣すなわち後産《あとざん》・胎盤のことであり、胎児を包んでいる膜のこと。かつてはこれを赤子の一部と考えて土中に埋めるという習俗があった。埋める場所は地域によって差があるが、胞衣はより多くの人が踏む場所に埋めると、その子が丈夫に育つと伝えられている地域もあり、玄関などに埋める事例が多い。また初湯を入れたふたつの徳利は、母の乳房に見立てられており、母乳がよく出るようにとの願掛け習俗である。このような土中に埋める産育儀礼の痕跡は、東京都内の遺跡発掘調査でも確認されている。

太郎誕生の翌日、馬琴自ら大丸《だいまる》(関西発祥の老舗呉服店。現在の大丸松坂屋百貨店)へ、新生児の衣類を買いにでかけている。また、祝いとして親戚から襁褓《むつき》(新生児をくるむ布のこと)などが次々に届いた。誕生から三日後には大丸で注文した「出生衣類」「紋縫」が届き、それを早速瀧澤家に止宿していた路の母が縫い始めたという記録がみえ、大急ぎで新生児の着物を七夜祝いまでに用意しようとする姿がうかがえる。

誕生から三日目を祝って産湯につかわせる三つ目の儀礼を無事に済ませ、七日目には七夜祝儀が盛大にとりおこなわれた。この日、太郎と命名された赤子には、産毛を剃るために床屋が呼び寄せられ、記述はないが、ここ数日で路の母が仕上げた産着が着せられたのであろう。親戚や近所からはお祝い品として、「守巾着」や子どもの健やかな成長を願う「犬張子」がいくつも贈られている。

### 太郎と赤い着物

近世期には、天然痘《てんねんとう》ウイルスの感染によって発病する急性伝染病である疱瘡《ほうそう》がたいへん恐れられた。重症化すると死を招き、死に至らずとも失明や痘痕《あばた》が残る可能性も高かったからである。当時、疱瘡や麻疹《ましん》(はしか)などの恐ろしい病気は「疱瘡神」や「疫病神《えきびょう》」が各家に運んでくるものと考えられ、それらを家に入れないようにするためのまじないや習俗があった。

古来、赤色には魔除けの力があると信じられており、疱瘡を発症した子どもには赤い着物を着せたり、枕元に赤色の玩具が置かれたりすることが多かった。同様の理由から「疱瘡神は赤色を嫌って家には入ってこない」と考えられていた一方で、「疱瘡神は赤色を好むため、赤い物を揃えておけば機嫌を良くして疱瘡を軽症にしてくれる」という歓待の姿勢を表すものという認識もあった。いずれにしても、多数の赤い物を用意することは疱瘡を除け、あるいは軽症であることを願う親の気持ちの表れであろう。

瀧澤家では、天保二年(一八三一)二月、太郎に疱瘡の症状がみられた。早速、馬琴は娘のおさきに「あかねもめん上衣・づきん・手甲等」を縫うようにといいつけ、娘婿には疱瘡守札・幣などを受けて来させ、疱瘡棚へ飾りつけた。翌日には、おさきが縫った「あかねもめん、ひとへ物」は完成し、「大だるま」「車付き鯛」の赤色の玩具とともに太郎の元へ届けられている。そのほかにも見舞品として、「張子達磨」や「赤落雁《らくがん》」(菓子)が方々から贈られた。

室内には「為朝《ためとも》神影」の軸が用意された。これは、源為朝が八丈島で疱瘡神を撃退して伊豆へ送還したと伝えられたことから、為朝の力にあやかる疱瘡平癒のまじないのため掲げられたものである。幸い太郎は重症化せず、三月一〇日以降に回復をみせたことから、瀧澤家では回復を祝う「疱瘡酒湯祝儀」をおこなった。三月一二日には太郎の父である宗伯や馬琴の妻の百が、回復の返礼として小石川の沢蔵主《たくぞうす》(司)稲荷に参詣し、「そば五つ」と「初穂」を納めている。

馬琴が記した日記からは、都市で暮らす三世代の生活をうかがうことができる。特に馬琴はおりにふれ、孫には大丸などで衣類や節句の用品などを買い求め、大きな期待を寄せて、成長を見守っていたことがうかがえるのである。

（加藤）

【参考文献】

高牧　實『馬琴一家の江戸暮らし』（中公新書、二〇〇三年）
高牧　實『文人・勤番藩士の生活と心情』（岩田書院、二〇〇九年）
千代田区立四番町歴史民俗資料館特別展図録『ひとの一生―千代田の人生儀礼―』（二〇〇八年）
千代田区立日比谷図書文化館特別展図録『馬琴と月岑―千代田の〝江戸人〟―』（二〇一五年）

# あとがき

東京は二度目のオリンピック開催をひかえて、この数年間、日本のインバウンド（訪日外国人客観光）を牽引してきた。そして訪日外国人たちが東京に期待する要素のひとつが、観光地をはじめ食・着物やデザインなどにおいて「江戸」を感じさせるものである。その一方で、メディアや雑誌などには「江戸前の寿司」「江戸の粋」「江戸情緒あふれる浅草」「江戸の技を受け継ぐ名工」「東京の下町に生まれ育った生粋の江戸っ子」といった表現があふれている。さらには江戸を舞台にしたアニメや小説が次々に登場し、大きな書店では江戸関連のコーナーを設置していることが多いのもまた事実である。このように、今や江戸は一定のブランド力を持つ存在となっているのである。だが、江戸がこうした評価を獲得するまでには、長い道のりがあった。

江戸幕府による封建社会が終焉を迎え、江戸が東京と名称を変えて一五〇年余が過ぎた。これまで我が国では、明治維新という時代の節目における政治的な変革と文明開化の進行によって、それまでのさまざまな制度や生活様式、文化的営みが急激に変貌を遂げた点にばかり関心が注がれてきた感が否めない。しかし、近世の庶民世界の記録を読み解いていくと、志士たちのように国を憂いて盛んに政局を語り合い、日本の近代化に主体的に身を投じるという、この時期に典型的な人物像とは異なる世界を知ることができる。そこには目まぐるしく移り変わる社会に、淡々かつしたたかに適応していった人々の存在があったのである。

明治新政府は旧幕府時代をあえて否定的に捉える傾向があり、ことに江戸時代の社会や文化は近代化を遅らせた「旧弊」として意識的に低い評価を与えてきた。江戸が都市として最も成熟した化政期の文化などは、長く「退廃的」

と評されてきたほどである。しかし、近代以降の我が国の制度や社会の仕組みが変化しても、精神性や生活様式が根底から別のものに入れ替わったわけではなく、人々の暮らしぶりや年中行事などは少しずつかたちを変えながら受け継がれてきている。つまり、江戸から東京、近世(江戸時代)から近現代への移行は、明治維新によって「断絶」「分断」されたのではなく、「継承」されていったのである。まさに本書はこのような視点で江戸を捉えたものである。

ところで、江戸の再評価が初めてなされたのは、明治二二年(一八八九)のことである。すなわち、この年八月二六日には上野公園で東京開市三百年祭が開催され、旧幕臣の榎本武揚が委員長となり、旧幕府時代ゆかりの品々を展示する展覧会が同時開催された。このことは、この式典を機に、これまで表立って幕府や江戸を懐古(回顧)することができなかった「江戸人」が、江戸を振りかえることを意味していた。そしてこの機運はその後も引き継がれていったのである。明治後半から大正時代にかけては、幕末の江戸を経験している人たちが存命であり、ある者は自ら筆をとり、またある者は聞き取りに応じて、江戸が記録されていった。

また、明治期までは江戸を物語る物的資料がそこかしこに存在していたが、これを一変させたのが、大正一二年(一九二三)九月の関東大震災である。震災後に発生した火災によって東京の中心部は焦土と化し、多くの資料が失われてしまった。この頃には江戸の体験を語る老人も少なくなり、江戸が遠い過去になりつつあった。以後は時代小説や映画・時代劇が江戸を表現する重要な役割をはたしていくのである。

戦後の高度成長期になると、従来の政治史や経済史などでは捉えきれない都市民衆の生活や行動の実態を明らかにする研究成果が蓄積されてきた。ことに江戸の町人に関する研究は、西山松之助氏とその門下の竹内誠氏らを中心に構成された江戸町人研究会によって進められ、江戸の文化創造の主体が徐々に町人、とりわけ庶民層へと拡大し定着していったことを明らかにしている。平成五年(一九九三)に開館した江戸東京博物館の常設展には、まさにこうした分析成果や世界観が映し出されているのである。そして徳川家康が慶長八年（一六〇三）に江戸幕府を開いて頂度四百年、「江戸開府四百年」にあたる平成一五年（二〇〇三）前後から特に活発化した江戸ブームなどは、こうした成果に立脚し開花した現象といえよう。また、これと同時に、近世における身分制の研究や都市江戸の社会構造や商業流通などの分析・解明も進んできている。そして多様な資料を発見・発掘し、保存・活用してきた地域博物館の地道な活動がこれらを支えてきたことも忘れてはならない。

このような状況のなか、平成二三年（二〇一一）に「日本の伝統を守る会」が発足し、本会主催の「伝統文化こころ塾」において、本会の専任講師で、浄瑠璃・新内などに造詣の深い富士松松栄太夫氏から、最初に講師としてお声掛けいただいたのが私であった。富士松氏は現代に受け継がれた江戸文化の諸相を本会の講座という場で話してほしいという意向があり、その後は石山秀和や私をはじめ、地域博物館で活躍してきた亀川泰照・加藤紫識・秋山伸一など、本書の執筆者たちが登壇し、会員の方々に近年の研究成果をふまえた内容を具体的な事例を紹介しながらわかりやすく解説していった。その後、富士松氏からこれまで「伝統文化こころ塾」で取り上げた内容を中心に一書にまとめる案が出され、江戸東京博物館前館長である竹内誠氏門下の石山と私が監修というかたちで執筆・編集を進めてきた。

その間、東久邇信彦名誉会長が平成三一年（二〇一九）三月二〇日に、松田昌士会長が令和二年（二〇二〇）五月一九日に逝去された。そして、江戸から東京への連続性を説き、「江戸学」の普及に貢献した竹内誠氏も、同年九月六日に帰らぬ人となった。

日本社会は現在、世界規模で進行するコロナ禍によって、はからずも大きな時代の節目に立たされている。仕事や日常生活のあり方をはじめ、政治・経済や教育・文化に至るまで、明治維新さながらの大きな転換が迫られている。今こそ本会の趣旨や松田会長の想いに込められた日本社会の歴史的・文化的な継続性に改めて注目する時期にきているのである。本書がその手引きとなるならば幸いである。

本書は江戸に関するさまざまな先行研究、地域博物館の成果の蓄積が土台になっている。これらの先学に感謝申し上げるとともに、企画から執筆・編集・刊行に至るまでの数年間、本会の皆さんとともに根気強くご対応いただいた発行元の岩田書院岩田博氏に心よりお礼申し上げたい。

令和三年三月

滝口　正哉

**執筆者紹介**（五十音順）　＊は監修者

秋山　伸一（あきやま・しんいち）　豊島区立郷土資料館学芸員
＊石山　秀和（いしやま・ひでかず）　立正大学文学部准教授
日本の伝統を守る会専任講師
加藤　紫識（かとう・しのぶ）　和洋女子大学全学教育センター准教授
亀川　泰照（かめかわ・やすてる）　荒川ふるさと文化館上級主任学芸員
窪寺　祐司（くぼでら・ゆうじ）　歌舞伎講座講師
佐藤　　勉（さとう・つとむ）　日本の伝統を守る会理事
清水　正樹（しみず・まさき）　日本城郭史学会会員
＊滝口　正哉（たきぐち・まさや）　立教大学文学部特任准教授
日本の伝統を守る会専任講師
津島　壽夫（つしま・としお）　日本文化研究所所長
平塚　恵春（ひらつか・けいしゅん）　草月流師範会理事
富士松　松栄太夫（ふじまつ・まつえだゆう）　日本の伝統を守る会理事・専任講師
松田　昌士（まつだ・まさたけ）　日本の伝統を守る会会長

江戸の庶民文化

2021年（令和３年）３月　第１刷　1400部発行　　**定価［本体3000円＋税］**

編　者　一般社団法人 日本の伝統を守る会

監修者　石山 秀和・滝口 正哉

発行所　有限会社岩田書院　代表：岩田　博　　http://www.iwata-shoin.co.jp

〒157-0062 東京都世田谷区南烏山4-25-6-103　電話03-3326-3757　FAX03-3326-6788

組版・印刷・製本：亜細亜印刷

ISBN978-4-86602-114-0 C1021 ￥3000E

## 岩田書院 刊行案内（26）

| | 著者 | 書名 | 本体価 | 刊行年月 |
|---|---|---|---|---|
| 994 | 同編集委員会 | 近代日本製鉄・電信の起源 | 7400 | 2017.04 |
| 995 | 川勝 守生 | 近世日本石灰史料研究10 | 7200 | 2017.05 |
| 996 | 那須 義定 | 中世の下野那須氏＜地域の中世19＞ | 3200 | 2017.05 |
| 997 | 織豊期研究会 | 織豊期研究の現在 | 6900 | 2017.05 |
| 000 | 史料研究会 | 日本史のまめまめしい知識２＜ぶい＆ぶい新書＞ | 1000 | 2017.05 |
| 998 | 千野原靖方 | 出典明記 中世房総史年表 | 5900 | 2017.05 |
| 999 | 植木・樋口 | 民俗文化の伝播と変容 | 14800 | 2017.06 |
| 000 | 小林 清治 | 戦国大名伊達氏の領国支配＜著作集１＞ | 8800 | 2017.06 |
| 001 | 河野 昭昌 | 南北朝期法隆寺雑記＜史料選書５＞ | 3200 | 2017.07 |
| 002 | 野本 寛一 | 民俗誌・海山の間＜著作集５＞ | 19800 | 2017.07 |
| 003 | 植松 明石 | 沖縄新城島民俗誌 | 6900 | 2017.07 |
| 004 | 田中 宣一 | 柳田国男・伝承の「発見」 | 2600 | 2017.09 |
| 005 | 横山 住雄 | 中世美濃遠山氏とその一族＜地域の中世20＞ | 2800 | 2017.09 |
| 006 | 中野 達哉 | 鎌倉寺社の近世 | 2800 | 2017.09 |
| 007 | 飯澤 文夫 | 地方史文献年鑑2016＜郷土史総覧19＞ | 25800 | 2017.09 |
| 008 | 関口 健 | 法印様の民俗誌 | 8900 | 2017.10 |
| 009 | 由谷 裕哉 | 郷土の記憶・モニュメント＜ブックレットH22＞ | 1800 | 2017.10 |
| 010 | 茨城地域史 | 近世近代移行期の歴史意識・思想・由緒 | 5600 | 2017.10 |
| 011 | 斉藤 司 | 煙管亭喜荘と「神奈川砂子」＜近世史46＞ | 6400 | 2017.10 |
| 012 | 四国地域史 | 四国の近世城郭＜ブックレットH23＞ | 1700 | 2017.10 |
| 014 | 時代考証学会 | 時代劇メディアが語る歴史 | 3200 | 2017.11 |
| 015 | 川村由紀子 | 江戸・日光の建築職人集団＜近世史47＞ | 9900 | 2017.11 |
| 016 | 岸川 雅範 | 江戸天下祭の研究 | 8900 | 2017.11 |
| 017 | 福江 充 | 立山信仰と三禅定 | 8800 | 2017.11 |
| 018 | 鳥越 皓之 | 自然の神と環境民俗学 | 2200 | 2017.11 |
| 019 | 遠藤ゆり子 | 中近世の家と村落 | 8800 | 2017.12 |
| 024 | 上野川 勝 | 古代中世 山寺の考古学 | 8600 | 2018.01 |
| 025 | 曽根原 理 | 徳川時代の異端的宗教 | 2600 | 2018.01 |
| 027 | 森屋 雅幸 | 地域文化財の保存・活用とコミュニティ | 7200 | 2018.02 |
| 029 | 谷戸 佑紀 | 近世前期神宮御師の基礎的研究＜近世史48＞ | 7400 | 2018.02 |
| 030 | 秋野 淳一 | 神田祭の都市祝祭論 | 13800 | 2018.02 |
| 031 | 松野 聡子 | 近世在地修験と地域社会＜近世史48＞ | 7900 | 2018.02 |
| 032 | 伊能 秀明 | 近世法制実務史料 官中秘策＜史料叢刊11＞ | 8800 | 2018.03 |
| 033 | 須藤 茂樹 | 武田親類衆と武田氏権力＜戦国史叢書16＞ | 8600 | 2018.03 |
| 179 | 福原 敏男 | 江戸山王祭礼絵巻 | 9000 | 2018.03 |
| 034 | 馬場 憲一 | 武州御嶽山の史的研究 | 5400 | 2018.03 |
| 037 | 小畑 紘一 | 祭礼行事「柱松」の民俗学的研究 | 12800 | 2018.04 |
| 038 | 由谷 裕哉 | 近世修験の宗教民俗学的研究 | 7000 | 2018.04 |

## 岩田書院 刊行案内（27）

| | | | 本体価 | 刊行年月 |
|---|---|---|---|---|
| 039 | 佐藤　久光 | 四国猿と蟹蜘蛛の明治大正四国霊場巡拝記 | 5400 | 2018.04 |
| 040 | 川勝　守生 | 近世日本石灰史料研究11 | 8200 | 2018.06 |
| 041 | 小林　清治 | 戦国期奥羽の地域と大名・郡主＜著作集２＞ | 8800 | 2018.06 |
| 042 | 福井郷土誌 | 越前・若狭の戦国＜ブックレットH24＞ | 1500 | 2018.06 |
| 043 | 青木・ﾐﾋｪﾙ他 | 天然痘との闘い：九州の種痘 | 7200 | 2018.06 |
| 045 | 佐々木美智子 | 「俗信」と生活の知恵 | 9200 | 2018.06 |
| 046 | 下野近世史 | 近世下野の生業・文化と領主支配 | 9000 | 2018.07 |
| 048 | 神田より子 | 鳥海山修験 | 7200 | 2018.07 |
| 049 | 伊藤　邦彦 | 「建久四年曾我事件」と初期鎌倉幕府 | 16800 | 2018.07 |
| 050 | 斉藤　　司 | 福原高峰と「相中留恩記略」＜近世史51＞ | 6800 | 2018.07 |
| 047 | 福江　　充 | 立山曼荼羅の成立と縁起・登山案内図 | 8600 | 2018.07 |
| 051 | 木本　好信 | 時範記逸文集成＜史料選書６＞ | 2000 | 2018.09 |
| 053 | 藤原　　洋 | 仮親子関係の民俗学的研究 | 9900 | 2018.09 |
| 055 | 黒田・丸島 | 真田信之・信繁＜国衆21＞ | 5000 | 2018.09 |
| 056 | 倉石　忠彦 | 都市化のなかの民俗学 | 11000 | 2018.09 |
| 057 | 飯澤　文夫 | 地方史文献年鑑2017 | 25800 | 2018.09 |
| 059 | 鈴木　明子 | おんなの身体論 | 4800 | 2018.10 |
| 060 | 水谷・渡部 | オビシャ文書の世界 | 3800 | 2018.10 |
| 061 | 北川　　央 | 近世金毘羅信仰の展開 | 2800 | 2018.10 |
| 062 | 悪党研究会 | 南北朝「内乱」 | 5800 | 2018.10 |
| 063 | 横井　香織 | 帝国日本のアジア認識 | 2800 | 2018.10 |
| 180 | 日本史史料研 | 日本史のまめまめしい知識３ | 1000 | 2018.10 |
| 064 | 金田　久璋 | ニソの杜と若狭の民俗世界 | 9200 | 2018.11 |
| 065 | 加能・群歴 | 地域・交流・暮らし＜ブックレットH25＞ | 1600 | 2018.11 |
| 067 | 宮城洋一郎 | 日本古代仏教の福祉思想と実践 | 2800 | 2018.11 |
| 068 | 南奥戦国史 | 伊達天正日記 天正十五年＜史料選書７＞ | 1600 | 2018.11 |
| 069 | 四国地域史 | 四国の中世城館＜ブックレットH26＞ | 1300 | 2018.12 |
| 070 | 胡桃沢勘司 | 押送船 | 1900 | 2018.12 |
| 071 | 清水紘一他 | 近世長崎法制史料集２＜史料叢刊12＞ | 18000 | 2019.02 |
| 072 | 戸邉　優美 | 女講中の民俗誌 | 7400 | 2019.02 |
| 073 | 小宮木代良 | 近世前期の公儀軍役負担と大名家＜ﾌﾞｯｸﾚｯﾄH27＞ | 1600 | 2019.03 |
| 074 | 小笠原春香 | 戦国大名武田氏の外交と戦争＜戦国史17＞ | 7900 | 2019.04 |
| 075 | 川勝　守生 | 近世日本石灰史料研究12 | 5400 | 2019.05 |
| 076 | 地方史研究会 | 学校資料の未来 | 2800 | 2019.05 |
| 077 | 朝幕研究会 | 論集 近世の天皇と朝廷 | 10000 | 2019.05 |
| 078 | 野澤　隆一 | 戦国期の伝馬制度と負担体系＜戦国史18＞ | 6800 | 2019.06 |
| 079 | 橋詰　　茂 | 戦国・近世初期 西と東の地域社会 | 11000 | 2019.06 |
| 080 | 萩原　三雄 | 戦国期城郭と考古学 | 6400 | 2019.07 |

## 岩田書院 刊行案内（28）

| | | | 本体価 | 刊行年月 |
|---|---|---|---|---|
| 081 | 中根　正人 | 常陸大掾氏と中世後期の東国＜戦国史19＞ | 7900 | 2019.07 |
| 082 | 樋口　雄彦 | 幕末維新期の洋学と幕臣＜近代史23＞ | 8800 | 2019.08 |
| 083 | 木本　好信 | 藤原南家・北家官人の考察＜古代史13＞ | 4900 | 2019.08 |
| 084 | 西沢　淳男 | 幕領代官・陣屋 データベース | 3000 | 2019.08 |
| 085 | 清水　紘一 | 江戸幕府と長崎政事 | 8900 | 2019.08 |
| 086 | 木本　好信 | 藤原式家官人の考察 | 5900 | 2019.09 |
| 087 | 飯澤　文夫 | 地方史文献年鑑2018 | 25800 | 2019.10 |
| 088 | 岩橋・吉岡 | 幕末期の八王子千人同心と長州征討 | 3000 | 2019.11 |
| 089 | 西沢　淳男 | 飛騨郡代豊田友直在勤日記１＜史料叢刊13＞ | 7000 | 2019.11 |
| 090 | 幕藩研究会 | 論集 近世国家と幕府・藩 | 9000 | 2019.11 |
| 091 | 天田　顕徳 | 現代修験道の宗教社会学 | 4800 | 2019.11 |
| 092 | 坂本　　要 | 東国の祇園祭礼 | 11000 | 2019.12 |
| 093 | 市村高男ほか | 勝尾城筑紫氏遺跡と九州の史跡整備＜H28＞ | 1800 | 2019.12 |
| 094 | 丹治　健蔵 | 東海道箱根関所と箱根宿＜近世史52＞ | 7200 | 2019.12 |
| 095 | 川勝　賢亮 | 武州拝島大師本覚院の歴史文化 | 1800 | 2020.01 |
| 096 | 加藤　正春 | 奄美沖縄の霊魂観 | 8000 | 2020.02 |
| 097 | 石井　清文 | 鎌倉幕府連署制の研究 | 11800 | 2020.02 |
| 098 | 福井郷土誌懇 | 幕末の福井藩＜ブックレットH29＞ | 1600 | 2020.03 |
| 982 | 福原　敏男 | 仮装と俄の祭礼絵巻 | 12000 | 2020.03 |
| 099 | 北川　　央 | 近世の巡礼と大坂の庶民信仰 | 3800 | 2020.04 |
| 100 | 南奥羽戦国史 | 伊達政宗－戦国から近世へ | 2400 | 2020.04 |
| 101 | 戦国史研究会 | 論集 戦国大名今川氏 | 6700 | 2020.04 |
| 102 | 高橋　裕文 | 中世東国の村落形成＜地域の中世21＞ | 2600 | 2020.04 |
| 103 | 斉藤　　司 | 江戸周辺と代官支配＜近世史53＞ | 6800 | 2020.05 |
| 104 | 川勝　守生 | 近世日本石灰史料研究13 | 7600 | 2020.05 |
| 105 | 加賀藩ネット | 加賀藩政治史研究と史料 | 7500 | 2020.05 |
| 106 | 入江　英弥 | オトタチバナヒメ伝承 | 8400 | 2020.06 |
| 107 | 光田　憲雄 | 日本大道芸事典 | 22000 | 2020.07 |
| 108 | 由谷　裕哉 | 神社合祀再考 | 2800 | 2020.07 |
| 109 | 木本　好信 | 古代史論聚 | 12500 | 2020.08 |
| 110 | 久保田昌希 | 戦国・織豊期と地方史研究 | 7900 | 2020.09 |
| 111 | 野村　俊一 | 空間史学叢書３　まなざしの論理 | 3900 | 2020.10 |
| 112 | 西沢　淳男 | 飛騨郡代豊田友直在勤日記２＜史料叢刊14＞ | 7500 | 2020.11 |
| 984 | 飯澤　文夫 | 地方史文献年鑑2019 | 25800 | 2020.11 |
| 113 | 丹治　健蔵 | 日光道中の人馬継立負担 | 2700 | 2020.11 |
| 114 | 千葉・渡辺 | 藩地域の環境と藩政＜松代６＞ | 7800 | 2020.12 |
| 115 | 嶺岡　美見 | 法道仙人飛鉢伝説と海の道＜御影民俗23＞ | 8000 | 2020.12 |
| 116 | 岩井　正浩 | 高知よさこい祭り | 5200 | 2021.01 |